Schriftenreihe der Juristischen Fakultät
der Europa-Universität Viadrina Frankfurt (Oder)

Herausgegeben von
Professor Dr. iur. Dr. phil. Uwe Scheffler, Frankfurt (Oder)

Springer
Berlin
Heidelberg
New York
Barcelona
Hongkong
London
Mailand
Paris
Singapur
Tokio

Gerold Rüdiger Gramse

Die Begrenzung des Geschiedenenunterhaltes nach Dauer und Umfang – eine typisierbare Folge der Ausgestaltung der ehelichen Lebensgemeinschaft?

Springer

Gerold Rüdiger Gramse
Ahrensdorfer Str. 37
D-12279 Berlin

ISSN 1431-7923
ISBN 3-540-41872-5 Springer-Verlag Berlin Heidelberg New York

Die Deutsche Bibliothek – CIP-Einheitsaufnahme
Gramse, Gerold R.: Die Begrenzung des Geschiedenenunterhaltes nach Dauer und Umfang – eine typisierbare Folge der Ausgestaltung der ehelichen Lebensgemeinschaft? / Gerold R. Gramse. – Berlin; Heidelberg; New York; Barcelona; Hongkong; London; Mailand; Paris; Singapur; Tokio: Springer, 2001
(Schriftenreihe der Juristischen Fakultät der Europa-Universität Viadrina Frankfurt (Oder))
ISBN 3-540-41872-5

Springer-Verlag Berlin Heidelberg New York
ein Unternehmen der BertelsmannSpringer Science+Business Media GmbH

http://www.springer.de

SPIN 10832491 64/2202-5 4 3 2 1 0 –

Vorwort

Die vorliegende Arbeit wurde von der Juristischen Fakultät der Europa-Universität Viadrina Frankfurt (Oder) im Sommersemester 2000 als Dissertation angenommen. Zum Zwecke der Veröffentlichung wurden Rechtssprechung und Literatur bis Juli 2000 eingearbeitet.

Mein besonderer Dank gebührt Herrn Prof. Dr. Roland Wittmann, der die Arbeit anregte und durch regelmäßige und intensive Betreuung ihren zeitnahen Abschluss sicherstellte. Zu danken habe ich auch Herrn Prof. Dr. Dieter Martiny für die Übernahme der Zweitkorrektur sowie Herrn Prof. Dr. Dr. Uwe Scheffler für die Aufnahme in die von ihm herausgegebene Schriftenreihe.

Berlin, im November 2000

Gerold R. Gramse

Inhaltsübersicht

INHALTSVERZEICHNIS .... **IX**

EINLEITUNG **1**

ERSTER TEIL: DIE GRENZEN DES NACHEHELICHEN UNTERHALTSANSPRUCHS NACH DEN §§ 1573 ABS. 5, 1578 ABS. 1 S. 2, 1579 NR. 1 UND NR. 7 BGB **5**

A. Zum rechtsgeschichtlichen Hintergrund des nachehelichen Unterhaltsrechts 5

B. Allgemeine Kriterien der §§ 1573 Abs. 5, 1578 Abs. 1 S. 2, 1579 Nr. 1 und Nr. 7 BGB 9

ZWEITER TEIL: BILDUNG VON FALLGRUPPEN UND DARSTELLUNG DER MAßGEBENDEN WERTUNGSGESICHTSPUNKTE **63**

A. Die Methode der Typenbildung im Recht 65

B. Die Bildung von Ehetypen 68

C. Die Ehetypen in statischer Betrachtung 69

D. Die auf den Eheverlauf bezogene Bildung von Ehetypen 90

E. Gesamtergebnis zur Typenbildung 104

DRITTER TEIL: DER EINFLUSS DER EHETYPEN AUF VERTRÄGE ÜBER DEN GESCHIEDENENUNTERHALT **105**

A. Die Ehetypen in der notariellen Vertragsgestaltung 196

B. Die inhaltliche Kontrolle der Unterhaltsverträge auf Konformität mit den Ehetypen 111

C. Der Einfluss geänderter Verhältnisse auf den Fortbestand des Unterhaltsvertrages 130

VIERTER TEIL: DIE BEGRENZUNG DES GESCHIEDENENUNTERHALTS IN GESETZGEBUNGS-TECHNISCHER HINSICHT 137

A. Die Bedeutung der Rechtsdogmatik für die Gesetzgebungstechnik 137

B. Die gesetzgebungstechnische Umsetzung des rechtsdogmatischen Konzepts 138

C. Ergebnis zur Gesetzgebungstechnik 145

FÜNFTER TEIL: DER GESCHIEDENENUNTERHALT IM VERGLEICH ZU DEN ÜBRIGEN AUSGLEICHSSYSTEMEN DES FAMILIENRECHTS 147

A. Zugewinn- und Versorgungsausgleich 147

B. Die übrigen Ansprüche im Rahmen der Auseinandersetzung der ehelichen Lebensgemeinschaft 147

C. Ergebnis 148

SECHSTER TEIL: DER GESCHIEDENENUNTERHALT IN RECHTSVERGLEICHENDER HINSICHT 149

A. Darstellung des Vergleichsmaßstabes 149

B. Durchführung der Rechtsvergleichung 151

C. Ergebnis 166

ZUSAMMENFASSUNG DER ERGEBNISSE 169

LITERATURVERZEICHNIS 171

Inhaltsverzeichnis

EINLEITUNG 1

ERSTER TEIL: DIE GRENZEN DES NACHEHELICHEN UNTERHALTSANSPRUCHS NACH DEN §§ 1573 ABS. 5, 1578 ABS. 1 S. 2, 1579 NR. 1 UND NR. 7 BGB 5

A. Zum rechtsgeschichtlichen Hintergrund des nachehelichen Unterhaltsrechts 5

I. Schilderung der Gesetzesentwicklung 5

II. Zur Fassung der §§ 1573 Abs. 5, 1578 Abs. 1 S. 2, 1579 BGB im Einzelnen 7

B. Allgemeine Kriterien der §§ 1573 Abs. 5, 1578 Abs. 1 S. 2, 1579 Nr. 1 und Nr. 7 BGB 9

I. Die Legitimationsbedürftigkeit des nachehelichen Unterhalts 9

1. Legitimationsbedürfnis aus verfassungs- und europarechtlicher Sicht .. 11

2. Legitimationsbedürfnis aus rechtsdogmatischer Sicht 13

3. Ergebnis 13

II. Die Rechtfertigung des nachehelichen Unterhalts 14

1. Rechtfertigung aus dem Teilhabeprinzip 14

2. Rechtfertigung aus dem Gegenseitigkeitsprinzip 15

3. Rechtfertigung aus dem Kompensationsprinzip 17

a) Anforderungen an die Art und Weise der Ausgestaltung der ehelichen Lebensgemeinschaft 18

(1) Theorien zur Entscheidungsfindung in der Ehe 21

(a) Ressourcentheorie 21

(b) Austauschtheorie 22

(c) Ressourcentheorie im kulturellen Kontext 23

(2) Ergebnis 24

(3) Die Feststellung der Entscheidungsmacht in der Ehe 25

(a) Die Beteiligung an der Haushaltsführung als Indiz für das eheliche Machtverhältnis 25

(b) Die eheinternen und -externen Ressourcen als Indiz für das eheliche Machtverhältnis 26

(c) Ergebnis 28

(d) Ausblick über die Ergebnisverwertung 28

b) Spezifische Anforderungen an das Risiko nachehelicher Bedürftigkeit 29

c) Das Erfordernis der Verwirklichung des Risikos nachehelicher Bedürftigkeit 33

4. Rechtfertigung aus dem Vertrauensprinzip 34

a) Die konkrete Ausgestaltung der ehelichen Lebensgemeinschaft als Vertrauenstatbestand 35

(1) Das Vertrauen auf Kompensation ehebedingter Nachteile 35

(a) Voraussetzungen 35

(b) Rechtsfolgen 40

(2) Die selbst bestimmte Gestaltung der Ehe als Maßstab des Vertrauensschutzes 42

b) Die Ehe und die eheliche Lebensgemeinschaft als Vertrauenstatbestand 44

(1) Voraussetzungen des Vertrauensschutzes 44

(2) Rechtsfolgen des Vertrauensschutzes 51

(a) Schutzwürdige Vertrauensinvestitionen während der Ehe als Rechtsfolgenmaßstab 52

(b) Möglichkeit der beruflichen Wiedereingliederung als Rechtsfolgenmaßstab 54

5. Rechtfertigung aus dem Prinzip der nachehelichen Solidarität 56

a) Herleitung des Grundsatzes der nachehelichen Solidarität aus dem Wesen der Ehe 56

b) Herleitung des Grundsatzes der nachehelichen Solidarität aus der Nachwirkung der Ehe 57

6. Weitere Ansätze zur Rechtfertigung des nachehelichen Unterhalts in der Literatur 59

7. Der Grundsatz der Eigenverantwortlichkeit 60

III. Ergebnis 60

ZWEITER TEIL: BILDUNG VON FALLGRUPPEN UND DARSTELLUNG DER MAẞGEBENDEN WERTUNGSGESICHTSPUNKTE 63

A. Die Methode der Typenbildung im Recht 65

B. Die Bildung von Ehetypen 68

C. Die Ehetypen in statischer Betrachtung 69

I. Die Alleinverdienerehe 69

II. Die Zuverdienerehe 70

1. Ihre Bedeutung für die praktische Rechtsanwendung 70

2. Ergebnis 74

III. Die Doppelverdienerehe 75

1. Ihre Bedeutung für die praktische Rechtsanwendung 75

2. Ergebnis 77

IV. Die kurze Ehe 78

1. Ihre Bedeutung für die praktische Rechtsanwendung 78

2. Ergebnis 84

a) Die rechtstechnisch kurze Ehe iSd. § 1579 Nr. 1 BGB 84

b) Die kurze Ehe aufgrund materieller Wertung (§ 1579 Nr. 7 BGB) 85

c) Die Funktion der kurzen Ehe 85

V. Die Ehe mit Kindern und die kinderlose Ehe 85

VI. Weitere Ehetypen 86

1. Die Diskrepanzehe 86

2. Die Mitarbeitsehe 87

VII. Ergebnis 88

D. Die auf den Eheverlauf bezogene Bildung von Ehetypen 90

I. Die verschiedenen Phasen einer Ehe 90

1. Die Vorbereitungs- und Aufbauphase ... 91
2. Die Expansionsphase bis zur Primärsozialisation des Kindes ... 91
3. Die Schulphase ... 94
4. Die Phase der Adoleszenz des Kindes bis zu seinem Ausscheiden aus dem elterlichen Haushalt ... 96
5. Ergebnis ... 97
II. Die phasenverschobene Ehe ... 99
1. Die Ehe eines studierenden mit einem berufstätigen Ehegatten ... 99
2. Die Ehe zwischen einem die Altersrente beziehenden und einem berufstätigen Ehegatten ... 102
3. Ergebnis ... 104
E. Gesamtergebnis zur Typenbildung ... 104

DRITTER TEIL: DER EINFLUSS DER EHETYPEN AUF VERTRÄGE ÜBER DEN GESCHIEDENENUNTERHALT ... 105

A. Die Ehetypen in der notariellen Vertragsgestaltung ... 106
I. Rechtstatsachen ... 106
II. Darstellung der Kautelarjurisprudenz zu den Unterhaltsverträgen für die Zeit vor der Ehe oder während intakter Ehe ... 107
III. Ergebnis ... 109
B. Die inhaltliche Kontrolle der Unterhaltsverträge auf Konformität mit den Ehetypen ... 111
I. Nichtigkeit gem. § 138 Abs. 1 und 2 BGB ... 111
II. Die Inhaltskontrolle von Unterhaltsverträgen ... 115
1. Rechtsgrundlage der Inhaltskontrolle ... 115
2. Voraussetzungen der Inhaltskontrolle ... 116
3. Die Inhaltskontrolle von Unterhaltsverträgen in der Rechtsprechung . 124
4. Ergebnis ... 128
C. Der Einfluss geänderter Verhältnisse auf den Fortbestand des Unterhaltsvertrages ... 130
I. Darstellung und Diskussion der im Vordergrund stehenden Wertungen .. 130

II. Ergebnis ... 136

VIERTER TEIL: DIE BEGRENZUNG DES GESCHIEDENENUNTERHALTS IN GESETZGEBUNGSTECHNISCHER HINSICHT ... 137

A. Die Bedeutung der Rechtsdogmatik für die Gesetzgebungstechnik ... 137

I. Die Funktion der Rechtsdogmatik für die Gesetzgebungstechnik ... 137

II. Einschränkung der Funktion der Rechtsdogmatik im Hinblick auf den Gesetzgebungsspielraum ... 138

B. Die gesetzgebungstechnische Umsetzung des rechtsdogmatischen Konzepts ... 138

I. Bestandsaufnahme de lege lata ... 138

II. Zur gesetzgebungstechnischen Fassung de lege ferenda ... 139

1. Die Funktion der Generalklausel in der Gesetzgebungstechnik ... 139

2. Die Nachteile der Generalklausel ... 141

a) Der Nachteil der Rechtsunsicherheit ... 141

b) Der Nachteil der Verlagerung der Verantwortung auf das Gericht ... 143

3. Zu den weiteren Einwänden gegen die §§ 1573 Abs. 5, 1578 Abs. 1 S. 2 BGB ... 144

C. Ergebnis zur Gesetzgebungstechnik ... 145

FÜNFTER TEIL: DER GESCHIEDENENUNTERHALT IM VERGLEICH ZU DEN ÜBRIGEN AUSGLEICHSSYSTEMEN DES FAMILIENRECHTS ... 147

A. Zugewinn- und Versorgungsausgleich ... 147

B. Die übrigen Ansprüche im Rahmen der Auseinandersetzung der ehelichen Lebensgemeinschaft ... 147

C. Ergebnis ... 148

SECHSTER TEIL: DER GESCHIEDENENUNTERHALT IN RECHTSVERGLEICHENDER HINSICHT ... 149

A. Darstellung des Vergleichsmaßstabes 149

B. Durchführung der Rechtsvergleichung 151

I. Griechenland 151

1. Soziale Lage 151

2. Die Regelung des Geschiedenenunterhalts 152

3. Würdigung 153

II. Frankreich 153

1. Soziale Lage 153

2. Regelung des Geschiedenenunterhalts 154

3. Würdigung 155

III. USA 156

1. Soziale Lage 156

2. Regelung des Geschiedenenunterhalts 157

3. Würdigung 159

IV. Schweden 159

1. Soziale Lage 159

2. Regelung des Geschiedenenunterhalts 160

3. Würdigung 161

V. Die Vorschriften des FGB der früheren DDR 161

1. Soziale Lage 161

2. Regelung des Geschiedenenunterhalts 162

a) Vor dem 3. Oktober 1990 162

b) Nach dem 3. Oktober 1990 163

3. Würdigung 164

C. Ergebnis 166

ZUSAMMENFASSUNG DER ERGEBNISSE 169

LITERATURVERZEICHNIS 171

Einleitung

Das Erste Gesetz zur Reform des Ehe- und Familienrechts vom 14.6.1976 (1. EheRG 1976; BGBl. I S. 1421) ersetzte das Verschuldensprinzip im Scheidungsrecht durch das Zerrüttungsprinzip. Da nach dem Zerrüttungsprinzip die Ehescheidung letztlich durch bloßen Ablauf einer Trennungszeit und damit ohne weiteres möglich ist (vgl. insbesondere §§ 1565 Abs. 1, 1566 Abs. 2 BGB), stellte sich für den Gesetzgeber die Frage, wie die vermögensmäßige Abwicklung der ehelichen Lebensgemeinschaft, insbesondere unter dem Gesichtspunkt einer Unterhaltspflicht gegenüber dem bedürftigen Ehegatten, an das Prinzip der jederzeitigen Auflösbarkeit der Ehe anzupassen ist.

Unter der Geltung des Verschuldensprinzips stand als aussagekräftiges Kriterium für die Ausgestaltung der Unterhaltspflicht die Verschuldensfrage hinsichtlich der Ehescheidung zur Verfügung. Auf dieses im früheren Ehescheidungsrecht folgerichtige Kriterium wollte der Gesetzgeber des Zerrüttungsprinzips konsequenterweise nicht mehr zurückgreifen.

Aber auch die uneingeschränkte Umsetzung des neuen Zerrüttungsprinzips auf die Scheidungsfolgen war nicht möglich, weil nach dem Zerrüttungsprinzip der schnellen Ehescheidung an sich auch eine ebenso zügige Beendigung der vermögensrechtlichen Beziehung der Eheleute und damit ein Ausschluss oder jedenfalls eine Befristung der Unterhaltspflicht entsprochen hätte. Diese Konsequenz hätte jedoch den sozialen Hintergrund einer Alleinverdiener- bzw. Zuverdienerehe verkannt, die ökonomische Abhängigkeiten über die Zeit der Scheidung hinaus begründet.

Erwiesen sich damit weder das Verschuldens- noch das Zerrüttungsprinzip für das neu zu ordnende Unterhaltsrecht als tragfähig, so sah der Gesetzgeber drei Leitbilder, an denen nunmehr das Recht der Unterhaltsleistungen ausgerichtet werden konnte:

- das Prinzip der Eigenverantwortlichkeit der Ehegatten nach der Scheidung,
- der Grundsatz der nachehelichen Solidarität, der an das sittliche Bild der auf Lebenszeit geschlossenen Ehe (§ 1353 Abs. 1 S. 1 BGB) anknüpft,
- der Grundsatz, dass Unterhalt insoweit geschuldet wird, als ehebedingte Nachteile weiter wirken (Kompensationsprinzip), soweit dieser Grundsatz nicht bereits von der nachehelichen Solidarität umfasst ist.

Der Gesetzgeber entschied sich primär für die beiden zuerst genannten Prinzipien; die noch vom Rechtsausschuss des Deutschen Bundestages als entscheidend angesehene Voraussetzung der Ehebedingtheit der Unterhaltsbedürftigkeit[1] ist so ausdrücklich und eindeutig nicht von der endgültigen Gesetzesfassung übernommen worden[2].

Die drei genannten Prinzipien widerstreiten einander und schränken sich gegenseitig ein. Je nach dem, welches Prinzip nach der Gesetzesfassung, -anwendung und -auswirkung ein Übergewicht zur Folge hat, kann von einem "Meer von Unterhaltsansprüchen"[3], von einer "Unterhaltsknechtschaft"[4] oder von einem reinem Zerrüttungsprinzip die Rede sein.

Durch das Unterhaltsänderungsgesetz (UÄndG) vom 20.2.1986 (BGBl. I S. 301) sollte der Kritik an der zu starken Ausweitung des Geschiedenenunterhalts Rechnung getragen werden. Bei diesem Gesetz stellt sich für den Rechtsanwender die Frage, nach welchen Prinzipien und Gesichtspunkten von der nunmehr in den §§ 1573 Abs. 5, 1578 Abs. 1 S. 2, 1579 Nr. 1 und 7 BGB vorgesehenen Möglichkeit einer Begrenzung des Unterhaltsanspruchs Gebrauch zu machen ist.

Im ersten Teil der vorliegenden Schrift werden anhand der in Betracht kommenden Grundprinzipien des Unterhaltsrechts nach Maßgabe des Gewichts der betroffenen Interessen der Parteien diejenigen Grundsätze herausgearbeitet, die für die Ausgestaltung des nachehelichen Unterhalts bestimmend sind.

Die dabei gewonnenen allgemeinen Kriterien werden im zweiten Teil für die Untersuchung nutzbar gemacht, welche Bedeutung sie für die Begrenzung des Geschiedenenunterhalts je nach Ausgestaltung der ehelichen Lebensgemeinschaft haben. Dieser Ansatz macht es notwendig, die tatsächlichen Gestaltungsfaktoren der ehelichen Lebensgemeinschaft sowohl statisch als auch dynamisch, also in ihrer Entwicklung während der einzelnen Ehephasen, zu erfassen und auf ihre Relevanz für den Geschiedenenunterhalt zu untersuchen. Der sich daraus ergebende Befund spricht hinsichtlich der Begrenzung des Unterhalts im Anschluss an die Ehescheidung für eine Kategorisierung nach kurzer Ehe, Haushaltsführungs-, Zuverdiener- und Doppelverdienerehe sowie einer Ehe, bei der der unterhaltsbedürftige Ehegatte gemeinschaftliche Kinder über die Scheidung hinaus betreut.

Die zu dieser Kategorisierung führenden Varianten verschiedener Abhängigkeit der Ehegatten voneinander sollen im dritten Teil daraufhin untersucht werden, ob sie eine Inhaltskontrolle von Vereinbarungen über den Unterhalt legitimieren oder zumindest deren Auslegung beeinflussen.

---

1 BT-Drs. 7/4361, S. 16.

2 BGH, NJW 1982, 929.

3 Diederichsen, NJW 1977, 353.

4 Deubner, ZRP 1972, 153.

Der nachfolgende Teil ist unter Verzicht auf eine rechtspolitische Stellungnahme den durch die bisherigen Arbeitsergebnisse aufgeworfenen Fragen der Gesetzgebungstechnik gewidmet.

Die letzten Teile der Schrift dienen der Einordnung der Ergebnisse der Arbeit in rechtssystematischer und rechtsvergleichender Hinsicht.

Erster Teil: Die Grenzen des nachehelichen Unterhaltsanspruchs nach den §§ 1573 Abs. 5, 1578 Abs. 1 S. 2, 1579 Nr. 1 und Nr. 7 BGB

A. Zum rechtsgeschichtlichen Hintergrund des nachehelichen Unterhaltsrechts

I. Schilderung der Gesetzesentwicklung

Vor Inkrafttreten des 1. EheRG am 1. Juli 1977 war eine Ehescheidung grundsätzlich nur bei verschuldeter Zerrüttung möglich (Verschuldensprinzip, vgl. §§21, 42 ff. EheG aF.); eine Ehescheidung setzte also voraus, dass ein Ehegatte schuldhaft und nachweisbar die ehelichen Pflichten verletzt hatte[5].

Ein nachehelicher Unterhaltsanspruch bestand nur dann, wenn

- das Scheidungsurteil einen Schuldspruch enthält (§§ 58, 61 Abs. 1 EheG a.F.),
- bei gleicher Schuld der Ehegatten an der Scheidung die Gewährung eines Unterhaltsbeitrages der Billigkeit entspricht (§ 60 EheG a.F.)
- oder bei Fehlen eines Schuldspruchs die Gewährung eines Unterhaltsbeitrages durch den Scheidungskläger der Billigkeit entspricht (§ 61 Abs. 2 EheG a.F.)[6].

Der nacheheliche Unterhaltsanspruch war nicht befristet und von einem zeitlichen oder sachlichen Zusammenhang zur Ehe und zur Ehescheidung nicht abhängig[7]. So war es möglich, dass der nacheheliche Unterhaltsanspruch erst 20 Jahre nach der Scheidung entstand, wenn zum Beispiel der eine Ehegatte erst zu diesem Zeitpunkt, etwa wegen Alters, bedürftig wurde.

---

5 Begründung zum Regierungsentwurf des 1. EheRG, BR-Drs. 260/73, S. 60.

6 Sogenanntes Veranlasserprinzip: Es beantragte also nur derjenige Ehegatte die Scheidung, der sie trotz der Scheidungsfolgen wollte, also als für ihn günstiger ansah, vgl. Henrich, Unterhalt nach Ehescheidung ..., S. 73.

7 Begründung zum Regierungsentwurf des 1. EheRG, BT-Drs. 7/4361, S. 15.

Am 1. Juni 1973 brachte die Bundesregierung einen Entwurf des 1. EheRG nach Zuleitung an den Bundesrat beim Bundestag ein. Dieser Entwurf, der im wesentlichen mit dem heutigen Gesetzestext übereinstimmt, beendete das Verschuldensprinzip sowohl im Scheidungsrecht als auch im Recht des nachehelichen Unterhalts.

Zur Begründung führte der Entwurf aus, dass es in materiellrechtlicher Hinsicht keine Alternativen gebe[8]. Der bisher vorgesehene Schuldspruch habe als Voraussetzung für die Scheidung und in seiner Bedeutung für den Unterhaltsanspruch dazu geführt, dass sich die Ehegatten im Scheidungsprozess gegenseitig in ein schlechtes Licht rückten und damit die familiäre Atmosphäre vergifteten[9]. Im Unterhaltsrecht sei das Schuldprinzip ungerechtfertigt, weil es demjenigen Ehegatten, der die alleinige oder überwiegende Schuld an der Scheidung trägt, den Unterhaltsanspruch versage und mit diesem sachfremden Strafcharakter allein den nicht erwerbstätigen Ehegatten treffen könne[10]. Das neue Unterhaltsrecht rechtfertige sich daraus, dass die gemeinsame Verantwortung der Ehegatten für einander in gewissen Fällen über die Scheidung hinaus weiter bestehe, so zum Beispiel, wenn die von den Ehegatten getroffene Arbeitsteilung in der Ehe nach der Scheidung fortwirke[11]. Dem Grundsatz der nachwirkenden Verantwortung der Ehegatten für einander sei jedoch der Grundsatz der wirtschaftlichen Eigenverantwortung gleichwertig; nicht jede schicksalsbedingte Bedürftigkeit solle Grund dafür sein, die Mitverantwortlichkeit des früheren Ehegatten auszulösen. Vielmehr sei hierfür erforderlich, dass die Bedürfnislage in Verbindung mit der Ehe stehe[12].

In seiner Stellungnahme vom 25.5.1973 schlug der Bundesrat vor, den nachehelichen Unterhaltsanspruch in einer Generalklausel zu regeln, deren entscheidendes Kriterium die Unterhaltsbedürftigkeit ist. Dies rechtfertigte der Bundesrat mit "der über die Eheauflösung hinaus grundsätzlich fortwirkenden Verantwortung der Ehegatten für einander"[13].

Am 11. Dezember 1975 verabschiedete der Bundestag das 1. EheRG; hiergegen rief der Bundesrat mit Beschluss vom 30.1.1976 erfolglos mit den schon in seiner Stellungnahme vom 25.5.1993 angeführten Gründen den Vermittlungsausschuss an.

Das 1. EheRG trat zum 1.7.1977 in Kraft.

---

8 BR-Drs. 260/73, S. 2.
9 Ebd. (Fn. 8), S. 60, l. Sp.
10 Ebd. (Fn. 8), S. 60, r. Sp.; S. 121, l. Sp.
11 Ebd. (Fn. 8), S. 60, r. Sp.; S. 121, r. Sp.
12 BT-Drs. 7/650, S. 121.
13 BR-Drs. 260/73 (Beschluss), S. 29.

Durch das Unterhaltsänderungsgesetz vom 20.2.1986 (BGBl. I S. 301) erhielt die Härteklausel des § 1579 BGB ihre jetzige Fassung, indem ihr - für verfassungswidrig und nichtig erklärter[14] - zweiter Absatz gestrichen und die Zahl der Härtefälle von vier auf sieben erhöht wurde. Ferner wurde die in den §§ 1573 Abs. 5 und § 1578 Abs. 1 S. 2 BGB vorgesehene Befristungs- und Begrenzungsmöglichkeit neu in das Gesetz eingefügt, um eine einzelfallgerechte Entscheidung zu ermöglichen und dadurch die bisher erhobene Kritik an der langen Unterhaltslast des besser verdienenden Ehegatten zu entkräften.

II. Zur Fassung der §§ 1573 Abs. 5, 1578 Abs. 1 S. 2, 1579 BGB im Einzelnen

Die Vorschrift des § 1573 Abs. 5 BGB sieht eine Befristung des Unterhalts vor und gilt nur für den Erwerbslosenunterhalt (§ 1573 Abs. 1, 3 und 4 S. 1 BGB) und den Aufstockungsunterhalt (§ 1573 Abs. 2 und 4 S. 2 BGB). Da die Befristung nach § 1573 Abs. 5 BGB somit bei anderen Unterhaltstatbeständen (wie zum Beispiel der Betreuung gemeinschaftlicher Kinder nach § 1570 BGB) ausscheidet, ist von erheblicher praktischer Bedeutung, ob und in wieweit der bestehende Unterhaltsanspruch auf § 1573 BGB beruht[15].

Nach dem Regierungsentwurf zum UÄndG 1986[16] war für die zu treffende Billigkeitsentscheidung insbesondere die Dauer der Ehe maßgebend.

Die dem Vorschlag des Rechtsausschusses entsprechende heutige Gesetzesfassung[17] spricht zum einen den Grundsatz des Ausgleichs ehebedingter Nachteile an, indem er die Kriterien der Gestaltung der Haushaltsführung und Erwerbstätigkeit in der Ehe nennt. Mit dem weiter genannten Merkmal der Ehedauer nimmt der Gesetzgeber auch auf das von ihm verfolgte Prinzip der nacheheliche Solidarität Bezug.

Die Vorschrift des § 1578 Abs. 1 S. 2 BGB gilt für alle Unterhaltstatbestände. Als Rechtsfolge ist jedoch lediglich vorgesehen, dass der eheangemessene Unterhalt iSd. § 1578 Abs. 1 S. 1 BGB auf den angemessenen Lebensbedarf herabgesetzt wird. Der angemessene Lebensbedarf liegt über dem notwendigen Unterhalt[18]. Aus der Abgrenzung zum ehelichen Lebensstandard (§ 1578 Abs. 1 S. 1 BGB) folgt, dass sich der angemessene Lebensbedarf nach der eheunabhängigen Lebensstellung des Berechtigten richtet, also der Lebensstellung, die der Ehegatte

---

14 BVerfGE 57, 361, 381.

15 So sollen bei nur teilweiser Freistellung von der Erwerbsobliegenheit wegen der Kindesbetreuung die §§ 1573 Abs. 2 und 1570 BGB zusammen anwendbar sein (BGH, FamRZ 90, 492, 494).

16 BT-Drs. 10/2888, S. 5, 12, 17.

17 BT-Drs. 10/4514, S. 21.

18 BT-Drs. 10/4514, S. 22; MünchKomm-Richter, BGB, § 1578 Rz. 12 (über Existenzminimum).

ohne die Ehe hätte[19]. Damit soll eine angemessene Entscheidung im Einzelfall sichergestellt werden, wenn die Ehe nicht lange andauerte und ohne Kinder blieb[20].

Da sich die nacheheliche Unterhaltsverpflichtung als ein Eingriff in die durch Art. 2 Abs. 1 GG geschützte Handlungsfreiheit darstellt, der dem Übermaßverbot unterliegt, will die Norm des § 1579 BGB Fälle einer unzumutbaren Unterhaltsverpflichtung ausklammern[21]. Die Härtefälle des § 1579 Nr. 2 bis Nr. 6 BGB stellen insoweit auf ein schwerwiegendes Fehlverhalten eines Ehegatten - teils während der Ehe, teils danach - ab und werden daher mangels Bezuges zur Ausgestaltung der ehelichen Lebensgemeinschaft im folgenden nicht erörtert.

Dagegen beziehen sich die Härtefälle des § 1579 Nr. 1 und 7 BGB (im Fall der Nr. 7: auch) auf einen objektiven Befund während der Ehe, sei es, dass sie im Rechtssinne als kurz anzusehen ist, sei es, dass ein Fall vorliegt, der der kurzen Ehe gleichsteht. Diese Befunde können - wie noch auszuführen sein wird - nur mit Blick auf die Ausgestaltung der ehelichen Lebensgemeinschaft - ermittelt werden und sind daher Gegenstand der vorliegenden Schrift.

Die Vorschriften der § 1573 Abs. 5, 1578 Abs. 1 S. 2, 1579 Nr. 1 BGB können von ihren normativen Voraussetzungen her in einem Fall sämtlich vorliegen. Dann besteht eine Einwendungskonkurrenz, bei der keine Vorschrift vorrangig ist[22]. So kann der Unterhalt auf den vorehelichen Lebensstandard sowohl nach § 1578 Abs. 1 S. 2 BGBals auch nach § 1579 Nr. 1[23] oder Nr. 7 BGB begrenzt werden.

---

19 BT-Drs. 10/4514, S. 22; Palandt/Brudermüller, BGB, § 1578 Rz. 80.

20 So die Entwurfsbegründung, BT-Drs. 10/2888, S. 19.

21 Häberle, FamRZ 1986, 311; BVerfGE 57, 361, 380.

22 MünchKomm-Richter, BGB, § 1579 Rz. 15a; Gleiches dürfte auch im Verhältnis zu § 1579 Nr. 7 BGB gelten.

23 Vor Einfügung des § 1578 Abs. 1 S. 2 BGB wurde der groben Unbilligkeit einer unbegrenzten Unterhaltspflicht nach den ehelichen Lebensverhältnissen bei einer kurzen Ehe durch eine Unterhaltsherabsetzung nach § 1579 Nr. 1 BGB Rechnung getragen (vgl. etwa OLG Stuttgart, FamRZ 1979, 1022, 1024). Heute wäre alternativ auch § 1578 Abs. 1 S. 2 BGB anwendbar; beide Vorschriften sind insoweit funktionsgleich, so Hahne, FamRZ 1986, 305, 306.

B. Allgemeine Kriterien der §§ 1573 Abs. 5, 1578 Abs. 1 S. 2, 1579 Nr. 1 und Nr. 7 BGB

Für die Auslegung der vom Gesetzgeber verwendeten unbestimmten Rechts-begriffe wie zum Beispiel Dauer der Ehe, Gestaltung der Erwerbstätigkeit und Haushaltsführung, Billigkeit, erscheint es sachgerecht, nicht nur auf die hinter diesen Begriffen stehende Absicht des Gesetzgebers abzustellen, sondern auch darauf, in wieweit und in welchen Fällen die vom Gesetzgeber zugrunde gelegten oder sonst in Betracht kommenden Leitbilder den nachehelichen Unterhalt zu rechtfertigen vermögen. Aus der Rechtfertigungswirkung und ihren Voraus-setzungen lassen sich dann Kriterien für die Unterhaltsbegrenzung entwickeln. Dieser Ansatz setzt voraus, dass die nacheheliche Unterhaltspflicht überhaupt legitimationsbedürftig ist.

I. Die Legitimationsbedürftigkeit des nachehelichen Unterhalts

Während der Verwandtenunterhalt nach §§ 1601ff. BGB an die aszendente und deszendente Verwandtschaft anknüpft und darin seine wohl allseits akzeptierte Rechtfertigung findet, wird der nacheheliche Ehegattenunterhalt für besonders legitimationsbedürftig gehalten. Diese Aussage dürfte der gemeinsame Nenner all jener Veröffentlichungen sein, die sich mit der Begrenzung des nachehelichen Unterhalts befassen. Unabhängig vom gemeinsamen Zusammenleben oder gar persönlichen Kontakten ist also bei Vorliegen der allgemeinen Unter-haltsvoraussetzungen wie insbesondere Bedürftigkeit auf der einen und Leistungsfähigkeit auf der anderen Seite an Verwandte in gerader Linie Unterhalt zu gewähren. Diese Unterhaltspflicht war dem Gesetzgeber auch so wichtig, dass er sie als zwingend ausgestaltet hat: Ein Unterhaltsverzicht ist nach § 1614 Abs. 1 BGB nicht zulässig. Beim Verwandtenunterhalt ging also der Gesetzgeber davon aus, einen ohne weiteres anerkannten Rechtssatz in das geschriebene Recht zu übernehmen.

Demgegenüber wurde der nacheheliche Unterhalt geradezu bedacht und zurückhaltend geregelt: Der vom Bundesrat vorgeschlagene, lediglich von der Bedürftigkeit abhängige Unterhaltsanspruch wurde nicht in das 1. EheRG 1976 übernommen[24]. Auf die Kritik, das 1. EheRG 1976 schaffe eine Art Unterhaltsknechtschaft, wurde 1986 die Möglichkeit einer Unterhaltsbegrenzung und -befristung geschaffen. Schließlich sind nach § 1585c BGB grundsätzlich sogar Verträge über einen Unterhaltsverzicht möglich, soweit sie die etwa ohnehin schon bestehende Sozialhilfebedürftigkeit nicht verstärken (§ 138 Abs. 1 BGB)[25]

---

24 Vgl. o. S. 6.

25 BGH, FamRZ 1992, 1403, 1404.

und mit dem Wohl gemeinschaftlicher Kinder (§ 242 BGB) vereinbar sind[26] und auch sonst keine speziellen Ausnahmesituationen vorliegen (vgl. u., 4. Teil, S. 110ff.).

Auch wenn hiernach das Sozialstaatsprinzip Unterhaltsverzichtsverträge nach § 1585c BGB begrenzt, darf daraus jedoch nicht der Schluss gezogen werden, schon dieses verfassungsrechtliche Sozialstaatsprinzip (Art. 28 Abs. 1 GG) mache eine weitere Rechtfertigung des nachehelichen Unterhalts entbehrlich. Denn der Grundsatz des Sozialstaates besagt allenfalls, dass private Unterhaltspflichten im öffentlichen Interesse liegen, nicht aber, wen diese Unterhaltspflichten treffen[27].

Die Unterschiede zwischen Verwandten- und Geschiedenenunterhalt überraschen zunächst und können wohl nicht mit der Vielgestaltigkeit der Ehetypen (kurz, kinderlos usw.) erklärt werden, denn die verwandtschaftlichen Beziehungen iSd. § 1601 ff. BGB sind nicht minder vielgestaltig - man denke an die Eltern, die ihr nachhaltig gesichertes Einkommen überraschend verlieren - und doch einheitlich geregelt, von geringfügigen Ausnahmen wie Minderjährigen- und Nichtehelichenunterhalt abgesehen.

Sucht man in der Gesetzessystematik den Grund für die unterschiedliche Behandlung von Verwandten in gerader Linie und geschiedenen Ehegatten im Unterhaltsrecht, so fällt auf, dass bei noch bestehender Ehe der Ehegattenunterhalt genauso unverzichtbar ist wie der Verwandtenunterhalt (§§ 1360a Abs. 3, 1361 Abs. 4 S. 3 iVm. § 1614 Abs. 1 BGB). Erst die Auflösung ihrer Ehe setzt die Unterhaltspflicht unter Ehegatten einem Legitimationsdruck aus. Damit übernimmt die Ehe im Ehegattenunterhaltsrecht die Legitimationsfunktion, die im Unterhaltsrecht der Verwandten von der Abstammung ausgefüllt wird und dort auch mit dem Erlöschen des Verwandtschaftsverhältnisses durch Adoption wegfällt (vgl. §§ 1755 Abs. 1, 1751 Abs. 4 BGB). Wird die Unterhaltspflicht unter Ehegatten aber lediglich mit dem Fortbestand der Ehe begründet, so entfällt ihre Rechtfertigung mit Auflösung der Ehe[28]. Daraus entsteht für den Geschiedenenunterhalt ein Legitimationsbedürfnis, das zum einen unter verfassungsrechtlichen, zum anderen unter rechtsdogmatischen Aspekten gewürdigt werden kann.

---

26 BGH, NJW 1995, 1148, 1149.

27 Steiner, Die Legitimation des nachehelichen Geschiedenenunterhalts ..., S. 51.

28 So noch für seine Zeit RGZ 8, 184, 188 (Urt. v. 13.3.1883): „Den Grund der Alimentationspflicht des Ehemannes bildet die Ehe, und mit dem Wegfalle dieser muß jene aufhören"; ähnlich Schwab, FamRZ 1997, 521, 523, wonach die über das Eheende hinaus andauernde Unterhaltsschuld der besonderen Rechtfertigung bedürfe.

1. Legitimationsbedürfnis aus verfassungs- und europarechtlicher Sicht

Der verfassungsrechtliche Prüfungsmaßstab ergibt sich aus Art. 6 Abs. 1 und Art. 2 Abs. 1 GG.

Mit der Gewährung einer Institutsgarantie für die Ehe schützt Art. 6 Abs. 1 GG auch die Eheschließungsfreiheit und damit auch die Zweitehe[29]. Durch die Belastung mit der Pflicht zur Leistung von Geschiedenenunterhalt, der sogenannten Unterhaltshypothek, kann der unterhaltspflichtige Ehegatte schon aus finanziellen Gründen von einer erneuten Eheschließung abgehalten werden. Diese Erschwerung der Eheschließung stellt einen Eingriff in Art. 6 Abs. 1 GG dar.

Als Institutsgarantie ist Art. 6 Abs. 1 GG jedoch auf eine rechtliche Ordnung angelegt[30] und erfordert, dass die aufgelöste Ehe Nachwirkungen hat[31]. Insoweit muss der Richter bei der Auslegung des Unterhaltsrechts auf die auf Gleichberechtigung von Mann und Frau beruhenden Lebensgemeinschaft Bedacht nehmen[32]; weder darf der Bestand der Ehe beeinträchtigt noch bei nicht mehr intakter Ehe der Auflösungsprozess beschleunigt werden[33]. Die danach vorgesehenen bürgerlich-rechtlichen Normen müssen mit der Freiheit der Eheschließung vereinbar, insbesondere verhältnismäßig sein[34]. Dabei müssen die Vorstellungen und Ziele des Gesetzgebers nur vertretbar sein. Wenn also der Gesetzgeber mit der nachehelichen Unterhaltspflicht dem Grundsatz der Mitverantwortung der Ehegatten aufgreifen wollte (vgl. o. S. 6), so ist dagegen aus verfassungsrechtlicher Hinsicht nichts einzuwenden; insbesondere ist eine rechtspolitische Kritik verfassungsrechtlich unerheblich[35].

Gleiches gilt für die sich aus Art. 2 Abs. 1 GG ergebenen Anforderungen. Zwar greift die Anordnung einer Unterhaltspflicht in den Schutzbereich des Art. 2 Abs. 1 GG ein, so dass auch insoweit die Belastung verhältnismäßig sein muss[36]. Das Verhältnismäßigkeitsprinzip wird dadurch besonders betroffen, dass die nacheheliche Unterhaltsverpflichtung einseitig ist und daher den Grundsatz der Gegenseitigkeit von Unterhaltspflichten im Eherecht (vgl. insbesondere § 1360 BGB) durchbricht[37]. Aber auch hier wurden die Ziele des Gesetzgebers,

---

29 BVerfGE 36, 146, 161; 31, 58, 70.

30 BVerfGE 31, 58, 69.

31 BVerfGE 66, 84, 93; 53, 257, 297; Pirson, in Bonner Kommentar z. GG, Art. 6 Abs. 1, Rz. 117.

32 BVerfGE 47, 85, 100.

33 BVerfGE 22, 93, 98.

34 BVerfGE 31, 58, 70.

35 So zu § 1573 Abs. 2 BGB BVerfGE 57, 361, 390.

36 BVerfGE 57, 361, 378, 388.

37 BVerfGE 57, 361, 380, 381.

ehebedingte Bedürfnislage aufzufangen und dem Grundsatz der Mitverantwortung der geschiedenen Ehegatten Rechnung zu tragen (vgl. o. S. 6), als legitim im Sinne des Verhältnismäßigkeitsgrundsatzes anerkannt.

Aus diesen Gründen hat das Bundesverfassungsgericht das 1. EheRG 1976 auch in seinem unterhaltsrechtlichen Teil mit Art. 2 Abs. 1, 6 Abs. 1 GG im wesentlichen für vereinbar gehalten[38]. Für nichtig wurde § 1579 Abs. 2 BGB a.F. erklärt, weil diese Vorschrift die Anwendung der Härteklausel des § 1579 Abs. 1 a.F. BGB auch in besonders gelagerten Härtefällen ausschloss[39]. Diese Vorschrift hat der Gesetzgeber durch Erlass des UÄndG 1986 gestrichen.

Mit nach § 31 BVerfGG bindender Wirkung stellte das Bundesverfassungsgericht weiterhin fest, dass bei der Auslegung des § 1579 HS. 1 BGB der Unterhaltspflichtige nicht unzumutbar belastet und dadurch das Verhältnismäßigkeitsprinzip verletzt werden darf. Eine derartige Belastung würde sich aber ergeben, wenn bei einer Ehe mit Kindern die Kinderbetreuungszeit stets der Ehezeit hinzugerechnet werden würde und damit die Härteklausel des § 1579 Nr. 1 BGB auch bei eine zeitlich kurzen Ehe nur wegen der Kinderbetreuung unanwendbar wäre. Daher muss zunächst die tatsächliche Ehezeit ermittelt werden. Liegt danach eine kurze Ehe vor, darf die Kinderbetreuungszeit unter dem Gesichtspunkt des Kindeswohls nur als weiterer Umstand in die Billigkeitsprüfung nach § 1579 Nr. 1 BGB einbezogen werden[40].

Europarechtliche Vorschriften werden durch die Verpflichtung zum Geschiedenenunterhalt kaum berührt. Der Prüfungsmaßstab ergibt sich insoweit aus Art. 8 EMRK (Achtung des Familienlebens) und Art. 1, 1. Zusatzprotokoll EMRK (Achtung des Eigentums).

Zum Schutzbereich des Art. 8 EMRK gehört auch die zweite Ehe im Anschluss an die geschiedene; insoweit enthält Art. 8 EMRK der Sache nach aber lediglich ein Willkürverbot. Die Verurteilung zum Geschiedenenunterhalt kann daher gegen Art. 8 EMRK nur verstoßen, wenn sie ohne Berücksichtigung der Besonderheiten des Einzelfalles ausgesprochen wurde[41].

Die Vorschrift des Art. 1, 1 Zusatzprotokoll EMRK kann von vornherein nur einen Anspruch auf Zahlung von Unterhalt schützen, nicht jedoch diesen Anspruch abwehren[42].

---

38 BVerfGE 57, 361, 380, 390.

39 BVerfGE 57, 361, 381.

40 BVerfGE 80, 286, 296.

41 Entscheidung der Europäischen Kommission für Menschenrechte vom 17.12.1981 (Nr. 9396/81), bei Bleckmann, EuGRZ 1983, 16, 18f. (Nr. 97); Fahrenhorst, S. 266.

42 Fahrenhorst, S. 265.

2. *Legitimationsbedürfnis aus rechtsdogmatischer Sicht*

Während die verfassungs- und europarechtliche Betrachtung sich letztlich unter dem Gesichtspunkt der Gesetzgebungsprärogative darauf beschränkt, die hier im 1. Teil, sub A I, dargestellten Motive des nachehelichen Unterhalts und seiner Grenzen auf ihre Vertretbarkeit zu überprüfen, ist der rechtdogmatische Ansatz weitaus enger. Er zielt auf die Frage ab, ob die Leitbilder des nachehelichen Unterhalts schlüssig, folgerichtig und im Gesamtzusammenhang des Familienrechts systemgerecht sind.

Darin liegt keine Verletzung des Einschätzungsspielraums des Gesetzgebers. Denn der Gesetzgeber hat mit der Anordnung einer Prüfung der Billigkeit (§§ 1573 Abs. 5, 1578 Abs. 1 S. 2 BGB) bzw. der groben Unbilligkeit (§ 1579 Nr. 1 und Nr. 7 BGB) selbst den Weg für eine eigene Ermessensausübung des Rechtsanwenders frei gemacht. Im Hinblick darauf, dass bei dieser Ermessensausübung der Rechtsanwender an die Stelle des Gesetzgebers tritt[43], wird sogar von einem „Richter-Ermächtigungsgesetz“[44] gesprochen. Die danach gebotene Billigkeitsentscheidung erfordert es, die der Ermessensausübung vorangestellten Leitbilder des Unterhaltsrechts nicht nur auf ihre Vertretbarkeit, sondern auch auf ihre sachliche Überzeugungskraft zu überprüfen.

3. *Ergebnis*

Der nacheheliche Unterhalt bedarf der besonderen Rechtfertigung, dies nicht nur aus verfassungsrechtlichen Gründen, sondern auch in rechtsdogmatischer Hinsicht, weil hieran die nach Billigkeit vorzunehmende Unterhaltsbegrenzung bzw. -befristung nach §§ 1573 Abs. 5, 1578 Abs. 1 S. 2, 1579 Nr. 1 und Nr. 7 BGB anknüpft.

Für die folgende Prüfung, in wieweit der Geschiedenenunterhalt legitimiert ist, wird von der rechtsdogmatischen Erkenntnis ausgegangen, dass der Norm jeweils bestimmte Prinzipien als legislatorische Leitgedanken zugrunde liegen[45].

---

[43] Gernhuber, Eherecht und Ehetypen, S. 18.

[44] Bosch, FamRZ 1984, 1165, 1167 (allerdings bezogen auf den früheren Entwurf des § 1575 Abs. 5 BGB, der nur die Ehedauer als Abgrenzungskriterium nannte, vgl. BT-Drs. 10/2888, 5, 12, 17f.); zu den sich daraus in gesetzgebungstechnischer Hinsicht ergebenden Folgen, vgl. u. S. 140ff.

[45] Larenz/Canaris, Methodenlehre, S. 307.

II. Die Rechtfertigung des nachehelichen Unterhalts

1. Rechtfertigung aus dem Teilhabeprinzip

Das Teilhabeprinzip hat zur Grundlage, dass während der Ehe die Ehegatten am ehelichen Lebensstandard gleichen Anteil haben[46].

Die Rechtsprechung geht für die Bestimmung des Unterhalts nach den "ehelichen Lebensverhältnissen" (§ 1578 Abs. 1 BGB) von diesem Halbteilungsgrundsatz aus, der lediglich bei Einkommen aus einer Erwerbstätigkeit um den Erwerbstätigenbonus modifiziert wird. Dieser Halbteilungsgrundsatz ist während der Ehe daraus gerechtfertigt, dass die mannigfaltigen Beiträge der Ehegatten zum Familienunterhalt als gleichwertig angesehen werden. So stellt das Gesetz in den §§ 1360 S. 2, 1606 Abs. 3 S. 2 BGB die Haushaltsführung und die Erwerbstätigkeit gleich. Aber auch bei unterschiedlichem Einkommen der Eheleute in einer Zuverdiener- oder Doppelverdienerehe sind die - finanziell ohnehin nicht erfassbaren - Beiträge der Ehegatten im Hinblick auf deren autonome Ausgestaltung der ehelichen Lebensgemeinschaft als gleichwertig einzustufen.

Der gleichen Teilhabe der Ehepartner an dem ehelichen Lebensstandard als Voraussetzung des Teilhabeprinzips steht auch nicht[47] entgegen, dass der nicht erwerbstätige Ehegatte gegen den anderen einen "Taschengeldanspruch", also einen Anspruch auf Auszahlung eines Teilbetrages vom Nettoeinkommen hat, und dass die Familienunterhaltspflicht nach § 1360 S. 1 BGB nicht auf Teilung des Einkommens, sondern auf Leistung des angemessenen Unterhalts gerichtet ist. Denn das Bestehen eines Taschengeldanspruchs schließt einen Unterhaltsanspruch, der im übrigen als Naturalunterhalt auf andere Weise als durch Barzahlung erfüllt wird, nicht aus.

Ferner kann auch die Verpflichtung zur Leistung eines angemessenen Unterhalts (§ 1360 S.1 BGB) im Sinne des Halbteilungsgrundsatzes ausgelegt werden.

Mit der Scheidung ist jedoch das Teilhabeprinzip im Hinblick auf den Grundsatz der Selbstversorgung nach § 1569 BGB beendet[48].

Wenn jedoch der unterhaltsbedürftige Ehegatte nach der Scheidung weiterhin aus der ehelichen Lebensgemeinschaft erwachsene Aufgaben erfüllt, so ist die Fortgeltung des Teilhabeprinzips über die Scheidung hinaus gerecht-fertigt[49]. So etwa, wenn der unterhaltsbedürftige Ehegatte nach der Scheidung die

---

46 Diederichsen, FamRZ 1992, 1, 7.

47 Anders Diederichsen, NJW 1993, 2266, 2272.

48 Diederichsen, FamRZ 1992, 1, 7.

49 Ders. ebd. (Fn. 48), S. 7.

Betreuung gemeinschaftlicher Kinder übernimmt[50] und dadurch weiterhin eine Gegenleistung an den anderen Ehegatten erbringt. In Betracht zu ziehen ist auch die Fallgestaltung, dass ein Ehegatte seine normalen Pflichten übersteigenden Leistungen erbracht hat, die über die Scheidung hinaus zugunsten des anderen Ehegatten fortwirken[51]. Dies ist zum Beispiel der Fall, wenn ein Ehegatte sein Einkommen aus Betriebsmitteln erwirtschaftet, die auch vom anderen Ehegatten aufgebaut wurden und die nicht güterrechtlich auszugleichen sind[52] oder der unterhaltsbedürftige Ehegatte ihm während der Ehe ein Studium ermöglicht hat und nunmehr einen Aufstockungsunterhalt verlangt (vgl. u. S. 100).

Gegen das Teilhabeprinzip in diesen Fällen könnte zwar sprechen, dass der Zweck des Unterhalts lediglich der Erfassung und Befriedigung bestimmter Bedürfnislagen dient, nicht aber dem Ausgleich durch Mitarbeit erworbener Teilhabepositionen. Dafür besteht grundsätzlich auch kein Bedürfnis, weil insoweit Ansprüche aus einem Arbeitsverhältnis, aus dem Güterrecht, aus einer Ehegatteninnengesellschaft[53] und aus Wegfall der Geschäftsgrundlage eines familienrechtlichen Vertrages[54] bestehen können[55]. Andererseits ist der Kreis der für §§ 1573 Abs. 5, 1578 Abs. 1 S. 2, 1579 Nr. 1 und 7 BGB in Frage kommenden Erwägungen nicht begrenzt, so dass bei Fortwirken ehelicher Leistungen nach der Scheidung durchaus das Teilhabeprinzip in Betracht kommt.

Das Teilhabeprinzip ist somit in seinem Anwendungsbereich zur Rechtfertigung des nachehelichen Unterhalts geeignet.

2. Rechtfertigung aus dem Gegenseitigkeitsprinzip

Im Regelfall stellt sich die nacheheliche Unterhaltsverpflichtung als einseitige Leistung dar, die den während der Ehe geltenden Grundsatz der Gegenseitigkeit

---

50 Ders. aaO. (Fn. 48), S. 7; vgl. zum Gesichtspunkt der Kindesbetreuung als Anwendungsfall des Gegenseitigkeitsprinzips noch unten S. 15ff.

51 Knöpfel, AcP 191 (1991), S. 107, 110; nach Peschel-Gutzeit, MDR 1986, 455, 456, die insoweit auf die Begründung des Reg.-Entw. zum UÄndG (vgl. BT-Drs. 10/2888, S. 18) verweist, kann der besondere Einsatz des unterhaltsbedürftigen Ehegatten zugunsten des Verpflichteten während der Ehe gegen eine Unterhaltsbegrenzung sprechen.

52 Diederichsen, FamRZ 1992, 1, 7.

53 BGH, FamRZ 1975, 35, 36.

54 BGHZ 84, 367, 368.

55 Vgl. zu diesem Problemkreis Lieb, Die Ehegattenmitarbeit im Spannungsfeld zwischen Rechtsgeschäft, Bereicherungsausgleich und gesetzlichem Güterstand, sowie zur Übertragbarkeit unterhaltsrechtlicher Besonderheiten unten, 5. Teil, S. 148ff.).

der Unterhaltspflichten durchbricht[56] und daher besonders legitimationsbedürftig ist (vgl. o. S. 11).

Wenn jedoch Kindesbetreuungsunterhalt (§ 1570 BGB) geltend gemacht wird, ist zu berücksichtigen, dass sich die gegenwärtige Kindesbetreuung als Leistung auch an den unterhaltspflichtigen Ehegatten darstellt[57]. Damit verknüpfen die Vorschriften der §§ 1573 Abs. 5 S. 1 HS. 2, 1578 Abs. 1 S. 2 HS. 2 und 1579 Nr. 1 HS. 2 BGB die Privilegierung, dass die Kindesbetreuung ein wesentliches Indiz gegen die Unterhaltsbegrenzung darstellt („in der Regel"). Diese Bevorzugung der Kindesbetreuung findet seine Rechtfertigung aber nicht nur darin, dass insoweit die Unterhaltsleistung nicht mehr nur einseitig ist[58] (Gegenseitigkeitsprinzip), sondern auch in dem Anliegen des Gesetzgebers, durch Freistellung eines Ehegatten von der Erwerbsobliegenheit die Voraussetzungen für eine ungehinderte Kindesbetreuung zu schaffen[59]. Daher scheidet aus beiden Gründen auch bei anderen Unterhaltstatbeständen[60] eine Unterhaltsbegrenzung aus, solange gegenwärtig gemeinschaftliche Kinder betreut werden.

Erst sobald die Betreuung gemeinschaftlicher Kinder beendet ist und damit der Gesichtspunkt des auch grundrechtlich durch Art. 6 Abs. 2 S. 1 GG gebotenen[61] Schutzes der elterlichen Sorge wegfällt, wird die Unterhaltsleistung wieder einseitig, so dass ihre Begrenzung in den Fällen in Betracht kommt, in denen die Kindesbetreuung ausnahmsweise nicht zu ehebedingten Nachteilen geführt hat[62].

Demgegenüber erscheint es trotz der gesetzlichen Privilegierung auch der beendeten Kindesbetreuung im Regelfall (vgl. §§ 1573 Abs. 5 S. 1 HS. 2; 1578 Abs. 1 S. 2 HS. 2: „betreut hat") als zu schematisch und mit der vom Gesetz im übrigen geforderten Einzelfallwürdigung unvereinbar, davon auszugehen,

---

56 BVerfGE 57, 361, 378; Knöpfel, AcP 191 (1991), 107, 109; Diederichsen, NJW 1993, 2265, 2271.

57 Limbach, Brühler Schriften zum Familienrecht, Bd. 2, S. 44.

58 Auf das Gegenseitigkeitsprinzip verweist insoweit Diederichsen, NJW 1993, 2265, 2271; vgl. auch BVerfGE 53, 257, 296: Wegen Art. 3 Abs. 2 GG sind die unmittelbaren Leistungen der Frau bei der Führung des Haushalts und der Pflege und Erziehung der Kinder als Unterhaltsleistungen anzusehen, die gleichwertig neben der Unterhaltsleistung durch Bereitstellung der notwendigen Barmittel stehen.

59 BVerfGE 57, 361, 378.

60 Zum Beispiel aus § 1573 Abs. 2 BGB: Mit zunehmenden Alter der Kinder besteht eine zumindest teilweise Erwerbsobliegenheit, so dass §§ 1570 und 1573 Abs. 2 BGB in gegenseitiger Ergänzung anzuwenden sind, so BGH, FamRZ 1991, 304, 305.

61 BVerfGE 80, 286, 295.

62 BGH (Vb. Senat), FamRZ 1990, 492, 494; OLG Karlsruhe, FamRZ 1989, 511, 513; Hahne, FamRZ 1986, 305, 308; Henrich, Familienrecht, § 15 II 5 (S. 161); Johannsen/Henrich/Büttner, Eherecht, § 1573 Rz. 41.

dass die Kindesbetreuung als solche der rechtserhaltende Tatbestand sei mit der Folge, dass der Erhalt des eheangemessenen Unterhalts bei der Kindesbetreuung für die fortwirkende eheliche Leistung belohne[63]. Die beendete Kindesbetreuung kann daher bei der Bemessung der Unterhaltsbegrenzung lediglich als sonstiger Umstand berücksichtigt werden[64].

Im übrigen ist nach allgemeiner Ansicht trotz Kindesbetreuung eine zeitliche Begrenzung des Unterhalts möglich, wenn der unterhaltsbedürftige Ehegatte das gemeinschaftliche Kind gegen den Willen des anderen oder unter Verstoß gegen eine gerichtliche Sorgerechtsregelung betreut hat oder seine elterlichen Pflichten verletzte[65].

3. Rechtfertigung aus dem Kompensationsprinzip

Das Kompensationsprinzip soll diejenigen Nachteile erfassen, die ein Ehegatte durch die Ausgestaltung der Ehe erleidet (ehebedingte Nachteile), und den Ausgleich dieser Nachteile rechtfertigen. Dabei handelt es sich nicht um einen eigenständigen Schadensersatzanspruch. Vielmehr geht das Kompensations-prinzip von einer den Geschiedenenunterhalt in dem Umfang rechtfertigenden Nachwirkung der Ehe aus, in dem ehebedingte Nachteile über die Scheidung hinaus fortwirken[66] und daher im Rahmen der §§ 1573 Abs. 5, 1578 Abs. 1 S. 2 und 1579 Nr. 1 und 7 BGB zu berücksichtigen sind.

---

63 So aber Giesing, FamRZ 1986, 937.

64 OLG Karlsruhe, FamRZ 1989, 511, 513, das die beendete Betreuung gemeinschaftlicher Kinder aus der ersten zwischen denselben Parteien geschlossenen Ehe bei der Begrenzung des Unterhalts im Anschluss an die zweite Ehe der Parteien als sonstigen Umstand berücksichtigte, weil insoweit ein lediglich während der ersten Ehe begründeter Nachteil (geringere Rentenanwartschaft) vorlag; OLG Düsseldorf, FamRZ 1994, 756, 758 (hier geringere Rente wegen Kindesbetreuung); anders BGH (XII. Senat), NJW-RR 1991, 130, 132, der bei einer Ehedauer von 28 Jahren wegen der sich an die Trennung anschließende 10jährige Betreuung gemeinschaftlicher Kinder unter Hinweis auf die Regelfallvorschriften der §§ 1573 Abs. 5 S. 1 HS. 2, 1578 Abs. 1 S. 2 HS. 2 BGB die zeitliche Begrenzung des Geschiedenenunterhalts ablehnte.

65 Giesing, FamRZ 1986, 937; Hahne, FamRZ 1986, 305, 308; Stellungnahme des Rechtsausschusses des Deutschen Bundestages, BT-Drs. 10/4514, S. 21, r. Sp.

66 Wolf, JZ 1970, 441, 448; Reinhardt, Die Zulässigkeit des Verzichts auf den nach Scheidung der Ehe gegebenen Unterhaltsanspruch, S. 92; Brudermüller, FamRZ 1998, 649, 650; in praktischer Hinsicht Bedenken gegen den zumindest teilweise vergleichbaren Gesichtspunkt des „career damage“ in den USA bei Oldham, California Law Review 1992, S. 1091, 1112; gegen diese Bedenken unter Hinweis auf die Möglichkeit einer gerichtlichen Schätzung des Nachteilsumfangs Ellman, California Law Review 1989, S. 1, 78f.

Von Verfassungs wegen (Art. 2 Abs. 1 GG) muss sich die Kompensation auf diejenigen Nachteile beschränken, die dem unterhaltspflichtigen Ehegatten zurechenbar sind (vgl. o. 1. T. B I 1), also von ihm mitzuverantworten sind. Diese Zurechenbarkeit setzt voraus, dass die Gestaltung der ehelichen Lebensgemeinschaft zumindest auch auf den Willen des unterhaltspflichtigen Ehegatten zurückzuführen ist, von ihm also mitveranlasst ist[67] (a). Ferner muss die Ausgestaltung der ehelichen Lebensgemeinschaft ein besonderes Risiko nachehelicher Bedürftigkeit begründen (b). Schließlich muss die nacheheliche Bedürftigkeit auf der Verwirklichung dieses Risikos beruhen (c).

a) Anforderungen an die Art und Weise der Ausgestaltung der ehelichen Lebensgemeinschaft

Das Gesetz geht in § 1356 Abs. 1 S. 1 BGB davon aus, dass die Ehegatten die Haushaltsführung und damit letztlich auch die Ausgestaltung der ehelichen Lebensgemeinschaft im gegenseitigen Einvernehmen regeln. Ist dies tatsächlich der Fall, sind Bedürfnislagen, die sich aus der konkreten Verwirklichung der ehelichen Lebensgemeinschaft ergeben, dem in Anspruch genommenen Ehegatten zurechenbar.

Gleichwohl ist auch die Situation denkbar, dass der eine Ehegatte während der Ehe seinen Arbeitsplatz gegen den Willen des nach der Scheidung auf Unterhalt in Anspruch genommenen Ehegatten aufgegeben hat. Hier stellt sich das Zurechnungserfordernis als notwendiges Korrektiv dar[68]. Das so umschriebene Zurechenbarkeitserfordernis wirft die Frage nach der Entscheidungsbildung in der Ehe auf, da die Ausgestaltung der ehelichen Lebensgemeinschaft und die darauf beruhenden Nachteile des einen Ehegatten dem anderen um so eher zuzurechnen sind, je mehr er die Entscheidungsfindung in der Ehe beeinflussen konnte und das Entscheidungsergebnis somit mitzuverantworten hat.

Nachteile aus der einverständlichen Eheschließung als solcher können daher dem auf Unterhalt in Anspruch genommenen Ehegatten - eben wegen seiner erforderlichen Zustimmung zur Heirat (§ 13 Abs. 1 EheG) - ohne weiteres zugerechnet werden. Durch die Heirat als solche erleidet der unterhaltsbedürftige Ehegatte aber allenfalls Nachteile insofern, als er seine Witwenrente oder einen Unterhaltsanspruch gegen seinen geschiedenen Ehegatten aus erster Ehe (§ 1586 Abs. 1 BGB) verliert.

---

67 Ähnlich Schwab, FamRZ 1997, 521, 523 (einverständliche Gestaltung der ehelichen Lebensverhältnisse nötig).

68 Ähnlich Schuhmacher, Diss., S. 79: maßgebend sei, ob der Ehegatte gegen den Willen des anderen Ehegatten und trotz dessen Bereitschaft, die Haushaltstätigkeit anteilig zu verrichten, tatsächlich nicht erwerbstätig war.

Wirtschaftlich weitaus bedeutender sind die Fälle, in denen der unterhaltsbedürftige Ehegatte im Hinblick auf die Ehe Entscheidungen trifft, die seine Erwerbs- und Berufschancen verändern, etwa seinen Beruf aufgibt, mit der Erwerbstätigkeit zugunsten der Kinderbetreuung aussetzt oder auf Karrierechancen verzichtet, die einen Wohnortwechsel erfordern würden.

Dabei können einmal diese die Vermögensverhältnisse des einen Ehegatten nachhaltig betreffenden Entscheidungen von beiden Ehegatten gemeinsam getroffen werden, gegebenenfalls auch in der Weise, dass der eine Ehegatte der Entscheidung des anderen ausdrücklich oder stillschweigend zustimmt. Insoweit würden sich für das maßgebende Zurechnungsmoment keine Probleme ergeben. Diese Entscheidungen können aber auch von einem Ehegatten gegen den ausdrücklichen oder stillschweigenden Willen des anderen getroffen werden, so dass die Entscheidungsfolgen diesem anderen Ehegatten auch nicht zurechenbar wären. Zu denken ist auch an eine eingeschränkte Zurechnung der Entscheidungsfolgen nach Verantwortungsanteilen, wenn das Entscheidungsergebnis hauptsächlich - wenn auch nicht ausschließlich - auf den Willen eines Ehegatten zurückzuführen ist. Diese auf die Ehegatte anteilig verteilte Verantwortlichkeit für die Entscheidung wird am häufigsten vorkommen, da die Ehegatten ihre Lebensgemeinschaft nicht isoliert von der Einflüssen der Umwelt „regeln" (§ 1356 Abs. 1 S. 1 BGB), sondern ihre Ehe vielfältig in wirtschaftlicher und sozialer Hinsicht externen Einwirkungen ausgesetzt ist. Dabei werden die Ehegatten etwa berücksichtigen, in wieweit die Arbeitsmarktchancen von Frauen und Männern allgemein und gegebenenfalls auch im Einzelfall unterschiedlich sind, ferner ob die Kinderbetreuung durch Schule und sonstige Einrichtungen gewährleistet ist. Was auch immer die Ehegatten regeln ist ein Kompromiss, der diese Faktoren jedenfalls auch berücksichtigen wird und muss.

Für das Erfordernis der Zurechenbarkeit ergibt sich hieraus die Schlussfolgerung, dass die Ausgestaltung der ehelichen Lebensgemeinschaft und ihre nachteiligen Folgen dem unterhaltsverpflichteten Ehegatten um so eher zurechenbar sind, als der andere Ehegatte die ihn benachteiligende eheliche Entscheidungsfindung nicht beeinflussen und vermeiden konnte, der unterhaltsverpflichtete Ehegatte dagegen aufgrund seines größeren Einflusses die Ausgestaltung der ehelichen Lebensgemeinschaft zu verantworten hat. In diesem Umfang muss der unterhaltsverpflichtete Ehegatte für die Folgen der Ehe über deren Auflösung hinaus einstehen. Dabei kann die gerade unter Berücksichtigung gesellschaftlicher Faktoren ohnehin nicht exakt zu ermittelnde Zwangsläufigkeit ehelicher Entscheidungsfindung nur ein Anhaltspunkt für den Geschiedenenunterhalt sein.

Das so zur Erläuterung des Kompensationsprinzip skizzierte Entscheidungsraster hat zwei Nachteile, einen praktischen und einen rechtstechnischen.

Der praktische Nachteil berührt das Anliegen der vorliegenden Schrift, Entscheidungskriterien für den konkreten Fall zu entwickeln, und besteht darin, dass die Parteien im Unterhaltsprozess ihre Entscheidungsfindung zu den wesentlichen Fragen nicht so darlegen und beweisen können, dass das Zurechnungsmodell anwendbar ist. Denn ein im Sinne des Zurechnungsmodells schlüssiger Vortrag zur Entscheidungsfindung in der Ehe würde voraussetzen, dass die Parteien auch den Unterschied zwischen der die Zurechnung begründenden Zustimmung zur Entscheidung und dem bloßen unter dem Druck der Verhältnisse zustande gekommenen Nachgeben im Entscheidungsprozess unterscheiden können und darüber hinaus diesen Unterschied substantiiert darzulegen und im Streitfall zu beweisen vermögen. Dabei ist der Bestreitensfall schon wegen des Verzichts auf im Interesse der Prozessökonomie leicht feststellbare Merkmale und der Möglichkeit eines nur graduellen, aber erheblichen Unterschiedes zwischen einer Zustimmung und einem erzwungenen Nachgeben vorprogrammiert.

In rechtstechnischer Hinsicht ist das auf die Entscheidungsfindung der Ehegatten im konkreten Fall abstellende Zurechnungsmodell unvereinbar mit der angestrebten Bildung von Ehetypen, weil es keine verallgemeinerungsfähigen und der Typenbildung zugängliche Aussagen aufweist.

Um diese beiden Nachteile zu vermeiden, bietet es sich an, auf soziologische Befunde über den Entscheidungsprozess in der Ehe und den Erklärungsansätzen dazu zurückzugreifen. Die dabei zu findenden soziologischen Erklärungsansätzen dürften den Bedürfnissen der Rechtspraxis und -technik entsprechen, sofern sie erwartungsgemäß in ihrem Bestreben, die ehelichen Entscheidungsfindung modellartig vereinfacht darzustellen, an leicht feststellbare Umstände und Fallgestaltungen anknüpfen. Die Soziologie hat also für die Dogmatik genauso wie für die Rechtsfindung im Einzelfall die Aufgabe, den sozialen Sachverhalt aufzuklären, an den Rechtsbegriffe anknüpfen[69], wie dies hier mit dem rechtlichen Erfordernis der Zurechenbarkeit der Fall ist.

Die Machtverteilung in der Ehe ist empirisch untersucht worden, indem die Ehegatten befragt wurden, wer von ihnen in welchen Lebensbereichen hauptsächlich die Entscheidungen trifft. Das so gewonnene Umfrageergebnis wurde in Beziehung gesetzt zu den ebenfalls festgehaltenen individuellen Eigenschaften der befragten Eheleute wie Alter, Beruf, Anzahl der Kinder und Erwerbstätigkeit. Aus dieser Untersuchungstechnik ergab sich folgender Befund[70]:

---

69 Jost, Soziologische Feststellungen in der Rechtsprechung des Bundesgerichtshofs in Zivilsachen, S. 37, 163; Lautmann, Soziologie vor den Toren der Jurisprudenz, S. 20f.; Ostermeyer, DRiZ 1969, 9, 12; Trappe, Vorstudien zu einer Soziologie des Rechts, S. 21f.

70 Vgl. Held, Soziologie der ehelichen Machtverhältnisse, S. 111, 125f. mwN; Lupri, Soziologie der Familie, S. 339-345; diese Ergebnisse wurden erstmals bei einer Untersuchung in Detroit (USA) festgestellt, vgl. die Berichte von Wolfe, Studies in social power, S. 99ff., und Blood/Wolfe, Husbands and Wives, S. 40-42.

- je höher der soziale Status des Ehemannes ist, desto mehr verlagert sich die Entscheidungsmacht auf ihn;
- bei außerhäuslicher Erwerbstätigkeit haben Ehefrauen - vor allem im ökonomischen Bereich - mehr Entscheidungsmacht als nicht erwerbstätige Ehefrauen;
- je mehr Zeit die Ehefrau im familienexternen Bereich verbringt, desto geringer wird die Entscheidungsmacht des Ehemanns.

Für den Anwendungsbereich des Kompensationsprinzips - genauer: für die Frage der Zurechenbarkeit ehebedingter Nachteile - kommt es darauf an, welche Schlüsse aus diesem empirischen Befund zu ziehen sind. Möglicherweise geben diese Rückschlüsse weitere Auskunft über die Berechtigung des Geschiedenenunterhalts je nach Entscheidungsverhalten der Eheleute während der Ehe.

Zur Entscheidungsfindung in der Ehe werden heute noch mit Abweichungen im Einzelnen die Ressourcentheorie, die Austauschtheorie und die Ressourcentheorie im normativen oder kulturellen Kontext vertreten[71]. Auf die Abweichungen[72] wird im Zusammenhang mit diesen Theorien eingegangen.

(1) Theorien zur Entscheidungsfindung in der Ehe

(a) Ressourcentheorie

Nach der Ressourcentheorie entspricht die Entscheidungsmacht des einen Ehegatten dem Vergleich seiner Ressourcen mit denen des anderen Ehegatten, da derjenige Ehegatte, der die Ressourcen des anderen Ehegatten benötigt oder begehrt, willens ist, für den Zugang zu ihnen sich dem Willen des anderen zu unterwerfen[73]. Dabei kommt als Ressource all das in Betracht, was Gegenstand menschlichen Begehrens in der Ehe sein kann[74], wie Einkommen, sozialer Status[75], Bereitschaft zur Gefolgschaft[76], physische und psychische Eigenschaften

---

[71] Vgl. die Übersicht bei Cromwell/Olson, S. 19-21 (Austauschtheorie), S. 24-26 (Ressourcentheorie), S. 26-27 (zum normativen Kontext); Rank, Journal of Marriage and the Family, 1982, S. 591, 592 - 594.

[72] Etwa von Turner, insbesondere S. 125ff., und Sprey, Power in Families, insbesondere S. 65ff.

[73] Cromwell/Olson, S. 24; Nauck, S. 47.

[74] Blood/Wolfe, Husbands and Wives, S. 12.

[75] Szinovacz, Handbook of Marriage and the Family, S. 665.

[76] Szinovacz, ebd. (Fn. 75), S. 666.

(Liebe, Gefühle)[77] und die erfolgreiche Ausfüllung der interfamiliär zugewiesenen Rolle (Kindererziehung, Ernährer der Familie, Haushaltsführung etc.)[78].

Der Wert der Ressourcen für die eheliche Machtverteilung hängt davon ab, dass ihre Leistung nicht nur möglich ist, sondern sie auch tatsächlich als Beiträge der ehelichen Lebensgemeinschaft zu Gute kommen[79] und für den anderen Ehegatten nützlich sind[80]. Die Ressourcentheorie erklärt, warum erwerbstätige Ehefrauen - in der Tendenz auch solche, die berufstätig waren[81] - im Vergleich zu nicht erwerbstätigen Ehefrauen mehr Entscheidungsmacht haben: Berufstätige Ehefrauen entwickeln Ressourcen - finanzielle Mittel, intellektuelle und berufliche Fähigkeiten -, die sie in ihrer Bedürfnisbefriedigung - insoweit - unabhängig vom Ehemann machen[82].

(b) Austauschtheorie

Mit dem angesprochenen Begriff der Abhängigkeit ist auch schon der Weg zur Verfeinerung der Ressourcentheorie bereitet: Für die Machtverteilung in der Ehe kommt es nicht nur auf den relativen Wert der Ressourcen der Ehegatten im Vergleich zueinander an, sondern auch auf den absoluten Wert der Ressourcen eines Ehegatten. Der Wert der Ressourcen des einen Ehegatten und damit seine Entscheidungsmacht hängt auch davon ab, in wieweit der andere Ehegatte aufgrund des absoluten Werts seiner Ressourcen seine Bedürfnisse außerhalb der Ehe oder alternativ zu ihr befriedigen kann[83]. Unter Berücksichtigung des damit auch maßgebenden absoluten Werts der Ressourcen eines Ehegatten hat letztlich derjenige Ehegatte in der Ehe mehr zu entscheiden, der vom Fortbestand der Ehe unabhängiger ist, also im Hinblick auf seine Alternativen zur Ehe - auch unter Berücksichtigung der sozialen und finanziellen Folgen der Eheauflösung - an der Aufrechterhaltung der Ehe das geringere Interesse hat[84].

Das sich aus dem absoluten Wert der Ressourcen theoretisch ergebende geringere Interesse eines Ehegatten an der Aufrechterhaltung der Ehe führt jedoch nicht notwendig zu ihrer Destabilisierung: Bei verschiedenem Umfang der externen Ressourcen bietet der Ehegatte mit dem größeren Interesse an der Ehe

---

77 Safilios-Rothschild, Journal of Marriage and the Family, 1976, S. 358, 359.

78 Bahr, S. 84.

79 Bahr, S. 83; Szinovacz , aaO. (Fn. 75), S. 665.

80 Szinovacz, aaO. (Fn. 75), S. 665.

81 Blood/Wolfe, aaO (Fn. 74), S. 41: je länger die Ehefrau seit der Heirat berufstätig war, desto mehr Entscheidungsmacht hat sie auch nach Aufgabe der Berufstätigkeit.

82 Wolfe, Studies in social power, S. 109.

83 Safilios-Rothschild, aaO. (Fn. 77), S. 356; Szinovacz, aaO. (Fn. 75), S. 665.

84 Blau, S. 78; Heer, Marriage and Family Living 1963, S. 133, 138; Waller/Hill, S. 190-192, Nauck, S. 48; aA Blood, Marriage and Family Living 1963, S. 475, 476.

eine Machtunterwerfung zum Tausch an[85], so dass der Ehegatte mit dem bis dahin geringeren Interesse an der Ehe aus ihr wegen seiner gewachsenen Möglichkeit zur Selbstgestaltung wieder größeren Nutzen zieht, zumal die Bereitschaft zur Gefolgschaft selbst eine eheinterne Ressource ist[86].

Diese eheinterne Ressource der Bereitschaft zur Gefolgschaft hat also zwei Funktionen, zum einen führt sie zur Machtverschiebung in der Ehe, zum anderen stabilisiert sie auf diese Weise Ehen mit ungleicher Verteilung externer Ressourcen.

(c) Ressourcentheorie im kulturellen Kontext

Die der Ressourcentheorie entgegengesetzten Befunde in Griechenland und dem früheren Jugoslawien[87] zwingen dazu, den Erklärungsansatz zur ehelichen Entscheidungsfindung dahin zu erweitern, dass nicht nur Ressourcen (relativ und absolut) berücksichtigt werden, sondern auch der Einfluss sozialer Normen[88]. Die Bedeutung sozialer Normen wird damit erklärt, dass sich der Austausch von Ressourcen in der Ehe an dem auch durch soziale Normen gesteuerten Gedanken der verteilenden Gerechtigkeit und der Gegenseitigkeit orientiert; bei ihrem Austausch halten die Ehegatten nur das für gerecht und billig, was mit den für sie geltenden sozialen Normen vereinbar ist[89]. Die eheinternen und -externen Ressourcen beherrschen die Machtverteilung in der Ehe nur soweit, wie patriarchale oder matriarchale Statuszuweisungen fehlen[90].

In den westlichen Industrieländern sind in den oberen Schichten wegen der höheren Bildung häufiger egalitäre Normen vertreten[91], so dass die durch Ressourcen etwa bedingte einseitige Machtzuweisung an einen Ehegatten im Wirkungsbereich dieser Normen wieder neutralisiert wird[92].

Abgesehen vom Einfluss sozialer Normen ist zu beachten, dass der Schluss von eheinternen und -externen Ressourcen eines Ehegatten darauf, dass dieser sich auch im ehelichen Entscheidungsprozess durchsetzen wird, mit Unsicherheiten behaftet ist: Bei der ehelichen Entscheidungsfindung spielen zum Bei-

---

85 Nauck, S. 50.

86 Sprey, Family power and process, S. 68; Szinovacz, aaO. (Fn. 75), S. 666.

87 Vgl. Lupri, aaO. (Fn. 70), S. 344 mwN; Held, aaO. (Fn. 70), S. 111f. mwN.

88 Bahr, Family Relationships, S. 85; Centers/Raven/Rodrigues, American Sociological Review 1971, S. 264, 265; Nye, Family Relationships, S. 24; Rodmann, Soziologie der Familie, S. 121, 133; Wolfe, Studies in social power, S. 99, 102.

89 Scanzoni, S. 307.

90 Rodmann, aaO. (Fn. 88), S. 139.

91 Komarovsky, Blue-Collar Marriage, S. 225f.

92 Rodmann, aaO. (Fn. 88), S. 139.

spiel auch zwischenmenschliche Fähigkeiten und Selbstvertrauen[93] eine Rolle. Der aufgezeigte statistische Befund rechtfertigt es jedoch, die eheinternen und -externen Ressourcen neben sozialen Normen als Hauptfaktoren der ehelichen Entscheidungsfindung zu betrachten. Abzulehnen ist daher Auffassung[94], dass es nicht darauf ankäme, wer welche Macht habe, sondern wann sie nach spezifischen Regeln der Konfliktlösung eingesetzt werde.

Im übrigen schließen sich die drei erörterten Theorien nicht gegeneinander aus, sondern ergänzen sich in ihrem Erklärungsansatz.

(2) Ergebnis

Die eheliche Entscheidungsfindung ist ein Prozess, indem eine Vielzahl von Faktoren wirken. Unter diesen Faktoren haben eine besondere, weil empirisch fassbare Bedeutung:

- eheinterne und -externe Ressourcen sowie
- soziale Normen.

Sie lassen sich auf einen ständigen Austauschprozess[95] und auf die einfache Formel (principle of subjectively expected utility) zurückführen, dass bei der „... Wahl zwischen mehreren Handlungsalternativen ... ein Akteur jene [bevorzugt], bei der das Produkt von erzielbarem Wert und der Wahrscheinlichkeit, ihn zu erzielen, maximal ist“[96]. Diese Absicht des Akteurs, deren Feststellung auf der Annahme rationalen Verhaltens des Menschen beruht[97], durchdringt den gesamten Prozess der Entscheidungsfindung in der Ehe, in dem ständig Ressourcen nach ihrem durch eben jene Absicht bestimmten Wert ausgetauscht werden.

Legt man neben der Austauschtheorie weiter die eingangs vertretene Annahme zugrunde, dass ein größeres Machtgefälle zugunsten eines Ehegatten dessen Verantwortlichkeit für ehebedingte Nachteile des anderen Ehegatten begründet, so wäre für das Scheidungsfolgenrecht zu fragen, wie das Machtgefälle in der Ehe festzustellen ist, ohne auf die eher unzuverlässigen Angaben der Ehegatten im Unterhaltsprozess angewiesen zu sein.

---

93 Turner, S. 225; er verweist insoweit insbesondere noch auf die Bedeutung der Angelegenheit für den anderen Ehegatten (S. 125f.), Normen, die das zwischenmenschliche Verfahren regeln (S. 126), und die Konfliktscheu eines Ehegatten (S. 127).

94 Sprey, Journal of Marriage and the Family 1971, S. 722, und 1972, S. 235, 237 sowie ders., Family power and process, S. 65, 77.

95 Nye, Journal of Marriage and the Family 1980, S. 479, 482.

96 Nauck, S. 51.

97 Nye, Family Relationships, S. 23.

(3) Die Feststellung der Entscheidungsmacht in der Ehe

Als Möglichkeiten zur Ermittlung eines ehelichen Machtverhältnisses sind in Betracht zu ziehen:

a) die Verteilung der Aufgaben der Haushaltsführung oder

b) die Ermittlung der das Machtverhältnis bedingender eheinterner und -externer Ressourcen.

(a) Die Beteiligung an der Haushaltsführung als Indiz für das eheliche Machtverhältnis

Als Indikator der ehelichen Machtverhältnisse wäre zunächst die Heranziehung der Verteilung der Aufgaben der Haushaltsführung zu erwägen, sofern eine Beziehung zwischen dieser Aufgabenteilung und der ehelichen Entscheidungsmacht bestehen sollte[98] und dieser Beziehung eine hinreichend sichere Indizfunktion zukäme.

Bei einer Befragung von 1.212 Ehepaaren in Philadelphia/USA im Jahre 1975 wurde festgestellt, dass der Ehemann desto mehr Aufgaben der Haushaltsführung übernahm, desto geringer sein Einkommen war, desto höher die Ausbildung der Ehefrau war und sofern keine Kinder unter 12 Jahren vorhanden waren oder bei Vorhandensein von Kindern jedenfalls örtliche Betreuungseinrichtungen bereitstanden[99]. Diese so gefundenen und der Ressourcentheorie entsprechenden Faktoren für die Verteilung der Haushaltsführung sprechen zwar dafür, die eheliche Machtstrukturen an dem Umfang der Teilung der Haushaltsführung festzumachen.

Wenn auch somit empirische Befunde auf eine Beziehung zwischen Haushaltsführung und ehelicher Entscheidungsmacht hindeuten, so erscheint diese Beziehung gleichwohl nicht aussagekräftig genug. Die Verteilung der Haushaltsführung dürfte nicht nur eine Folge der ehelichen Entscheidungsfindung mit ressourcentheoretischem Hintergrund sein[100], sondern auch Ergebnis eines Abwägungsprozesses, der andere Umstände einbezieht. So leistet der Ehemann einer erwerbstätigen Ehefrau mehr Hausarbeit, aber nicht wegen ihrer größeren Ressourcen, sondern schlicht wegen des Unvermögens der erwerbstätigen Ehefrau, den Haushalt ohne Hilfe ihres Ehemannes zu bewältigen[101]. Die eheliche Machtstruktur kann daher nicht hinreichend sicher anhand der Verteilung der häuslichen Aufgaben ermittelt werden.

---

98 Bejaht von Ericksen, J. A./Yancey/Ericksen, E. P., Journal of Marriage and the Family 1979, S. 301, 303, 311.

99 Ericksen, J. A. u.a., ebd. (Fn. 98), S. 308f.

100 So aber Ericksen, J. A. u.a., ebd. (Fn. 98).

101 Blood, Social Forces 1958, S. 347, 351.

(b) Die eheinternen und -externen Ressourcen als Indiz für das eheliche Machtverhältnis

In Betracht kommt auch, die absoluten und relativen Ressourcen der Ehegatten zu ermitteln und unter Zugrundelegung des ermittelten Befundes sowie der Ressourcen- und der Austauschtheorie auf die ehelichen Machtverhältnisse zu schließen. Gegen einen solchen allgemeinen Rückschluss spricht jedoch, dass die Entscheidungsmacht der Ehegatten je nach angesprochenem Bereich unterschiedlich ausgestaltet sein kann, so dass aus der Entscheidungsmacht eines Ehegatten zu einer Frage noch keine sichere Aussage zu anderen Bereichen zu treffen ist[102].

Im übrigen ist eine derart pauschale Ableitung ehelicher Entscheidungsmacht aus der Ressourcenverteilung für den Bereich der Ehefolgenzurechnung auch nicht nötig: Das Recht des Geschiedenenunterhalts stellt nach § 1569 BGB auf die wirtschaftliche Selbständigkeit des unterhaltsbedürftigen Ehegatten ab, die - wie das Gesetz in den §§ 1570ff. BGB selbst rechtstatsächlich zutreffend erkannte[103] - in den streitigen Fällen allenfalls durch die Erwerbstätigkeit der Ehegatten sichergestellt werden kann. Mithin kommt es nur darauf an, welchen Einfluss die eheliche Lebensgemeinschaft auf die Erwerbstätigkeit eines Ehegatten, ihren Umfang und ihre Kontinuität hatte.

Die eheliche Entscheidungsfindung darüber, ob die Ehefrau erwerbstätig sein sollte, wurde 1977 in Seattle/Washington empirisch untersucht. Befragt wurden 378 Ehepaare, die im Jahr 1973, 1974, 1975 oder 1976 ein Kind hatten[104]. Von den befragten Ehefrauen waren 36,3% außerhäuslich erwerbstätig[105]. Im übrigen wurden das Einkommen, die Bildung, das Berufsprestige, das Alter und der Umfang der Erwerbstätigkeit und die Zahl der Kinder festgehalten.

Dabei wurde die der Austauschtheorie entnommene Hypothese, dass mit zunehmenden Umfang der Ressourcen der Ehefrau und mit sinkender Kinderzahl sich ihr Einfluss auf ihre Erwerbstätigkeit steigert, empirisch nachgewiesen[106]. Demgegenüber wurde für den Ehemann festgestellt, dass eine Steigerung seiner Ressourcen - vom Alter abgesehen - seinen Einfluss auf die Frage der Erwerbstä-

---

102 Centers/Raven/Rodrigues, American Sociological Review 1971, S. 264; Rank, Journal of Marriage and the Family 1982, S. 591, 594.

103 Nach den Ergebnissen des Mikrozensus im April 1999 erzielten 40,9 % der Bevölkerung der Bundesrepublik Einkünfte aus Erwerbstätigkeit; 3,7 % erhielten Arbeitslosengeld und -hilfe; 25,5 % unterhalten sich durch Rente, Pensionen sowie eigenes Vermögen; 29,9 % werden durch Angehörige unterstützt, vgl. Statistisches Bundesamt, Fachserie 1, Reihe 4.1.1, 1999.

104 Rank, Journal of Marriage and the Family 1982, S. 591, 594.

105 Rank, ebd. (Fn. 104), S. 595.

106 Ders., aaO. (Fn. 104), S. 600.

tigkeit der Ehefrau eher verringert[107]. Auch die (reine) Ressourcentheorie wurde für die Frage der Erwerbstätigkeit nicht erhärtet: Der relative Ressourcenunterschied zwischen den Ehegatten stand in keinem nachweisbaren Zusammenhang zum Einfluss auf die Erwerbstätigkeit der Ehefrau[108].

Die sich aufdrängenden Schlussfolgerungen aus diesem Ergebnis sind:

1. Ehefrauen mit Fähigkeiten und Ressourcen zur Selbständigkeit sind weniger wirtschaftlich abhängig; sie haben dann Alternativen zur Ehe und wollen bzw. können ihre Erwerbstätigkeit selbst beeinflussen. Auf Seiten der Ehefrau treffen daher die Argumente der Austauschtheorie zu[109]. Allerdings bedeutet die gestiegene wirtschaftliche Selbständigkeit der Ehefrauen nur in der Tendenz, aber noch nicht im Ergebnis eine wirtschaftliche Unabhängigkeit vom Ehemann; der vollen Unabhängigkeit steht abgesehen von dem Fall einer Ehe mit Kindern noch immer die schlechtere wirtschaftliche Situation der Frauen auf dem Arbeitsmarkt entgegen[110].

2. Auf Seiten des Ehemannes wird der Ressourcenüberschuss kompensiert durch die entsprechend steigende Bedeutung des sozialen Gleichberechtigungsgedanken gerade in höheren Schichten. Die Wirkung der Ressourcen wird insoweit in der Tat vom kulturellen Kontext überlagert[111].

Da die Verhältnisse in den USA nicht wesentlich anders sind als in der Bundesrepublik, wie durch die parallelen Ergebnisse bei der empirischen Forschung nach den Machtverhältnissen in der Ehe belegt ist[112], und auch empirische Fehler bei der Untersuchung in Seattle nicht ersichtlich sind, bestehen keine Bedenken, diese Ergebnisse für das Unterhaltsrecht der Bundesrepublik nutzbar zu machen.

Als Erkenntnisse der Soziologie können diese Schlussfolgerungen der juristischen Würdigung nur zugrunde gelegt werden, wenn dabei der Hilfscharakter der Sozialwissenschaften für die Lösung juristischer Probleme berück-

---

107 Ders., aaO. (Fn. 104), S. 600.

108 Ders., aaO. (Fn. 104), S. 600.

109 Ders. aaO. (Fn. 104), S. 600.

110 Ericksen, J. A. u.a., aaO. (Fn. 98), S. 301, 311.

111 Rank, aaO. (Fn. 104), S. 600.

112 Vgl. die Gegenüberstellung beider Länder bei Lupri, aaO. (Fn. 70), S. 342, 345; Rodmann, Journal of Comparative Family Studies, 1972, S. 50, 52. Nach Rodmann, ebd. S. 64, sind deshalb auch die USA und die Bundesrepublik derselben gesellschaftlichen Entwicklungsstufe zuzurechnen, in der patriarchale Normen abgelöst werden durch eine am Gleichberechtigungsgedanken ausgerichtete Ethik und das dadurch geschaffene Machtvakuum ausgefüllt wird durch das freie Spiel der Ressourcen.

sichtigt wird und etwaige Vorwertungen der Sozialwissenschaften neutralisiert werden[113].

An diesen Voraussetzungen scheitert die Übernahme des soziologischen Befundes nicht. Der Hilfsfunktion des soziologischen Befundes wird dadurch Rechnung getragen, dass er nicht per se, sondern nur über die spezifischen Anforderungen des Kompensationsprinzips in das Unterhaltsrecht einfließt. Im übrigen erscheint der empirisch festgestellte und soziologisch erläuterte Befund, dass mit zunehmenden Ressourcen jedenfalls der Ehefrau (absolut und relativ gesehen) ihre - wie auch immer definierte - Unabhängigkeit vom Ehemann und damit ihr Einfluss auf die eheliche Lebensgestaltung ansteigen, logisch nachvollziehbar. In diesem Zusammenhang kann von spezifisch soziologischen Vorwertungen der Austauschtheorie keine Rede sein; vielmehr scheint sie umgekehrt eher eine Binsenweisheit auszusprechen[114], was allerdings ihren wissenschaftliche Wert schon im Hinblick auf ihre Konzeption einer umfassenden empirische Untersuchung der ehelichen Machtverhältnisse nicht schmälert.

(c) Ergebnis

Der Ehemann bestimmt um so weniger über die Erwerbstätigkeit der Ehefrau, und ihr nachteiliges Erwerbsverhalten kann ihm um so weniger zugerechnet werden, je mehr sie Fähigkeiten und Ressourcen zur Selbständigkeit hat. Diese Fähigkeiten und Ressourcen der Ehefrau stellen also einen Indikator für die eheliche Entscheidungsfindung und einen Zurechnungsfaktor für ehebedingte Nachteile dar.

(d) Ausblick über die Ergebnisverwertung

Da sich die Ressourcen der Ehefrau während der einzelnen Familienphasen ändern, insbesondere in Abhängigkeit mit der Geburt und der Betreuung von Kindern (Kindererziehungszeiten) und der Dauer der Berufsunterbrechung sowie dem Alter der Ehefrau, erscheint es vor dem Hintergrund des Kompensationsprinzips möglich, über die Messung der Ressourcen der Ehefrau ein phasenspezifisches Unterhaltsrecht zu entwickeln. Dieser Frage wird im 2. Teil sub D I, S. 89ff., nachgegangen.

---

113 So zur Aufgabe der Sozialwissenschaften für die Rechtswissenschaft Ramm, Familienrecht, S. 43; Ostermeyer, DRiZ 1969, 9-12.

114 So unter Beschränkung auf die Ressourcentheorie Held, Soziologie, S. 111. Für die auch die unabhängigkeitssichernde Wirkung absoluter Ressourcen einbeziehenden Austauschtheorie kann aber letztlich nichts anderes gelten.

b) Spezifische Anforderungen an das Risiko nachehelicher Bedürftigkeit

Wegen der Grundrechtsrelevanz der Verpflichtung zur Leistung von Geschiedenenunterhalt (vgl. o. S. 11) kann nicht jeder Nachteil des bedürftigen Ehegatten im Zusammenhang mit der Ehe die nacheheliche Unterhaltspflicht des einen Ehegatten auslösen, sondern nur derjenige Nachteil, der diesem Ehegatten als Grundrechtsträger auch zurechenbar ist. Daher muss das Kompensationsprinzip die Funktion erfüllen, allgemeine Lebensrisiken des bedürftigen Ehegatten von der Begründung einer nachehelichen Unterhaltspflicht auszunehmen. Wie insbesondere zum Legitimationsbedürfnis des Geschiedenenunterhalts ausgeführt worden ist (vgl. o. S. 10), rechtfertigt allein die geschiedene Ehe als solche nicht die Inanspruchnahme des einen Ehegatten auf nachehelichen Unterhalt. Erforderlich ist also, dass die Ehe ein besonderes Risiko für die nacheheliche Bedürftigkeit eines Ehegatten schuf, das sich vom allgemeinen Lebensrisiko abhebt[115].

An diesem Risiko fehlt es zunächst in denjenigen Fällen, in denen die nacheheliche Bedürftigkeit eines Ehegatten nicht auf seinen beruflichen Lebenslauf, sondern auf Gesundheitszustand oder Alter zurückzuführen ist[116].

Die eigentliche Bedeutung kommt dem Zurechnungserfordernis jedoch in Fällen zu, in denen die berufliche Entwicklung von der Ehe beeinflusst wurde, wie durch das Urteil des OLG Celle[117] belegt wird, das auch bei einer Hausfrauenehe, die 2 Jahre und 11 Monate andauerte, den Unterhalt nach §§ 1578 Abs. 1 S. 2 und 1573 Abs. 5 BGB zu begrenzte.

Die bedürftige Ehefrau hatte im Zusammenhang mit der Eheschließung ihre Anstellung in einem Modehaus gekündigt, um als Angestellte im Betrieb ihres Ehemannes zu arbeiten, und war seitdem erwerbslos. Nach einer Übergangszeit von 3 Jahren von der Scheidung an begrenzte das OLG den Erwerbslosenunterhalt nach § 1578 Abs. 1 S. 2 BGB auf den angemessenen Bedarf; dieser Unterhalt wurde gem. § 1573 Abs. 5 BGB auf 11 Jahre befristet. Zur Begründung wurde ausgeführt, dass nach Ablauf dieser Zeit die unterhaltsrechtliche Nachwirkung beendet sei[118].

Hier deutet der Unterschied wirtschaftlicher Ressourcen auf ein Machtgefälle zugunsten des Ehemannes hin. Dem Ehemann ist daher die Aufgabe des Arbeitsplatzes der Ehefrau zuzurechnen, zumal die Folgen ihres geänderten Erwerbs-

---

115 Coester, Entwicklungen im Recht der Familie und der außerehelichen Lebensgemeinschaften, S. 74.

116 So im Fall des OLG Hamburg, FamRZ 1987, 1250, 1253: Die Ehefrau erlitt 7 Jahre vor der Scheidung einen Arbeitsunfall und war die für noch in Betracht kommenden Tätigkeiten nicht mehr vermittelbar; AG Essen, FamRZ 1995, 880, 881(?): Die Ehefrau gab die Erwerbstätigkeit nicht im Vertrauen auf den Fortbestand der Ehe, sondern wegen Medikamentenabhängigkeit und krankheitsbedingter Folgeschäden auf.

117 FamRZ 1987, 69.

118 OLG Celle, FamRZ 1987, 69, 70.

verhaltens ihm im Hinblick darauf zu Gute kommen sollten, dass sie in seinem Betrieb tätig werden sollte. Sind damit bei wertender Betrachtung die Voraussetzungen der Zurechnung gegeben, so bleibt die Frage nach dem Umfang der Zurechnung. In diesem Zusammenhang spricht die Entscheidung zwei Gesichtspunkte an:

a) Einmal kann die nacheheliche Erwerbslosigkeit mit zunehmender Zeit, die verstrichen ist, immer weniger auf die Ehe zurückzuführen sein[119], sondern vielmehr auf allgemeine, nicht ehespezifische Gründe wie zum Beispiel ein Ausbildungsdefizit. Zwar ist nicht zu verkennen, dass bei den heutigen Anforderungen auf dem Arbeitsmarkt schon wenige Jahre der Berufsentwöhnung genügen, um kaum noch vermittelbar zu sein[120]. Auch kann das bewusste Aufgeben von Karrierechancen im Hinblick auf die Ehe über ihre Beendigung fortwirken[121]. Andererseits potenziert sich dieses ehebedingte Risiko durch eine weniger qualifizierte Ausbildung und damit durch einen der Ehe nicht zuzurechnenden Umstand[122].

Dieses Zusammentreffen eines ehebedingten und eines mit der Ehe nicht im Zusammenhang stehenden Umstandes macht es erforderlich, den zeitlichen Anteil der nachehelichen Erwerbslosigkeit zu definieren, der allein auf die Ehe zurückzuführen und damit dem unterhaltspflichtigen Ehegatten auch zuzurechnen ist[123].

Wenn im angesprochenen Fall des OLG Celle das berufliche Aussetzen der Ehefrau während einer Zeit von knapp drei Jahren zur dauerhaften Erwerbslosigkeit führt, spricht viel dafür, die Erwerbslosigkeit in erster Linie auf mangelhafte Qualifikation und damit auf einen ehefremden Umstand zurückzuführen. Andererseits deutet dieses nicht ehespezifische Ausbildungsdefizit auf einen Res-

---

119 Steiner, Die Legitimation des nachehelichen Geschiedenenunterhalts ..., S. 160; ähnlich Henrich, in Weyers (Hrsg.), Unterhalt nach der Scheidung, S. 90: je länger der Unterhaltszeitraum dauert, desto mehr nehme die Verantwortung des geschiedenen Ehegatten ab.

120 Wiegmann, ZRP 1985, 64, 66; Freimuth/Jansen/Kustenbach/Siekmann/Wolf, FamRZ 1970, 431, 436 (ungünstiger Arbeitsmarkt wirkt sich nur deshalb aus, weil ein Ehegatte während der Ehe nicht, nur teilweise oder nur in qualitativ unzureichenden Arbeitsstellen beschäftigt).

121 Vgl. etwa den Fall des BGH, FamRZ 1996, 294f., wo die Ehefrau wegen der Ehe in ihrem Beruf als Krankenschwester nicht zur Oberschwester aufstieg.

122 Vgl. etwa OLG Düsseldorf, FamRZ 1994, 756, 757, das die Tatsache, das der weniger qualifizierte Beruf der Ehefrau als Stopferin oder Näherin während der Ehe nur als in Teilzeitbeschäftigung ausgeübt wurde, nicht als ehebedingten Nachteil ansah, zumal die Ehefrau bei Aufnahme der Vollzeitbeschäftigung erst 30 Jahre war.

123 Ähnlich auch OLG Hamm, FamRZ 1995, 1204, 1205, das eine Unterhaltsbegrenzung nach § 1573 Abs. 5 BGB damit rechtfertigte, dass das Einkommensgefälle der Ehegatten nicht ehebedingt sei.

sourcenmangel der Ehefrau hin, die nach der ressourcentheoretischen Betrachtung zu ihrer Abhängigkeit vom Ehemann und zu dessen erhöhter Verantwortlichkeit für ihre Bedürftigkeit führt.

Ein Ausbildungsdefizit eines Ehegatten hat also zwei entgegengesetzte, sich aber nicht notwendig neutralisierende Wirkungen:

- Die geringere Ressource eines Ehegatten führt zur größeren Abhängigkeit vom anderen Ehegatten und damit zu dessen Verantwortlichkeit für die Entscheidungen, die die Erwerbschancen der Ehegatten betreffen. Das entsprechende Erwerbsrisiko kann ihm also zugerechnet werden.

- Andererseits ist der Umfang der sich aus der aus der Verwirklichung gerade dieses Risikos ergebenden Folgen von vornherein begrenzt, da mit schlechterer Ausbildung (geringeren Ressourcen) das Risiko einer Erwerbslosigkeit ansteigt, ohne dass ein Zusammenhang mit der Ehe besteht.

Genau das umgekehrte Prinzip gilt bei höheren Ressourcen der Ehefrau:

- Wegen ihrer sich daraus ergebenden geringeren Abhängigkeit vom Ehemann und ihrer höheren Eigenverantwortlichkeit ist die ehebedingte Verschlechterung ihrer Erwerbschancen ihrem Ehemann nur in geringem Umfang zuzurechnen.

- Andererseits ist die sich aus der Verwirklichung dieses Risikos ergebende nacheheliche Erwerbslosigkeit der Ehefrau dem Ehemann deshalb um so mehr zuzurechnen, weil die Wirkung ehefremder Umstände eher auszuschließen ist.

Dieser Erkenntnis entspricht es, im Hinblick auf das geringere Ausbildungsniveau der Ehefrau in casu davon auszugehen, dass durch Zeitablauf, hier von 14 Jahren, die unterhaltsrechtliche Nachwirkung (spätestens) beendet ist.

b) Der andere Gesichtspunkt ist der einer reinen betragsmäßigen Kompensation des ehebedingten Nachteils. Bei einer entsprechend hohen Unterhaltspflicht, gemessen an dem ehelichen Lebensstandard nach § 1578 Abs. 1 S. 1 BGB, kann es sein, dass durch eine Unterhaltsgewährung an den bedürftigen Ehegatten schon in absehbarer Zeit dessen Nachteil aus seiner ehebedingten Erwerbslosigkeit ausgeglichen ist, weil er auch bei fortdauernder Erwerbstätigkeit finanziell nicht besser stände. Diesem Befund würde eine entsprechende Befristung des Unterhalts entsprechen.

Ein Beispiel hierfür bietet der bereits angesprochene Fall, den der BGH zu entscheiden hatte[124]:

---

124 BGH, NJW 1986, 2832.

Der Umstand, dass die Ehefrau im Hinblick auf die Ehe ihre Kommanditbeteiligung kündigte, stand nach Auffassung des BGH[125] auf lange Sicht einer Unterhaltsbegrenzung nach § 1578 Abs. 1 S. 2 BGB nicht entgegen, weil der mit der Aufgabe der Kommanditbeteiligung verbundene Einkommensverlust durch die Unterhaltszahlungen finanziell ausgeglichen ist.

Ähnlich auch der vom OLG Schleswig[126] entschiedene Fall einer Zuverdienerehe: Der ehebedingte Wegfall einer Witwenrente hindere die Unterhaltsbegrenzung nach § 1578 Abs. 1 S. 2 BGB nicht, da er durch die vor Fristablauf erfolgende monatliche Unterhaltszahlung ausgeglichen wird.

Diese Fälle bestätigen die Praktikabilität einer Doppelfunktion der Dauer der Unterhaltsgewährung nach §§ 1573 Abs. 5, 1578 Abs. 1 S. 2 BGB:

- einmal unter Vertrauensschutzgesichtspunkten zu fragen, wie viel Zeit der unterhaltsbedürftige Ehegatte benötigt, um sich in beruflicher und sonstiger Hinsicht auf die durch die Scheidung geschaffene neue Lage einzustellen,
- zum anderen unter dem Aspekt des Kompensationsprinzips durch die Unterhaltsgewährung für bestimmte Zeit sicherzustellen, dass ehebedingte Nachteile finanziell ausgeglichen werden.

Im Hinblick auf die eheliche Lebensgemeinschaft als entscheidende Risikoquelle ist zu beachten, dass auch bei einer Ehe von über 10 Jahren Dauer noch keine Vermutung für das Vorliegen ehebedingter Nachteile bei demjenigen Ehegatten spricht, der während der Ehe einer eher schlecht bezahlten Tätigkeit nachging[127]:

In einem vom BGH hierzu entschiedenen Fall war die unterhaltsbedürftige Ehefrau während der über 10 Jahre andauernden Ehe als Fabrikarbeiterin, Lagerarbeiterin sowie als Raumpflegerin beschäftigt. Nur für zwei Jahre während der Ehe war sie überhaupt nicht erwerbstätig. Aus beruflich bedingten Gründen lebten die Ehegatten während der Ehe überwiegend getrennt. Der Ehemann war als Diplomingenieur tätig.

Hier bejahte der BGH die Voraussetzungen für eine Unterhaltsbegrenzung nach § 1573 Abs. 5 BGB für die Zeit ab 5 Jahre nach der Scheidung[128]. Zwar nehme mit längerer Ehedauer die Verflechtung der Lebensverhältnisse beider Ehegatten und damit die wirtschaftliche Abhängigkeit der Ehegatten ständig zu, so dass eine Unterhaltsbegrenzung nach § 1573 Abs. 5 BGB entsprechend weniger in Betracht komme[129]. Eine solche Sachlage verneinte der BGH jedoch

---

125 BGH, NJW 1986, 2832, 2834.
126 FamRZ 1993, 72, 74.
127 BGH, FamRZ 1990, 857, 860.
128 BGH, FamRZ 1990, 857, 859.
129 BGH, aaO. (Fn. 127), S. 858.

im Hinblick auf das längere Getrenntleben der Eheleute und legte daher der Ehefrau die Darlegungslast dafür auf, dass sie wegen der Ehe die Möglichkeiten der Aus- und Weiterbildung nicht genutzt habe[130].

Diese Entscheidung steht mit der beschriebenen Wirkungsweise der Ressourcen der Ehegatten im Einklang. Obwohl die geringen Ressourcen der Ehefrau (sie ist lediglich Raumpflegerin) grundsätzlich auf eine Abhängigkeit von ihrem Ehemann hindeuteten, wurde diese Indizwirkung im vom BGH entschiedenen Fall dadurch entkräftet, dass sie mit ihrem Ehemann nicht zusammenlebte und daher für sich selbst verantwortlich sein musste. Deshalb konnten sich selbst bei der langen Dauer der Ehe und trotz des Ressourcenunterschiedes Abhängigkeiten nicht entwickeln. Auch wenn man darüber hinaus die Zuweisung der Führung des gemeinsamen Haushalts als Ausdruck einseitiger ehelicher Machtverteilung auffasst[131], so ist auch dieser Aspekt bei der getrennten Haushaltsführung nicht einschlägig.

In Bezug auf die in Betracht kommenden Nachteile ist fraglich, ob auch finanzielle Einbußen in der Altersversorgung zu berücksichtigen sind. Dagegen wird eingewandt, dass insoweit das Kompensationssystem des Versorgungsausgleichs (§§ 1587ff. BGB) und des Vorsorgeunterhalts (§§ 1361 Abs. 1 S. 2, 1578 Abs. 3 BGB) eingreift und der Unterhalt nur den laufenden Lebensbedarf abdekken soll[132]. Diese Betrachtung übersieht jedoch, dass weder der Versorgungsausgleich noch der Vorsorgeunterhalt darauf abzielen, finanzielle Einbußen eines Ehegatten in der Altersversorgung auszugleichen. So setzt der Versorgungsausgleich voraus, dass überhaupt während der Ehe bestimmte Anwartschaften und Anrechte iSd. § 1587 Abs. 1 BGB erworben wurden. Auch der Vorsorgeunterhalt verhindert von seinem zeitlichem Anwendungsbereich her nur Defizite in dem Aufbau einer Altersversorgung ab Rechtshängigkeit eines Scheidungsverfahrens (vgl. §§ 1361 Abs. 1 S. 2, 1578 Abs. 3 BGB). Daher können auch in der Ehe angelegte Mängel in der Altersversorgung eines Ehegatten die unterhaltsrechtliche Inanspruchnahme des anderen Ehegatten nach Maßgabe des Kompensationsprinzips rechtfertigen[133].

c) Das Erfordernis der Verwirklichung des Risikos nachehelicher Bedürftigkeit

Schließlich muss durch die Ehe nicht nur ein Risiko nachehelicher Bedürftigkeit begründet sein, sondern dieses Risiko muss sich auch in der nachehelichen Bedürftigkeit, die zur Rechtfertigung des Unterhaltsanspruchs vorgetragen wird,

---

130 BGH, aaO. (Fn. 127), S. 860.

131 Vgl. o. S. 25 bei Fn. 98.

132 Hahne, FamRZ 1986, 305, 307.

133 OLG Köln, FamRZ 1993, 565, 566.

verwirklicht haben. Dafür ist neben einer Kausalität[134] auch eine spezifische Risikoverwirklichung nötig. Sie fehlt zum Beispiel, wenn der unterhaltsbedürftige Ehegatte nach der Scheidung einer Haushaltsführungsehe, in der das Risiko einer Bedürftigkeit angelegt war, aus gesundheitlichen Gründen erwerbsunfähig wird.

Das Kompensationsprinzip, das lediglich den Ausgleich ehebedingter Nachteile rechtfertigt, steht einer Begrenzung des Unterhalts auf den „angemessenen Lebensbedarf“ nach § 1578 Abs. 1 S. 2 BGB nicht entgegen, da sich die Angemessenheit des Lebensbedarfs iSd. § 1578 Abs. 1 S. 2 BGB gerade danach bestimmt, welchen Lebensstandard der unterhaltsberechtigte Ehegatte vor der Ehe hatte und auch jetzt hätte, wenn er nicht während der Ehe ehebedingte Nachteile auf sich genommen hätte[135]. Die Vorschrift des § 1578 Abs. 1 S. 2 BGB trägt also dem Gedanken der Kompensation vollauf Rechnung[136].

Dem Kompensationsprinzip können somit zwei Funktionen zugewiesen werden:

- Das Kompensationsprinzip sieht bei überschaubaren ehebedingten Nachteilen deren betragsmäßige Kompensation vor.
- Im übrigen steht es einer Unterhaltsbefristung nach § 1573 Abs. 5 BGB entgegen, solange die nacheheliche Erwerbslosigkeit des unterhaltsbedürftigen Ehegatten (§ 1573 Abs. 1 und 4 S. 1 BGB) oder das Einkommensgefälle der Parteien (§ 1573 Abs. 2 und 4 S. 2 BGB) der Ausgestaltung der ehelichen Lebensgemeinschaft zuzurechnen ist.

In dem so skizzierten Rahmen ist das Kompensationsprinzip geeignet, grundrechtskonform einen nachehelichen Unterhaltsanspruch zu begründen[137].

4. Rechtfertigung aus dem Vertrauensprinzip

Soweit der nacheheliche Unterhaltsanspruch aus dem Vertrauensprinzip gerechtfertigt wird[138], sind die Voraussetzungen und Rechtsfolgen des Vertrauensschutzes im Einzelnen zu erörtern.

---

134 Diederichsen, NJW 1993, 2265, 2267; anders die Regierungsbegründung zum 1. EheRG 1976, BT-Drs. 7/650, S. 121; Schwab/Borth, Handbuch des Scheidungsrechts, IV Rz. 144: Unter Verzicht auf strikte Kausalität genüge der Umstand, dass die Bedürftigkeit in Verbindung mit der Ehe stehe.

135 Soergel/Häberle, BGB, § 1578 Rz. 18.

136 Palandt/Brudermüller, BGB, § 1578 Rz. 77.

137 Anderer Ansicht ohne Begründung Steiner, S. 58, 59, Die Legitimation des nachehelichen Geschiedenenunterhalts ..., die jedoch im Rahmen von Vertrauensschutzerwägungen auf das Kriterium des ehebedingten Nachteils entscheidend abstellt (vgl. Steiner, S. 135, 138).

138 So insbesondere Diederichsen, 2. FS für Larenz, 153, 155, 159.

Dabei kann jedoch nicht unbesehen auf die Lehre über die Vertrauenshaftung im deutschen Privatrecht[139] zurückgegriffen werden: Während die Vertrauenshaftung aus den Gründen des Vertrauensschutzes einen originären Anspruch schafft und daher insoweit hohe Voraussetzungen aufstellt, geht es im vorliegenden Zusammenhang lediglich darum, mit Hilfe des Vertrauensprinzips Kriterien für die konkrete Ausgestaltung eines bereits bestehenden gesetzlichen Unterhaltsanspruchs zu finden.

Aber auch unabhängig vom rechtsgeschäftlichen Zusammenhang ist das Vertrauensprinzip als jeder Rechtsordnung vorgegebenes Rechtsprinzip anerkannt: Ohne Vertrauen wären zwischenmenschliche Beziehungen nicht denkbar; der Vertrauensschutz ist daher für den Rechtsfrieden unerlässlich[140].

Für die Erörterung des Vertrauensschutzes wird im folgenden die Prämisse zugrunde gelegt, dass das Vertrauen nicht um seiner selbst willen schutzwürdig ist, sondern nur wegen seines Bezuges auf eine bestimmte Tatsachenbasis (Vertrauenstatbestand). Ferner wird davon ausgegangen, dass sich die Rechtsfolge des Vertrauensschutzes nicht unabhängig von der Wertigkeit des entsprechenden Vertrauenstatbestandes bestimmen lässt.

a) Die konkrete Ausgestaltung der ehelichen Lebensgemeinschaft als Vertrauenstatbestand

(1) Das Vertrauen auf Kompensation ehebedingter Nachteile

(a) Voraussetzungen

Vorab ist zu klären, ob sich ein schutzwürdiges Vertrauen auch darauf beziehen kann, durch die in der ehelichen Lebensgemeinschaft getroffene Arbeitsteilung keinen Nachteil zu erleiden, oder darauf, dass dieser Nachteil jedenfalls ausgeglichen wird[141].

Die Schutzwürdigkeit des Vertrauens auf Kompensation ehebedingter Nachteile könnte sich aus der ökonomischen Analyse ergeben. Vor dem Hintergrund hoher Scheidungsraten und einer einseitig möglichen Scheidung[142] kann

---

139 Vgl. zu ihr die gleichnamige Schrift von Canaris, insbesondere S. 491ff.

140 Larenz, Richtiges Recht, S. 80; Larenz/Canaris, Methodenlehre, S. 305.

141 So für den Erwerbslosenunterhalt (§ 1573 BGB) Steiner, Die Legitimation des nachehelichen Erwerbslosenunterhalts..., S. 116, 135.

142 Bei der tatsächlich oder rechtlich von dem Konsens beider Ehegatten abhängigen Scheidung früheren Rechts konnte der bedürftige Ehegatte sich dadurch selbst schützen, dass er sein Einverständnis zur Scheidung nur gegen ein großzügiges Unterhaltsversprechen erklärte, vgl. Becker, A Treatise on the Family, S. 334, 335; Lan-

allenfalls die Garantie eines Geschiedenenunterhalts einen Ehegatten veranlassen, seine Arbeitskraft in die eheliche Lebensgemeinschaft zu investieren[143]. Investitionen in die eheliche Lebensgemeinschaft haben zwei positive Auswirkungen: Zum einen stabilisieren sie die eheliche Lebensgemeinschaft[144], und zum anderen erlauben sie eine ökonomisch ertragreiche Spezialisierung bei der ehelichen Aufgabenverteilung in den Fällen, in denen die vollzeitige Berufstätigkeit beider Ehegatten nicht möglich ist, zum Beispiel bei der Betreuung sehr junger Kinder, oder in Fällen, in denen der eine Ehegatte bei der Ausbildungs- oder Arbeitsplatzwahl Belange der ehelichen Lebensgemeinschaft berücksichtigen muss[145].

Allerdings wird die Funktion der Unterhaltsgarantie als Stabilisator der ehelichen Lebensgemeinschaft mit der Erwägung in Frage gestellt, dass mit zunehmender Garantie des Geschiedenenunterhalts der unterhaltsberechtigte Ehegatte das Interesse an der ehelichen Lebensgemeinschaft verliere und somit der Geschiedenenunterhalt destablisierend wirke[146]. Als Ausweg wird empfohlen, bei der Bemessung des Geschiedenenunterhalts das Bemühen des unterhaltsberechtigten Ehegatten um Aufrechterhaltung der ehelichen Lebensgemeinschaft zu berücksichtigen[147]. Diesem Vorschlag kann jedoch im Rahmen des deutschen Rechts nicht gefolgt werden, da derartige Berücksichtigungsgebote letztlich auf die Einführung des Schuldprinzips im Bereich des Unterhaltsrechts hinausliefen. Wegen der grundsätzlichen Abkehr vom Schuldprinzip (vgl. o. S. 6) kann das Scheidungsverschulden nur in den Extremfällen des § 1579 Nr. 2, 4-7 BGB berücksichtigt werden[148]. Die unter dem Aspekt des Interesses an der Scheidung etwa destabilisierende Wirkung des Geschiedenenunterhalts spielt somit für das deutsche Recht keine Rolle, zumal durch den Unterhalt nur die ungleiche finanzielle Last der Scheidung verhindert werden soll, soweit diese Lastenverteilung

---

des, Journal of Legal Studies 1978, S. 35, 49; Weitzman, The Divorce Revolution S. 27f.

143 Becker/Landes/Michael, Journal of Political Economy 1977, S. 1141, 1142; Oster, Journal of Marriage and the Family, 1987, S. 81, 83; Ellmann, California Law Review 1989, S. 1, 51f.; Landes, Journal of Legal Studies, 1978, S. 35, 49.

144 Becker/Landes/Michael, Journal of Political Economy 1977, S. 1141, 1152.

145 Becker, A Treatise on the Family, S. 38, 39; Oster, Journal of Marriage and the Family 1987, S. 81, 83; kritisch dazu Oldham, California Law Review 1992, S. 1091, 1102, 1103, (das Gesetz sollte die Ehefrauen eher zur Aufrechterhaltung ihrer wirtschaftlichen Unabhängigkeit ermutigen, da sonst schon wegen der begrenzten Mittel des verdienenden Ehegatten und unabhängig vom Unterhaltsrecht der Lebensstandard beider Ehegatten nach der Scheidung erheblich sinken würde).

146 Oster, Journal of Marriage and the Family 1987, S. 81, 83.

147 Oster, Journal of Marriage and the Family 1987, S. 81, 83.

148 MünchKomm-Richter, BGB, § 1579 Rz. 33.

durch eine bestimmte Ausgestaltung der ehelichen Lebensgemeinschaft hervorgerufen ist[149].

Somit ist allein wegen der positiven Auswirkungen von Investitionen in die eheliche Lebensgemeinschaft das Vertrauen auf Kompensation ehebedingter Nachteile von Rechts wegen als schutzwürdig anzusehen.

Ob die eheliche Lebensgemeinschaft zu ehebedingten Nachteilen eines Ehegatten führt, richtet sich nach ihrer konkreten Ausgestaltung. Als konträr entgegengesetzte Modelle zur Ausgestaltung der ehelichen Lebensgemeinschaft sind die partnerschaftliche Erwerbstätigenehe (a) und die Haushaltsführungsehe (b) zu unterscheiden[150].

a) Die partnerschaftliche Erwerbstätigenehe orientiert sich am individualistischen Prinzip der Alleinverantwortlichkeit eines jeden für sich selbst[151]. Bei diesem Modell sind aus der ehelichen Lebensgemeinschaft herrührende, sogenannte ehebedingte Nachteile kaum denkbar. Auch wenn eine derartige Erwerbstätigenehe mit einer umfassenden Lebensgemeinschaft verbunden ist, erwachsen aus dieser speziellen Gemeinschaft keine gegenseitigen Abhängigkeiten, weil jeder Ehegatte seine voreheliche wirtschaftliche Selbständigkeit aufrechterhält und nicht zugunsten des anderen Ehegatten oder der ehelichen Lebensgemeinschaft einschränkt. Allerdings werden die Ehegatten - ökonomisch sinnvoll - zum Beispiel bei der Frage des Wohnsitzes und eines Umzuges wirtschaftliche Opfer auf den Ehegatten mit dem geringeren Einkommen verteilen, also zum Beispiel in eine Stadt ziehen, wo ein Ehegatte ein besonders lukratives Angebot erhält, auch wenn in dieser Stadt die beruflichen Entfaltungsmöglichkeiten des anderen Ehegatten eher begrenzt sind[152]. Dem Unterhalt kommt dann die ökonomische Funktion zu, diese Ausgestaltung der ehelichen Lebensgemeinschaft dem anderen Ehegatten zumutbar zu machen[153]. Nur soweit in diesem Sinn in einer partnerschaftlichen Erwerbstätigenehe Vertrauensinvestitionen gemacht wurden, besteht auch in ökonomischer Hinsicht ausnahmsweise Anlass für die Gewährung von Geschiedenenunterhalt.

b) Grundsätzlich anders verhält sich die Situation bei der Haushaltsführungsehe, bei der ein Ehegatte zugunsten des anderen oder der ehelichen Lebensgemeinschaft seine wirtschaftliche Selbständigkeit aufgibt, einschränkt oder zumindest - bei einer Ungewissheit der beruflichen Wiedereingliederung - gefährdet.

Wenn das Gesetz in den §§ 1356 Abs. 1 S. 2 und Abs. 2 S. 1 BGB sowohl die partnerschaftliche Erwerbstätigenehe als auch die Haushaltsführungsehe

149 Ellman, California Law Review 1989, S. 1, 56.

150 Ramm/Grandke/Berié, Familie und Recht, S. 112f.

151 Dies., ebd. (Fn. 150), S.113f.

152 Ellman, California Law Review 1989, S. 1, 48.

153 Ellman, California Law Review 1989, S. 1, 52, 54.

besonders hervorhebt und zur Wahl stellt, so drängt sich die Frage auf, ob der haushaltsführende Ehegatte schutzwürdig darauf vertrauen kann, durch die Übernahme interner Aufgaben der ehelichen Lebensgemeinschaft ebenso wenig einen Nachteil zu erleiden wie durch die Wahrnehmung externer Aufgaben durch Erwerbstätigkeit. Würde das Unterhaltsrecht insoweit keinen Vertrauensschutz gewähren, so würde jeder Ehegatte einem Verselbständigungszwang unterliegen, der die vom Gesetz in den §§ 1356 Abs. 1 S. 2, 1360 S. 2, 1606 Abs. 3 S. 2 BGB anerkannte Haushaltsführungsehe obsolet[154] und den Verzicht auf eine eigene Erwerbstätigkeit zu einem unverantwortlichen und leichtsinnigen Wagnis machen würde[155].

Das Gesetz erkennt das Vertrauen des haushaltsführenden Ehegatten auf fortdauernde Unterhaltsgewährung auch in § 1582 Abs. 1 S. 2 Alt. 2 BGB als schutzwürdig an. Indem diese Vorschrift jedenfalls bei einer langen Ehedauer den unterhaltsrechlichen Vorrang des früheren Ehegatten gegenüber dem neuem Ehegatten vorsieht, will sie auch das Vertrauen desjenigen Ehegatten schützen, der sich in der Ehe langjährig unter Verzicht auf eine eigene berufliche Entwicklung der Haushaltsführung und der Kinderbetreuung gewidmet hat[156]. Mithin zielt die Norm des § 1582 Abs. 1 S. 2 Alt. 2 auf einen Vertrauensschutz gerade in der Haushaltsführungsehe ab.

Gleiches gilt für die Vorschrift des § 1574 Abs. 2 BGB, die den Grundsatz der Selbstversorgung im Anschluss an die Scheidung dahin einschränkt, dass nicht jede Möglichkeit zu einer Erwerbstätigkeit die Bedürftigkeit ausschließt, sondern nur die Möglichkeit einer angemessenen Erwerbstätigkeit. Dabei bestimmt sich die Angemessenheit der Erwerbstätigkeit neben den unmittelbar auf sie bezogenen Kriterien wie zum Beispiel Ausbildung und Fähigkeiten des unterhaltsberechtigten Ehegatten auch nach den ehelichen Lebensverhältnissen und insoweit auch nach der Ehedauer (vgl. § 1574 Abs. 2 HS. 2). Das Merkmal der Ehedauer trägt dem Umstand Rechnung, dass mit zunehmender Ehedauer der Ehegatte sich an den ehelichen Lebensstandard nachhaltig gewöhnt[157] und dadurch der Abstand von dem vor der Ehe erworbenen beruflichen Status

154 Giesen, FamRZ 1984, 1188, 1195 (faktische Einschränkung der Wahl dieses Ehemodells).

155 Vgl. Limbach, ZRP 1984, 199f. (Hausfrauenehe wird zur trügerischen Existenzgrundlage); nach Giesen, Ehe, Familie und Erwerbsleben, S. 24, 33, sind der Verselbständigungszwang und die Unverantwortlichkeit des Verzichts auf eigene Erwerbstätigkeit Konsequenzen des 1. EheRG 1976; ähnlich Fuchs, FPR 1995, S. 17, 18, wonach das 1. EheRG 1976 einen soziologischen Befund des ansteigenden Individualismus wiederspiegeln soll. Dabei wird jedoch für das 1. EheRG die Möglichkeit einer lückenlosen Verkettung von Unterhaltstatbeständen bis zum Alter übersehen, auf die Finger, Familienrecht, S.199, hinweist.

156 BGH, NJW 1983, 1733f. und 2321, 2323; Palandt/Brudermüller, BGB, § 1582 Rz. 7; ebenso die amtliche Begründung zu § 1582 BGB in BT-Drs. 7/650, S. 143.

157 Erman/A. Dieckmann, BGB, § 1574 Rz. 9.

immer größer wird[158], so dass eine Verweisung auf den vorehelichen Lebensstandard nicht mehr zumutbar ist[159], und beruht damit auf ebenfalls Vertrauensschutzerwägungen wie die Normen der §§ 1573 Abs. 5, 1578 Abs. 1 S. 2, 1579 Nr. 1 und 7 BGB.

Ein Vertrauensschutz ist auch nicht im Hinblick darauf entbehrlich, dass der Ehegatte beim Unterhaltsanspruch aus § 1570 BGB keine Unterhaltsbegrenzung nach § 1573 Abs. 5 BGB und bei Kinderbetreuung „in der Regel" auch keine nach § 1573 Abs. 5 BGB und § 1578 Abs. 1 S. 2 BGB befürchten muss. Denn zum einen ist eine Haushaltsführungsehe auch ohne Kinder denkbar. Zum anderen wird der Kinderbetreuungsunterhalt (§ 1570 BGB) nur insoweit gewährt, als das Alter und die Betreuungsbedürftigkeit der Kinder eine Erwerbstätigkeit ausschließen, also letztlich nur für einen absehbaren Zeitraum. Er allein beseitigt also nicht das in einer nachehelichen Erwerbslosigkeit oder verminderten Erwerbsmöglichkeit liegende Risiko, das ein Ehegatte während der Ehe zugunsten der ehelichen Lebensgemeinschaft eingegangen ist. Schließlich gilt auch die Regelprivilegierung nach § 1573 Abs. 5 und § 1578 Abs. 1 S. 2 BGB nur solange, wie die gemeinschaftlichen Kinder betreut werden (vgl. o. S. 17).

Für das Erfordernis eines Vertrauensschutzes spricht auch, dass das Gesetz in den §§ 1573 Abs. 5, 1578 Abs. 1 S. 2 BGB als Billigkeitskriterium ausdrücklich die „Gestaltung der Haushaltsführung" hervorhebt.

Aus dem Zusammenspiel der gesetzlichen Normen, die einerseits die Haushaltsführungsehe als Ehemodell vorsehen und andererseits die Berücksichtigung dieses Ehemodells bei der Unterhaltsfrist anordnen, sowie aus der entsprechenden ökonomischen Analyse (vgl. o. S. 36) ergibt sich, dass das Vertrauen auf Kompensation von Nachteilen aus diesem Ehetyp schutzwürdig ist.

Dieses Vertrauen ist jedoch nur schutzwürdig, wenn für den unterhaltsbedürftigen Ehegatten während der Ehe eine konkrete Entscheidungssituation bestand[160]. Wenn zum Beispiel ein Ehegatte während der Ehe mangels Qualifikation oder wegen der Arbeitsmarktlage ohnehin keinen Arbeitsplatz gefunden hätte und daher während der Ehe lediglich den Haushalt führte, ist sein Vertrauen, dadurch keinen Nachteil zu erleiden und auf Dauer am ehelichen Lebensstandard teilzuhaben, nicht als solches schutzwürdig[161].

---

158 KG, FamRZ 1984, 898f.

159 MünchKomm/Richter, BGB, § 1574 Rz. 10.

160 Ellman, California Law Review, S. 1, 52, 54; Steiner, aaO. (Fn. 141), S. 121 (unter Beschränkung auf den Erwerbslosenunterhalt).

161 Steiner, aaO. (Fn. 141), S. 138.

(b) Rechtsfolgen

Erfasst der Vertrauenstatbestand die konkrete Ausgestaltung der ehelichen Lebensgemeinschaft, fällt das Vertrauensprinzip im Umfang des auszugleichenden ehebedingten Nachteils mit dem Kompensationsprinzip zusammen[162].

Seine eigenständige Bedeutung behält das Vertrauensprinzip jedoch auch insoweit dadurch, dass es nicht nur rechtfertigt, den ehebedingten Nachteil auszugleichen, sondern auch den Weg über die Vertrauensanpassung hierzu bestimmt. Insoweit verstärkt es die im Rahmens einer Billigkeitsabwägung zu berücksichtigenden Interessen des unterhaltsberechtigten Ehegatten, weil ihm über das als berechtigt anerkannte Kompensationsinteresse hinaus auch ein entsprechender Vertrauensschutz zusteht.

Im übrigen steht das Vertrauen auf Kompensation ehebedingter Nachteile ebenso wenig wie das Kompensationsprinzip der Unterhaltsbegrenzung nach § 1578 Abs. 1 S. 2 BGB entgegen, sondern wird nur im Rahmen des § 1573 Abs. 5 BGB relevant (vgl. o. S. 34).

Da der Vertrauensschutz wie das Kompensationsprinzip an ehebedingte Nachteile anknüpft, ist für den Umfang des Vertrauensschutzes neben der Schutzwürdigkeit des Vertrauenstatbestandes parallel zum Kompensationsprinzip auch die Zurechenbarkeit des Vertrauensschadens maßgebend.

Die Ausgestaltung der ehelichen Lebensgemeinschaft als Quelle ehebedingter Nachteile kann paritätisch (a) oder einseitig belastend (b) erfolgen.

a) Haben die Ehegatten die eheliche Lebensgemeinschaft dem gesetzlichen Leitbild der Haushaltsführungsehe folgend paritätisch in der Weise ausgestaltet, dass ein Ehegatte die Erwerbstätigkeit und der andere unter Verzicht auf wirtschaftliche Selbständigkeit die Haushaltsführung übernimmt, so folgt die Schutzwürdigkeit des Vertrauenstatbestandes aus der gesetzlichen Anerkennung dieses Ehetyps und seiner Privilegierung nach § 1573 Abs. 5 und 1578 Abs. 1 S. 2 BGB. Bei der Haushaltsführungsehe übernimmt also der erwerbstätige Ehegatte eine soziale Schutzaufgabe[163] zugunsten des anderen Ehegatten, da diesem sonst die konkrete Ausgestaltung der ehelichen Lebensgemeinschaft von vornherein nicht zumutbar wäre. Da die eheinterne Aufgabenverteilung über die Scheidung hinaus nachwirkt, endet die soziale Schutzaufgabe des erwerbstätigen Ehegatten auch nicht mit der Scheidung, sondern dauert fort, weil auch insoweit gilt, dass anderenfalls die Haushaltsführungsehe unzumutbar wäre.

Nach den Erkenntnissen zum Kompensationsprinzip ist bei der Haushaltsführungsehe im Hinblick auf die wirtschaftliche Abhängigkeit des haushaltsführenden vom erwerbstätigen Ehegatten auch von einer Machtverschiebung

162 Korenke, Nachehelicher Unterhalt, S. 45-47.

163 Ramm/Grandke/Berié, S. 113.

zugunsten des letzteren mit der Folge auszugehen, dass diesem der Vertrauensschaden des haushaltsführenden Ehegatten auch zurechenbar ist (vgl. o. S. 28).

b) Die eheliche Lebensgemeinschaft kann jedoch auch einseitig belastend in der Weise ausgestaltet sein, dass ein Ehegatte nicht nur erwerbstätig ist, sondern auch noch den Haushalt führt. Zu denken ist insoweit etwa an eine Ehe zwischen einem studierenden und einem bereits erwerbstätigen Ehegatten, die nach oder kurz vor Abschluss des Studiums geschieden wird.

Unterstellt man einmal, dass die ehelichen Lebensverhältnisse nach § 1578 Abs. 1 S. 1 BGB durch das von einem Ehegatten nunmehr erreichte höhere Verdienstniveau eines Akademikers im Rechtssinne geprägt wurden[164], so kommt für den anderen Ehegatten ein Aufstockungsanspruch nach § 1573 Abs. 2 BGB in Betracht.

Unterstellt man weiter, dass der haushaltsführende Ehegatte wegen seiner Doppelbelastung ehebedingte Nachteile erlitten, zum Beispiel Karrierechancen nicht wahrgenommen hat, so stellt sich die Frage, ob im Umfang dieser Nachteile das Vertrauen auf ihre Kompensation der Unterhaltsbefristung (§ 1573 Abs. 5 BGB) entgegensteht. Dazu müsste das entsprechende Vertrauen schutzwürdig und der Vertrauensschaden zurechenbar sein.

Gegen die Schutzwürdigkeit dieses Vertrauens bestünden Bedenken, wenn der mit Haushaltsführung und Erwerbstätigkeit doppelt belastete Ehegatte damit rechnen musste, dass der andere Ehegatte jedenfalls auf Dauer kein Interesse an der Aufrechterhaltung der Ehe hatte. In diesem Fall konnte er nicht davon ausgehen, noch am Akademikerstatus des anderen Ehegatten teilzuhaben. Für ein derartiges erkennbar geringeres Interesse des studierenden Ehegatten an dem dauerhaften Fortbestand der Ehe über sein Studienende hinaus könnte gerade die Doppelbelastung des anderen Ehegatten sprechen. Denn der Hintergrund dieser im Sinne einer societas leonina einseitig den studierenden Ehegatten begünstigen Ausgestaltung der ehelichen Lebensgemeinschaft könnte nach der Austauschtheorie ein Machtgefälle zu seinen Gunsten sein, das sich in der entsprechenden Verteilung von Aufgaben der Ehe ausdrückt und in seinem geringeren Interesse an der Aufrechterhaltung der Ehe begründet ist. Die hierfür entscheidende Ressourcendifferenz wäre gegeben, wenn man auf Seiten des studierenden Ehegatten auch seinen potentiellen Akademikerstatus einbezieht.

Für eine Schutzwürdigkeit des Vertrauens auf Kompensation ehebedingter Nachteile durch den Fortbestand der Ehe auch über das Studienende hinaus lässt sich nicht nur die auf Schutz von Vertrauensinvestitionen angelegte ökonomische Analyse (vgl. o. S. 36) anführen, sondern auch, dass gerade nach der Austauschtheorie die einseitige Aufgabenverteilung in der Ehe diese stabilisiert (vgl. o. S. 23). Ist damit aber ein schutzwürdiger Vertrauenstatbestand gege-

164 Vgl. zu den Anforderungen insoweit unten S. 43.

ben, so dürfte auch der Vertrauensschaden zurechenbar sein, wenn man mit der Austauschtheorie davon ausgeht, dass derjenige Ehegatte, dem die eheliche Lebensgemeinschaft einseitig nur Vorteile bringt, in dieser den überwiegenden Einfluss ausübt.

Mithin kann auch die einseitig belastende Ausgestaltung der ehelichen Lebensgemeinschaft der Unterhaltsbefristung nach § 1573 Abs. 5, 1578 Abs. 1 S. 2 BGB im Umfang der ehebedingten Nachteile entgegenstehen.

Wenn jedoch die nacheheliche Bedürftigkeit des in der Ehe einseitig belasteten Ehegatten nicht auf der ehelichen Aufgabenverteilung beruht, sondern etwa auf einer nicht ehebedingten Krankheit, so beruht im Falle der Scheidung der Vertrauensschaden, die Bedürftigkeit, nicht auf dem Vertrauenstatbestand und ist daher dem anderen Ehegatten auch - unabhängig von seinem für die Krankheit keine Rolle spielenden Ressourcenüberschuss - nicht zurechenbar: Auch ohne schutzwürdigen Vertrauenstatbestand bei einer individualistischen Doppelverdienerehe wäre der nunmehr kranke Ehe jetzt bedürftig geworden. Sein Unterhaltsanspruch kann daher lediglich unter dem Gesichtspunkt des Teilhabeprinzips (vgl. o. S. 15) oder der sonstigen Billigkeitserwägungen (vgl. u. S. 61, 1. und 2 Sp.) hergeleitet werden.

(2) Die selbst bestimmte Gestaltung der Ehe als Maßstab des Vertrauensschutzes

Unabhängig von der Frage eines ehebedingten Nachteils kann sich an die einverständlich getroffene Ausgestaltung der ehelichen Lebensgemeinschaft ein schutzwürdiges Vertrauen anknüpfen, das als Rechtsfolge den nachehelichen Unterhalt unmittelbar vorgibt.

So ergibt sich die Höhe des „vollen" Unterhalts nach § 1578 Abs. 1 S. 1 BGB aus den ehelichen Lebensverhältnissen, die von den Ehegatten selbst bestimmt werden. Insoweit erkennt das Gesetz in § 1578 Abs. 1 S. 1 BGB das Vertrauen auf Fortbestehen der ehelichen Lebensverhältnisse als grundsätzlich schutzwürdig an.

Der insoweit maßgebende Vertrauenstatbestand wird durch die Ehegatten selbst bestimmt[165]: Zum Beispiel richtet sich die Anrechnung des Verdienstes aus nachehelicher Erwerbstätigkeit des unterhaltsbedürftigen Ehegatten auf seinen je nach Sachlage nach dem Einkommen des anderen Ehegatten berechneten Unterhaltsanspruch danach, ob der bedürftige Ehegatte bereits während der Ehe erwerbstätig war. Bei solcher Erwerbstätigkeit würde auch das Einkommen des bedürftigen Ehegatten die ehelichen Lebensverhältnisse mit der Folge prägen, dass

165 Diederichsen, NJW 1993, 2265, 2270, geht insoweit von einem eigenständigen Prinzip der Selbstbestimmung und -bindung aus.

der Unterhaltsberechnung der dadurch erhöhte eheliche Lebensstandard nach § 1578 Abs. 1 S. 1 BGB zugrundegelegt wird (Differenzmethode)[166].

Auch sind die Vereinbarungen der Ehegatten während der Ehe dafür maßgebend, ob die ehelichen Lebensverhältnisse darauf ausgerichtet waren, einem Ehegatten durch Fortsetzung seines Studiums das Niveau eines Akademikers zu verschaffen mit der Folge, dass der studierende Ehegatte bis zur nicht notwendig kurz bevorstehenden Beendigung seiner Ausbildung von der Obliegenheit zur Erwerbstätigkeit - da nicht angemessen iSd. § 1574 Abs. 2 BGB - freigestellt ist und gegen den anderen Ehegatten einen Unterhaltsanspruch nach § 1573 Abs. 1 BGB hat[167]. Die ehelichen Lebensverhältnisse iSd. § 1578 Abs. 1 S. 1 BGB sind in diesem Fall dadurch gekennzeichnet, dass sie darauf gerichtet waren, einem Ehegatten das Niveau eines Akademikers zu verschaffen[168].

Die Vereinbarungen der Ehegatten über das Studium eines von ihnen und die entsprechende einverständliche Gestaltung der Lebensgemeinschaft werden ferner für die Frage berücksichtigt, ob das höhere Verdienstniveau des Akademikers auch dann iSd. § 1578 Abs. 1 S. 1 BGB prägend ist, wenn der studierende Ehegatte erst nach der Scheidung sein Studium abschließt und einen Arbeitsplatz als Akademiker findet. Da auch insoweit davon ausgegangen wird, dass nach den Vereinbarungen der Eheleute und ihrer praktischen Umsetzung die ehelichen Lebensverhältnisse durch das (angestrebte) Akademikerniveau eines Ehegatten geprägt wurden, kommt für den während der Ehe erwerbstätigen Ehegatten ein Anspruch auf Aufstockungsunterhalt (§ 1573 Abs. 2 BGB) in Betracht, wenn bei Scheidung der Studienabschluss mit Sicherheit oder hoher Wahrscheinlichkeit zu erwarten war und auch zeitlich kurz bevorstand[169].

Ferner kann ein Ehegatte durch sein Vorhaben, medizinisch-technischer Assistent zu werden, die ihm angemessene Erwerbstätigkeit nach § 1574 Abs. 2 BGB selbst bestimmen[170]. Auch ist jedenfalls diejenige Erwerbstätigkeit eines Ehegatten im Sinne des § 1574 Abs. 2 BGB angemessen, die bereits während der Ehe ausgeübt wurde[171].

Der für die Begrenzung des Unterhalts maßgebende Vertrauensschutz muss daher den von den Ehegatten selbst bestimmten Vertrauenstatbestand berücksichtigen. Seine Bedeutung für die zeitliche Begrenzung des Geschiedenenunterhalts liegt darin, dass bei der Prüfung einer Befristung des Geschiedenen-

---

166 BGH, NJW 1983, 683.

167 BGH, NJW 1980, 393, 394; OLG Hamm, FamRZ 80, 1123, 1124.

168 Zur Umsetzung dieses Vertrauensschutzes bei der Studentenehe vgl. u. S. 101.

169 BGH, NJW 1986, 720, 721; OLG Nürnberg, FamRZ 1985, 393, 394; zur Bedeutung dieses Vertrauenstatbestandes bei der Studentenehe vgl. u. S. 100.

170 OLG Schleswig-Holstein, FamRZ 1982, 703, 704.

171 Klingelhöffer, Die Ehescheidung des Unternehmers, Rz. 15; OLG Karlsruhe, FamRZ 1980, 365, 366 (Teilzeittätigkeit neben Kindesbetreuung während der Ehe).

unterhalts gewürdigt werden kann, in wieweit der unterhaltsbedürftige Ehegatte nach den ehelichen Absprachen zum Beispiel eine Erwerbstätigkeit aufnehmen und dadurch für sich selbst verantwortlich sein sollte.

b) Die Ehe und die eheliche Lebensgemeinschaft als Vertrauenstatbestand

(1) Voraussetzungen des Vertrauensschutzes

Beim Vertrauenstatbestand ist fraglich, ob dieser unabhängig von ehebedingten Nachteilen (dazu o. S. 35ff.) schon in der Eheschließung oder allgemein in der ehelichen Lebensgemeinschaft[172] liegt. Gegen beides wird eingewandt, dass das Vertrauen in die lebenslange Versorgung, das letztlich den Fortbestand der Ehe zum Gegenstand hat, wegen der gesetzlichen Konzeption einer nach dem Zerrüttungsprinzip in absehbarer Zeit möglichen Scheidung nicht schutzwürdig sein kann[173]. Daran ist richtig, dass das Vertrauen in den Fortbestand der Ehe allein kein Grund sein kann, von einer Unterhaltsbefristung oder -begrenzung überhaupt abzusehen. Jedoch ist auch bei Fehlen von Umständen, die einer Begrenzung bzw. -befristung entgegenstehen, eine Frist zu bestimmen, die es dem unterhaltsbedürftigen Ehegatten ermöglicht, sich auf die neue Lage einzustellen[174]. Im Rahmen dieser Eingewöhnungsfrist bestimmt der Vertrauensschutz entscheidend den Maßstab für die Zumutbarkeit der Frist.

Was die ihm zumutbare Eingewöhnungsfrist betrifft, so ist der Ehegatte unterschiedlich schutzwürdig je nach Intensität des in der ehelichen Lebensgemeinschaft liegenden Vertrauenstatbestandes: Lebten zum Beispiel die Ehegatten vor der Scheidung länger getrennt, wird dem unterhaltsbedürftigen Ehegatten nach der Scheidung im Regelfall zumutbar sein, sich in kürzerer Frist auf die neue Situation einzustellen.

Auf das Vertrauensschutzprinzip als maßgeblich stellte daher das OLG Hamburg[175] in einem Fall ab, in dem die 1975 geschlossene kinderlos gebliebene Ehe auf den im Jahre

---

172 Hierfür zum Beispiel Mikat, FamRZ 1970, 333, 344.

173 Steiner, Die Legitimation des nachehelichen Geschiedenenunterhalts ..., S. 116; Diederichsen, NJW 1993, 2265, 2274 und dort insbesondere Fn. 151: Vertrauensschutz gering zu werten, da jede zweite Ehe geschieden werden wird.

174 Palandt/Brudermüller, BGB, § 1573 Rz. 35 und § 1578 Rz. 76; Staudinger/Verschraegen, BGB, § 1573 Rz. 91 und § 1578 Rz. 197; anders bei grober Unbilligkeit iSd. § 1579 BGB, wo auch eine sofortige Versagung möglich ist; aA de lege lata zu § 1573 Abs. 5 BGB - sofortiger Unterhaltsausschluss möglich, wenn es an einer schutzwürdigen Vertrauensinvestition fehlt: Korenke, Nachehelicher Unterhalt, S. 119, der de lege ferenda unter dieser Voraussetzung auch eine sofortige Begrenzung nach § 1578 Abs. 1 S. 2 BGB für angemessen hält, ebd. S. 112, 113, 128.

175 FamRZ 1987, 1250, 1251.

1984 zugestellten Scheidungsantrag geschieden wurde. Die Ehefrau war bis Ende März 1976 als Fachverkäuferin voll berufstätig, danach nur einige Monate in den Jahren 1976 und 1978. Infolge eines Arbeitsunfalles konnte die Ehefrau sodann nur bestimmte berufliche Tätigkeiten verrichten, für die sie jedoch nicht mehr vermittelbar war. Der Ehemann war Kranfahrer.

Im Hinblick darauf, dass die Ehefrau trotz ihrer gesundheitlichen Beschwerden einer vollzeitigen Erwerbstätigkeit nachgehen konnte, diese jedoch nicht fand, leitete das Gericht[176] den Unterhaltsanspruch der Ehefrau zutreffend aus § 1573 Abs. 1 BGB (nicht etwa aus § 1572 BGB) ab. Das Gericht begrenzte diese Unterhaltspflicht jedoch gem. § 1573 Abs. 5 BGB zeitlich bis zum 31.12.1996 und damit auf einen Zeitraum, der der Ehedauer entsprach.

Für die Begründung der zeitlichen Befristung des Unterhalts machte das Gericht das Vertrauensprinzip nutzbar:

Für die Länge der Unterhaltsfrist sei die Dauer der Ehe das einzige Kriterium, das als Anknüpfungsmerkmal eine innere Rechtfertigung aufweise. Denn das Gefühl, während der Ehe versorgt zu sein, habe die Ehefrau davon abgehalten, sich um die Wiederherstellung ihrer Arbeitskraft so ernsthaft und rechtzeitig zu bemühen, dass sie auf dem Arbeitsmarkt noch eine reale Beschäftigungschance hatte[177].

Dass bei dieser Lesart das Kriterium der Dauer der Ehe im Sinne der §§ 1573 Abs. 5, 1578 Abs. 1 S. 2 und 1579 Nr. 1 BGB nicht mehr objektiv und eindeutig zu verstehen ist, sondern von der individuellen Beziehung der Ehegatten abhängig gemacht wird, spricht nicht gegen diese Auslegung[178], zumal bei den Billigkeitsentscheidungen nach § 1573 Abs. 5, 1578 Abs. 1 S. 2 und 1579 Nr. 1 und 7 BGB ohnehin der Einzelfall genau gewürdigt werden muss.

Daraus ergibt sich aber auch, dass die Dauer der Ehe als Indikator für den Vertrauenstatbestand nicht notwendig geeignet ist[179]; vielmehr kommt es auch unter Vertrauensgesichtspunkten darauf an, in wieweit die Lebensbeziehungen der Ehegatten tatsächlich mit einander verknüpft und voneinander wechselseitig abhängig sind[180].

Zu erörtern ist noch, ob nicht das vom OLG angeführte Gefühl der Ehefrau, während der Ehe versorgt zu sein und sich daher nicht um eine neue Arbeit bemühen zu müssen, unter Kompensationsgesichtspunkten der Unterhaltsbefristung (§ 1573 Abs. 5 BGB) entgegensteht. Wenn auch zunächst während der Erwerbstätigkeit der Ehefrau als Fachverkäuferin ein Ressourcenunterschied zu ih-

---

176 OLG Hamburg, FamRZ 1987, 1250, 1251.

177 OLG Hamburg, ebd. (Fn. 176), S. 1253, 1254.

178 Anders Diederichsen, FS für Müller-Freienfels, S. 112.

179 Steiner, aaO. (Fn. 173), S. 161, 173; gegen eine formale Beziehung zwischen Ehedauer und Dauer des nachehelichen Unterhalts auch Diederichsen, FS für Müller-Freienfels, S. 110.

180 Diederichsen, FamRZ 1992, 1, 10.

rem als Kranfahrer tätigen Ehemann nicht festzustellen ist, so trat eine Ressourcendifferenz im Sinne einer wirtschaftlichen Abhängigkeit der Ehefrau mit ihrer Erwerbslosigkeit ein. Bei dieser Sachlage könnte der Ehemann wegen seines Ressourcenüberschusses die Verantwortung dafür tragen, dass seine Ehefrau sich nicht rechtzeitig um die Wiederherstellung ihrer Arbeitsfähigkeit bemühte.

Das OLG hat diesen Gesichtspunkt bei der Frage nach ehebedingten Nachteilen in der Sache geprüft und darauf verwiesen, dass der geringere Verdienst nicht auf der Ehe, sondern auf der schlechten Gesundheit der Ehefrau beruhte; eine Berufseingliederung wäre am Alkoholmissbrauch, an den Krampfanfällen und an der Schulterluxation der Ehefrau - also an Umständen, auf deren Fortbestand der Ehemann keinen Einfluss hatte - gescheitert[181].

Dieser Fall zeigt, dass der Vertrauenstatbestand - hier das Gefühl, während der Ehe versorgt zu sein - nicht nur unter Vertrauensgesichtspunkten, sondern auch im Rahmen des Kompensationsprinzips von Bedeutung ist. Während jedoch der Vertrauenstatbestand im Interesse des Vertrauensschutzes ohne weiteres die Begrenzung des Geschiedenenunterhalts beeinflusst, hat das Kompensationsprinzip diese Wirkung nur unter der weiteren Voraussetzung, dass auf der Grundlage des Vertrauenstatbestandes getroffene vermögensrelevante Maßnahmen dem unterhaltsverpflichteten Ehegatten - anders als im besprochenen Fall - auch zurechenbar sind.

Dagegen ist beim - einmal bejahten - in der Ehe oder der ehelichen Lebensgemeinschaft liegenden Vertrauenstatbestand eine weitere Zurechenbarkeit nach dem Vertrauensprinzip entbehrlich[182]: Am Vertrauensschutz muss sich auch derjenige Ehegatte festhalten lassen, der an der Entstehung dieses Vertrauenstatbestandes keinen Anteil hatte. Der Grund hierfür liegt in der Besonderheit dieses Vertrauenstatbestandes, einen der Unterhaltsbefristung entgegenstehenden Vertrauensschutz nicht schlechthin, sondern nur nach dem Maßstab der Zumutbarkeit zu gewähren (vgl. o. S. 44). Die danach gebotene Prüfung der Zumutbarkeit bietet genügend Raum, auch die Interessen des unterhaltsverpflichteten Ehegatten abzuwägen.

Zu überlegen bleibt noch, ob der Vertrauensschutz über die Annahme des OLG Hamburg[183] hinausgehend nicht nur das Vertrauen, während der Ehe versorgt zu sein, erfasst, sondern auch das Vertrauen auf Honorierung etwaiger Leistungen während der Ehe. Von vornherein kein Anlass besteht für einen derartigen Vertrauensschutz jedoch in den Fällen, in denen ein Ehegatte während der Ehe etwa den Haushalt führt und der andere erwerbstätig ist, da hier beide Ehegatten mit ihrer Leistung lediglich ihrer Unterhaltspflicht nach § 1360 BGB

---

181 OLG Hamburg, aaO. (Fn. 176), S. 1253.

182 AA - Zurechnung auch im Rahmen des Vertrauensschutzes erforderlich - Korenke, Nachehelicher Unterhalt, S. 51.

183 AaO. (Fn. 176).

nachgekommen sind. Aber auch in den übrigen Fällen, in denen ein Ehegatte überobligationsmäßig mehr leistete, als er nach § 1360 BGB schuldete, bestehen gegen eine Ausdehnung des Vertrauensschutzes im Hinblick auf das insoweit maßgebende Teilhabeprinzip Bedenken: Bei überobligationsmäßiger Leistung während der Ehe wird der Schutz des Ehegatten nach Maßgabe des Teilhabeprinzips gewährleistet (vgl. o. S. 15), für dessen Korrektur und Erweiterung unter Vertrauensschutzgesichtspunkten kein Raum besteht: Zwar mag es Fälle geben, in denen die überobligationsmäßigen Leistungen während der Ehe nach deren Ende nicht fortwirken und die daher nicht vom Teilhabeprinzip erfasst werden (vgl. o. S. 15). Die Beschränkung der Unterhaltspflicht nach dem Teilhabeprinzip beruht in diesen Fällen jedoch auf dem sachgerechten, insoweit auch gegen einen Vertrauensschutz sprechenden Grund - dem Grundsatz der Selbstversorgung nach der Ehe (§ 1569 BGB, vgl. o. S. 14). Diese Überlegungen zum Teilhabeprinzip dürfen nicht durch entsprechende Vertrauensschutzerwägungen umgangen werden.

Die Abhängigkeit zwischen Vertrauensschutz und Vertrauenstatbestand lag auch dem Fall des OLG Düsseldorf[184] zugrunde:

Hier wurde der sich aus § 1572 Nr. 1 BGB ergebende Unterhaltsanspruch der Ehefrau, die krankheitsbedingt nur einer Halbtagstätigkeit nachgehen konnte, gem. § 1578 Abs. 1 S. 2 BGB nach einer Schonfrist von einem Jahr auf den angemessenen Bedarf begrenzt, weil die Ehegatten nur zweieinhalb Jahre verheiratet waren und überdies nur 20 Monate zusammenlebten. Der Ehemann, ein Rentner, wollte, dass ihm die Ehefrau den Haushalt führte. Im Hinblick auf das alsbaldige Scheitern der Ehe konnte die Ehefrau jedoch nicht darauf vertrauen, auf Dauer mit ihrem Ehemann eine Hausfrauenehe zu führen[185].

Neben der relativ kurzen Ehedauer und der kurzen Zeit des tatsächlichen Zusammenlebens war für die auffallend geringe Schonfrist von einem Jahr maßgebend, dass die Ehefrau nach der Zustellung des Scheidungsantrages eine Teilzeitbeschäftigung gefunden hatte und dadurch wieder Anschluss an das Berufsleben gefunden hatte[186].

Im Gegensatz dazu hat der BGH im Falle einer 28jährigen Ehe trotz 20jähriger Trennung eine Unterhaltsbegrenzung nach §§ 1573 Abs. 5, 1578 Abs. 1 S. 2 BGB abgelehnt und zur Begründung nicht nur auf die Betreuung gemeinschaftlicher Kinder während eines Zeitraums von 10 Jahren seit der Trennung, sondern auch darauf verwiesen, dass nach 28 Ehejahren grundsätzlich von einer dauerhaften Garantie des eheangemessenen Unterhalts auszugehen sei und eine zeitliche Begrenzung des Unterhalts, wenn überhaupt, nur unter außergewöhnlichen Umständen in Betracht komme[187].

---

184 FamRZ 1992, 1188.

185 So OLG Düsseldorf, FamRZ 1992, 1188, 1189f.

186 Vgl. den in FamRZ 1992, 1188, mitgeteilten Sachverhalt.

187 BGH, NJW-RR 1991, 130, 132; für eine Unterhaltsgarantie ab einer bestimmten Ehedauer auch OLG Köln, MDR 1995, 411, 412, (nach 15 Jahren) und AG Char-

Der Entscheidung ist nur im Ergebnis zuzustimmen.

Soweit der BGH nach 28 Ehejahren eine „Unterhaltsgarantie" ohne weitere Begründung annehmen will, liegt darin ein Widerspruch zu seiner sonst geübten Ablehnung einer festen Grenze an Ehejahren[188], jenseits derer eine Unterhaltsbegrenzung ausscheidet. Nach den einschlägigen Prinzipien des Kompensations- und des Vertrauensprinzips erscheint es überzeugender, an der Formel des BGH festzuhalten[189], in wieweit es durch die Ehedauer tatsächlich zu einer Verflechtung der Lebensverhältnisse beider Ehegatten und einer dadurch begründeten wirtschaftlichen Abhängigkeit der Ehegatten voneinander gekommen ist[190]. Gerade bei einem längeren Getrenntleben der Eheleute spricht das Vertrauensprinzip gegen eine Unterhaltsgarantie. Denn der insoweit entscheidende Vertrauenstatbestand liegt nicht im bloßen formalen Verheiratetsein, sondern im tatsächlichen Vollzug der ehelichen Lebensgemeinschaft.

Auch das Kompensationsprinzip stellt auf das Entstehen von Abhängigkeiten ab, für die die Begründung einer Lebensgemeinschaft notwendig, wenn auch nicht allein ausreichend ist. Sobald diese Lebensgemeinschaft erst einmal verfestigt ist, tritt die Bedeutung ihrer Dauer gegenüber ihrer konkreten Ausgestaltung, insbesondere ihrer Intensität nach dem Kompensationsprinzip zurück.

Dagegen kann der vom BGH weiter angesprochene Umstand einer Betreuung gemeinschaftlicher Kinder einer Unterhaltsbegrenzung nach dem insoweit einschlägigen Gegenseitigkeitsprinzip entgegenstehen (vgl. o. S. 15ff.).

Nur unter Einschränkungen kann also der für den Vertrauensschutz maßgebende Vertrauenstatbestand auch in der Ehe oder der ehelichen Lebensgemeinschaft als solcher gesehen werden. Dieser Vertrauenstatbestand passt insbesondere auf den Unterhaltsanspruch wegen Alters und Krankheit (§§ 1571, 1572 BGB), weil hier nach dem Wortlaut entgegen der im Normtext nicht zum Ausdruck gekommenen Gesetzesmotive[191] nicht nötig ist, dass die Bedürfnislage ehebedingt ist; es genügt vielmehr ein Zusammenhang mit der Ehe insofern, als die Bedürfnislage zu bestimmten Einsatzzeitpunkten, etwa der Scheidung oder der Beendigung der Betreuung gemeinschaftlicher Kinder unter vorheriger Freistellung von der Erwerbsobliegenheit bestehen muss. Aber auch bei solchen im

---

lottenburg, DAVorm 1989, 89, 92, (nach 19 Jahren); Giesing, FamRZ 1986, 937, 938, (nach 10 Jahren); Gerhardt, FuR 1998, 97, 249, 251 (nach 20 Jahren).

188 Vgl. BGH, FamRZ 1990, 857, 859; 91, 307, 310.

189 Dafür, § 1573 Abs. 5 BGB auch bei langer Ehedauer anzuwenden, wenn ehebedingte berufliche Nachteile fehlen, hat sich auch der Arbeitskreis 24 auf dem 11. Deutschen Familiengerichtstag ausgesprochen, vgl. FamRZ 96, 337; anders noch die Empfehlungen der Arbeitskreise 11a und 11b des 7. Deutschen Familiengerichtstages: Unterhaltsgarantie ab 15 Jahren Ehe, FamRZ 1988, 468.

190 So BGH, FamRZ 1990, 857, 858.

191 Vgl. o. S. 2 und Knöpfel, AcP 191 (1991), 107, 119.

engeren Sinne nicht ehebedingten Unterhaltstatbeständen stellt sich die Frage einer Unterhaltsbegrenzung nach §§ 1578 Abs. 1 S. 2, 1579 Nr. 1 und Nr. 7 BGB.

Soweit die Ehedauer maßgeblich zur Definition des Vertrauenstatbestandes herangezogen wird, ist aus den oben (S. 12) zu § 1579 Nr. 1 BGB angegebenen Gründen entgegen dem Wortlaut der §§ 1573 Abs. 5 S. 1 HS. 2, 1578 Abs. 1 S. 2 HS. 2 BGB die Zeit der Kindesbetreuung nicht mit der Ehedauer zu summieren; vielmehr ist im Wege verfassungskonformer Auslegung zunächst von der tatsächlichen Ehedauer auszugehen und sodann für die Frage der Unterhaltsbegrenzung die Kindesbetreuung als Abwägungskriterium zu berücksichtigen[192].

Haben die Parteien mehrmals miteinander die Ehe geschlossen, so ist unter Vertrauensgesichtspunkten nur die Dauer der letzten Ehe maßgebend[193]. Einer Zusammenrechnung der einzelnen Ehen stünde entgegen, dass der jeweilige Vertrauenstatbestand an der Scheidung endet, nach der der Grundsatz der wirtschaftlichen Eigenverantwortung gem. § 1569 BGB gilt.

Geht es um die dauerhafte Bemessung des Unterhaltsanspruchs nach den ehelichen Lebensverhältnissen (§ 1578 Abs. 1 S. 1 BGB), so ist unter Vertrauensgesichtspunkten auch maßgebend, wie sich der eheliche Lebens-standard vor dem an sich für § 1578 Abs. 1 S. 1 BGB allein maßgebenden[194] Zeitpunkt der Scheidung gestaltete:

In einem vom OLG Düsseldorf[195] entschiedenen Fall gestalteten die Ehegatten ihre Ehe erst 6 Monate vor der Trennung in eine Doppelverdienerehe um. Die Ehefrau war als Bedienung in einem Café tätig; hinsichtlich dieser Erwerbstätigkeit erlitt sie während der Ehe keine - auch keine ehebedingten - Nachteile[196].

Hier war es auf Dauer nicht gerechtfertigt, dass der eheliche Lebensstandard im Sinne des § 1578 Abs. 1 S. 1 BGB nach der beiderseitigen Erwerbstätigkeit zur Zeit der Scheidung bestimmt wird; denn der dadurch geschaffene hohe eheliche Lebensstandard bestand nur kurze Zeit. Dies sprach für eine Begrenzung des Geschiedenenunterhalts gem. § 1578 Abs. 1 S. 2 BGB[197], da der höhere Lebensstandard der Doppelverdienerehe zu kurz andauerte, um einen entsprechenden Vertrauenstatbestand zu begründen und ehebedingte Nachteile fehlen. Für eine weitere sich anschließende Unterhaltsbefristung nach § 1573 Abs. 5 BGB war die

---

192 OLG Düsseldorf, FamRZ 1994, 756, 758; Palandt/Brudermüller, BGB, § 1573 Rz. 33; offen gelassen von OLG Hamm, FamRZ 1995, 1204, 1205.

193 OLG Düsseldorf, FamRZ 1996, 1416, 1417; OLG Karlsruhe, FamRZ 1989, 511, 512; anderer Ansicht Diederichsen, FS für Müller-Freienfels, S. 112; Hahne, FamRZ 1986, 305, 307; Johannsen/Henrich/Voelskow, Eherecht, § 1573 Rz. 20.

194 BGH, NJW 1987, 1555, 1556.

195 FamRZ 1987, 945.

196 OLG Düsseldorf, FamRZ 1987, 945, 946.

197 OLG Düsseldorf, FamRZ 1987, 945, 946.

Überzeugung des Gerichts maßgebend, dass nach Ablauf der gesetzten Frist die Ehefrau ihren Mindestbedarf selbst werde verdienen können[198], so dass dann auch die wirtschaftlichen Voraussetzungen der Geltung des Grundsatzes der Eigenverantwortlichkeit nach § 1569 BGB bestehen.

Unter dem Aspekt der Gestaltung der ehelichen Lebensverhältnisse vor der Scheidung wird es einem Ehegatten eher zuzumuten sein, auf den eigenen Verdienst (§ 1573 Abs. 5 BGB) oder den vorehelichen Lebensstandard (§ 1578 Abs. 1 S. 2 BGB) verwiesen zu werden, wenn die Ehegatten bereits während der Ehe ihre Vermögenssphären voneinander trennten und keine Wirtschaftsgemeinschaft bildeten, was insbesondere bei einer Wochenendehe denkbar ist: Hier erscheint das Vertrauen des bedürftigen Ehegatten auf den Fortbestand des ehelichen Lebensstandards auf Dauer nicht schutzwürdig. Dies folgt zwar noch nicht daraus, dass der Bestand der Ehe als Vertrauenstatbestand ein derartiges Vertrauen nicht tragen würde; denn auch eine Wochenendehe oder sonst eine Ehe unter Ausschluss einer Wirtschaftsgemeinschaft kann aus der Sicht der Ehegatten auf Dauer bestand haben. Entscheidend ist vielmehr, dass der tatsächliche Vollzug der ehelichen Lebensgemeinschaft das Vertrauen auf Begründung eines vor der Scheidung nicht verwirklichten Lebensstandards nicht rechtfertigt.

Im Grundsatz anders entschied das OLG Düsseldorf[199] einen Fall, in dem die Ehegatten ihre persönliche Selbständigkeit im wirtschaftlichen Bereich bewahrten und eine Wirtschaftsgemeinschaft nicht bildeten. Hier soll nach Ansicht des Gerichts zur Begrenzung des Unterhalts (in casu nach § 1579 Nr. 1 BGB) das Fehlen einer Wirtschaftsgemeinschaft allein nicht genügen, weil darin lediglich zum Ausdruck komme, dass der besser verdienende Ehegatte seiner Pflicht zur Leistung von Familienunterhalt § 1360 S. 1 BGB) nicht nachgekommen sei[200].

Der Entscheidung ist zuzustimmen, soweit sie sich darauf stützt, dass einem Ehegatten aus der Verletzung der Pflicht zum Familienunterhalt keine Vorteile hinsichtlich der Festsetzung des Geschiedenenunterhalts erwachsen dürfen.

Dieser berechtigte Gedanke, dass niemand aus eigener Pflichtwidrigkeit Vorteile ziehen darf, trifft jedoch dann nicht zu, wenn beide Ehegatten die Wirtschaftsgemeinschaft einverständlich ablehnten. Die Unwirksamkeit des darin liegende Verzichts auf Familienunterhalt für die Zukunft (§§ 1360a Abs. 3, 1361 Abs. 4 S. 4 BGB iVm. § 1614 Abs. 1 BGB) schließt es nicht aus, aus dem durch Zeitablauf vollzogenen (und damit wirksam gewordenen) Verzicht Anhaltspunkte für die zeitliche Begrenzung des Geschiedenenunterhalts zu gewinnen, zumal der Zweck dieses Verbots des Unterhaltsverzichts, nämlich die wirtschaftliche Grundlage der ehelichen Lebensgemeinschaft zu sichern, mit der Scheidung wegfällt.

---

198 OLG Düsseldorf, FamRZ 1987, 945, 946.

199 FamRZ 1983, 1139.

200 OLG Düsseldorf, FamRZ 1983, 1139.

(2) Rechtsfolgen des Vertrauensschutzes

Liegt der Vertrauenstatbestand allein in der Ehe oder der ehelichen Lebensgemeinschaft, so besteht die Rechtsfolge in der Anpassung des Vertrauens an die infolge der Scheidung geschaffenen neuen Sachlage durch Bestimmung einer der Intensität des Vertrauenstatbestandes entsprechenden Übergangsfrist. Dabei ist der Vertrauensschutz für die Abwägung zu berücksichtigen, welche nach §§ 1573 Abs. 5, 1578 Abs. 1 S. 2 BGB zu bestimmende Frist dem unterhaltsberechtigten Ehegatten zumutbar ist.

Insoweit wird in der Rechtsprechung nicht einheitlich entschieden, ob sich die Länge der Frist bestimmen soll nach der Ehedauer[201], nach der Dauer des tatsächlichen Zusammenlebens[202] oder - unabhängig von der Dauer der Ehe und des Zusammenlebens - nach der tatsächlich zur Eingewöhnung erforder-lichen Zeit[203]

Für die Orientierung an der Dauer der Ehe spricht zwar, dass es dem Unterhaltsberechtigten bei kürzerer Ehe leichter fällt, sich wieder auf die voreheliche Situation einzustellen[204] und dass die Dauer der Ehe als Maßstab für den Festigungsgrad der ehelichen Lebensgemeinschaft geeignet ist[205]. Entsprechendes gilt für die Dauer des Zusammenlebens als Maßstab.

Bemisst man jedoch die Frist nach §§ 1573 Abs. 5, 1578 Abs. 1 S. 2 BGB nach der Ehedauer, so besteht die Gefahr, dass der Grundsatz der wirtschaftlichen Eigenverantwortlichkeit der Ehegatten (§ 1569 BGB) trotz finanzieller Selbständigkeit jedes Ehegatten bei längerer Ehedauer praktisch entwertet wird.

Wird dagegen vor dem Hintergrund des § 1569 BGB die Umstellungsfrist nach rein wirtschaftlichen Gesichtspunkten bestimmt, so kann auch bei einer Ehedauer von 10 Jahren der schlechter verdienende Ehegatte nicht 10 Jahre benötigen, um sich finanziell auf den eigenen Lebensstandard einzurichten. Die dazu nötigen Dispositionen wie Wechsel einer zu teuren Wohnung, Abschaffung des zu großen Autos etc. sind vielmehr unabhängig von der Ehedauer gleich schwierig und zeitaufwendig[206].

---

201 OLG Düsseldorf, FamRZ 1987, 162, 165; OLG Hamm, FamRZ 1986, 908, 910; OLG Saarbrücken, 1989-07-13, 6UF 177/87 UE, juris, (bei einer Doppelverdienerehe).

202 Amtsgericht Peine, FamRZ 1987, 593, 594.

203 OLG Frankfurt, FamRZ 1986, 683, 684; OLG Hamm, FamRZ 1990, 413 und 1987, 707, 708.

204 OLG Hamm, FamRZ 1986, 908, 910.

205 OLG Düsseldorf, FamRZ 1987, 162, 165.

206 OLG Bamberg, FamRZ 1988, 1277, 1280; Brudermüller, FamRZ 1998, 649, 657; aA OLG Düsseldorf, FamRZ 1987, 162.

Die danach für die rein technische Umstellung und Eingewöhnung erforderliche und auf jeden Fall zu gewährende Frist kann durch das Vertrauensprinzip verlängert werden, wonach der Vertrauensschutz bei der Frage der Zumutbarkeit der Fristlänge zu berücksichtigen ist. Die Fristlänge dürfte dann aus der Verschärfung des Grundsatzes der wirtschaftlichen Eigenverantwortlichkeit geschiedener Ehegatten (§ 1569 BGB) mit dem Vertrauensprinzip zu gewinnen sein. Dabei ist davon auszugehen, dass das Vertrauensprinzip im Zusammenhang mit der zeitlichen Begrenzung des Geschiedenenunterhalts nicht isoliert, sondern nur unter dem Gesichtspunkten zu würdigen ist, welche Schonfrist unter Zumutbarkeitsgesichtspunkten erforderlich ist.

Die danach entscheidende Zumutbarkeit wird durch zwei Faktoren beeinflusst. Zum einen kann eine besonders schutzwürdige Vertrauensinvestition während der Ehe dem Verlassen des ehelichen Lebensstandards iSd. § 1578 Abs. 1 S. 1 BGB entgegenstehen (a). Zum anderen können die Verhältnisse nach der Ehe den Fortbestand der Unterhaltspflicht verlangen (b).

(a) Schutzwürdige Vertrauensinvestitionen während der Ehe als Rechtsfolgenmaßstab

Wie oben (S. 39) ausgeführt wurde, ist die Haushaltsführungsehe vom Gesetz als Ehemodell anerkannt. Die Folgen einer Haushaltsführungsehe in unterhaltsrechtlicher Hinsicht müssen daher dem haushaltsführenden Ehegatten zumutbar sein.

Stellt man insoweit allein auf die ehebedingten Nachteile ab, auf deren Vertrauen der haushaltsführende Ehegatte vertrauen kann (vgl. o. S. 39), so stünde auch die Haushaltsführungsehe nach einer gewissen Übergangsfrist jedenfalls einer Unterhaltsbegrenzung nach § 1578 Abs. 1 S. 2 BGB nicht entgegen, weil die nach dieser Vorschrift gebotene Angemessenheit des Unterhalts auch die Kompensation ehebedingter Nachteile sicherstellt.

Ob durch die Anwendung des § 1578 Abs. 1 S. 2 BGB jedoch überhaupt den Interessen des haushaltsführenden Ehegatten Rechnung getragen werden kann, erscheint zweifelhaft. Erforderlich wäre nämlich, dass der eheunabhängige Lebensstandard des Berechtigten hinreichend sicher ermittelt werden kann, was bei einer längeren Ehe schwierig erscheint, weil hier die alternativ zur Haushaltsführung bestehenden beruflichen Entwicklungsmöglichkeiten des haushaltsführenden Ehegatten kaum oder allenfalls spekulativ zu ermitteln wären[207].

Der Ehegatte, der unter Verzicht auf beruflichen Entfaltungs-möglichkeiten ausschließlich den Haushalt führt, gibt gerade seinen eheunabhängigen Lebensstandard auf oder verzichtet zumindest auf seine Begründung und begibt

207 MünchKomm/Richter, BGB, § 1578 Rz. 12; Oldham, California Law Review 1992, S. 1091, 1112, zum vergleichbaren Gesichtspunkt des „career damage“ in den USA.

sich dadurch gleichzeitig in eine wirtschaftliche Abhängigkeit zum erwerbstätigen Ehegatten. Der Verzicht auf den eigenen Lebensstandard einerseits und die Akzeptanz wirtschaftlicher Abhängigkeit andererseits deutet auf eine Vertrauensinvestition hin, die die Beibehaltung des ehelichen Lebensstandards nach § 1578 Abs. 1 S. 1 BGB fordert. Für die Schutzwürdigkeit dieser Vertrauensinvestition - auch und gerade unter Abwägung mit den Interessen des erwerbstätigen Ehegatten - sprechen also drei Gesichtspunkte:

1. Die Haushaltsführungsehe muss wegen ihrer gesetzlichen Anerkennung in den §§ 1356 Abs. 1 S. 2, 1360 S. 1, 1606 Abs. 3 S. 2 BGB und vor dem Hintergrund der ökonomischen Analyse (vgl. o. S. 36) zumutbar sein, also nicht offensichtlich nachteilig sein. Allein die Sicherstellung eines angemessenen Lebensunterhalts nach § 1578 Abs. 1 S. 2 BGB garantiert dem haushaltsführenden Ehegatten jedoch noch nicht denjenigen Lebensstandard, den er möglicherweise, ohne dass dies sicher oder gar zu beweisen wäre, mit einer beruflichen Laufbahn erreicht hätte.

2. Die Unterhaltsbemessung nach den ehelichen Lebensverhältnissen gem. § 1578 Abs. 1 S. 1 BGB - dem Vertrauensgegenstand im vorliegenden Zusammenhang - wird damit gerechtfertigt, dass der - einmal erreichte - ehelichen Lebensstandard im Hinblick auf die Gleichstellung von Erwerbstätigkeit und Haushaltsführung in den §§ 1360 S. 2 und 1606 Abs. 3 S. 2 BGB auf beide Ehegatten zurückführen ist[208] und daher genauso wie der in der Ehe erzielte Zugewinn (vgl. § 1378 Abs. 1 BGB) oder der Versorgungsausgleich (§ 1587 Abs. 1 BGB) beiden Ehegatten zu Gute kommen soll. Mit diesem in § 1578 Abs. 1 S. 1 BGB enthaltenen Gleichberechtigungsgedanken wäre es unvereinbar, dass nach der Scheidung nur ein Ehegatte, nämlich der erwerbstätige für sich den ehelichen Lebensstandard aufrechterhalten könnte. Da jedoch das hieran anknüpfende Teilhabeprinzip nach der Scheidung einen Unterhaltsanspruch grundsätzlich nicht mehr fordert (vgl. o. S. 14), ist Voraussetzung für die sachliche Rechtfertigung des § 1578 Abs. 1 S. 1 BGB, dass die Ehegatten während eines Zeitraums verheiratet waren, der nach seiner Länge und der wechselseitigen Verknüpfung der Lebensverhältnisse auch tatsächlich den Schluss rechtfertigt, dass das Erreichen oder zumindest Aufrechterhalten des ehelichen Lebensstandards das Werk beider Ehegatten ist.

Da dieser Gleichberechtigungsgedanke auch nicht allein, sondern nur im Zusammenwirken mit dem weiteren Moment des Verzichts auf eine eigenständige Lebensstellung als Vertrauensinvestition der Unterhaltsbegrenzung nach § 1578 Abs. 1 S. 2 BGB und erst recht der nach § 1573 Abs. 5 BGB entgegensteht, wird die Norm des § 1578 Abs. 1 S. 2 auch nicht obsolet. Sie bleibt in denjenigen Fällen anwendbar, in denen zwar das Prinzip der gleichen Teilhabe an den eheli-

---

[208] OLG Düsseldorf, FamRZ 1987, 162, 163.

chen Lebensverhältnissen unverändert zutrifft, aber das Vertrauen auf den allein durch die Ehe definierten Lebensstandard tatsächlich in einem nur geringeren Maße - zum Beispiel bei Aufnahme einer Teilzeit-beschäftigung - investiert wurde. Eine Abstufung des Vertrauensschutzes je nach Vertrauensinvestition würde auch der Auslegung des § 1582 Abs. 1 S. 2 Alt. 2 BGB entsprechen, der für die Schutzwürdigkeit der Haushaltsführungsehe maßgeblich herangezogen wurde. Nach dem auch in der Gewährung von Vertrauensschutz liegenden Zweck dieser Vorschrift (vgl. o. S. 38) kann eine Ehe, die weniger als 15 Jahre andauerte, als lang iSd. § 1582 Abs. 1 BGB nur im Falle einer Haushaltsführungsehe bewertet werden, mangels einer geeigneten Vertrauensinvestition nicht aber bei beiderseitiger Erwerbstätigkeit[209], so dass die Fälle dazwischen (Zuverdienerehe) wertend nach Vertrauensschutzgesichts-punkten zu entscheiden sind. Andererseits kann die in der alleinigen Haushaltsführung liegende Vertrauensinvestition durch die Übernahme der Betreuung eines oder mehrerer gemeinschaftlicher Kinder noch in der Weise verstärkt werden, dass schon wegen der Kindesbetreuung auch nach deren Beendigung (§ 1570 BGB) eine Unterhaltsbegrenzung ausscheidet.

3. Schließlich ist die in der alleinigen Haushaltsführung oder der Kindesbetreuung liegende Vertrauensinvestition dem anderen Ehegatten auch zurechenbar: Geht man mit der Austauschtheorie davon aus, dass der allein erwerbstätige Ehegatte infolge eines Überschusses seiner Ressourcen den überwiegenden Einfluss in der Ehe ausübt, so von ihm die der Vertrauensinvestition zugrundeliegende Aufgabenverteilung auch mitzuverantworten (vgl. o. S. 24).

Die Vertrauensinvestition des studierenden und des berufstätigen Ehegatten bei einer Studentenehe wird unten (S. 100 und 101) behandelt.

(b) Möglichkeit der beruflichen Wiedereingliederung als Rechtsfolgenmaßstab

Die Länge der nach den §§ 1573 Abs. 5, 1578 Abs. 1 S. 2 und 1579 Nr. 1 und 7 BGB zu bestimmenden Übergangsfrist hängt auch davon ab, in wieweit die be-

---

209 BGH, FamRZ 1983, 886, 888: Bei beiderseitiger Erwerbstätigkeit soll es bei der für die Definition der langen Ehedauer iSd. § 1582 BGB geltenden Grenze von 15 Jahren, gerechnet von der Heirat bis zur Zustellung des Scheidungsantrages bleiben; ähnlich OLG Koblenz, FamRZ 1983, 281, 282, wonach eine kinderlose Ehe, die 14 Jahre und 2 Monate andauerte, im Hinblick darauf nicht als lang gewürdigt wurde, dass die Ehefrau seit der Trennung vollzeitig erwerbstätig war und sich unter Berücksichtigung des Versorgungsausgleichs eine annähernd ausreichende Versorgung selbst erwirtschaften konnte; anders - ohne Wertung nach Vertrauensschutzgesichtspunkten -, aber auch ohne nähere Begründung das OLG Hamm, FamRZ 1982, 70, 72, das eine 14 Jahre andauernde Ehe als lang iSd. § 1582 BGB bezeichnete; erst ab 15 Jahren wird eine Ehe wertungsunabhängig als lang iSd. § 1582 Abs. 1 S. 2 Alt. 2 BGB eingestuft, vgl. BGH, NJW 1985, 1029, 1030; insoweit anders noch die amtliche Begründung zu § 1582 BGB, die insoweit eine Grenze von 20 Jahren vorschlug, vgl. BT-Drs. 7/650, S. 143.

rufliche Reintegration des unterhaltsberechtigten Ehegatten zu erwarten ist und damit auch die wirtschaftlichen Grundlagen für das Eingreifen des Grundsatzes der Eigenverantwortlichkeit gelegt sind. Mithin stellt das Vertrauensprinzip nur die äußerste Grenze für die Länge der Schonfrist auf, während das Eingreifen des Grundsatzes der Eigenverantwortlichkeit schon früher gerechtfertigt sein kann. Daher ist die Schonfrist nach der zur beruflichen Wiedereingliederung erforderlichen Zeit nur dann zu bestimmen, wenn eine derartige Eingliederung überhaupt möglich, insbesondere auch tatsächlich zu erwarten (a) und zumutbar (b) ist.

a) Ist die berufliche Reintegration nicht möglich, ist für die Schonfrist das Vertrauensprinzip maßgeblich. Die Reichweite des Vertrauensschutzes ist dann in Ermangelung anderer Kriterien am Vertrauenstatbestand auszurichten und dafür anhand der genannten wertenden Gesichtspunkte nach der Ehedauer zu bestimmen. Mit dieser Einschränkung ist es sachgerecht, bei Fehlen besonderer Umstände wie zum Beispiel eines längeren Getrenntlebens die Schonfrist unmittelbar der Ehedauer zu entnehmen[210]. Wenn dagegen der unterhaltsberechtigte Ehegatte tatsächlich bereits eine Teilzeitbeschäftigung und damit den Anschluss an das Berufsleben gefunden hat, kann der Vertrauensschutz unter dem Gesichtspunkt der Möglichkeit der beruflichen Reintegration auf eine kurze „Schonfrist" begrenzt werden[211]. Auch kann die Übergangsfrist nach der Dauer einer noch erforderlichen Maßnahme zur beruflichen Qualifizierung bemessen werden[212].

b) Die Zumutbarkeit der Erwerbstätigkeit bestimmt sich nach der Vorschrift des § 1574 Abs. 2 BGB, die auf denselben Vertrauenserwägungen beruht, die auch für die am Vertrauensschutz orientierte Auslegung des Merkmals der Ehedauer in den §§ 1573 Abs. 5, 1578 Abs. 1 S. 2, 1579 Nr. 1 und 7 BGB maßgebend sind (vgl. o. S. 39). Mithin kann auf die zu § 1574 Abs. 2 BGB ergangene Rechtsprechung zurückgegriffen werden, wenn der Vertrauensschutz anhand der Möglichkeit der beruflichen Wiedereingliederung zu bestimmen ist: Insoweit kann nur eine nach § 1574 Abs. 2 BGB zumutbare Erwerbstätigkeit erheblich sein.

---

210 So im Falle der Erwerbsunfähigkeit des unterhaltsberechtigten Ehegatten das KG, FamRZ 1992, 948, 949, und das OLG Düsseldorf, FamRZ 1992, 951f., ferner OLG Karlsruhe, FamRZ 1998, 751, 752 (Begrenzung nach § 1579 Nr. 7 bei zehnjähriger Ehe).

211 Im Fall des OLG Düsseldorf, FamRZ 1992, 1188f., auf ein Jahr bei einer einer 2 ½jährigen Ehe; vergleichbar auch das OLG Hamm, FamRZ 1987, 707f., das bei einer Doppelverdienerehe, die drei Jahre und 4 Monate hielt, den Aufstockungsunterhalt auf eine Schonfrist von 16 Monaten seit der Scheidung begrenzte und zur Begründung anführte, dass eine berufliche Umstellung des bereits berufstätigen und Unterhalt beanspruchenden Ehegatten nicht nötig sei.

212 OLG Frankfurt am Main, FamRZ 1986, 683f.: Übergangsfrist von 21 Monaten entsprach der voraussichtlichen Dauer eines Privatschulbesuchs, der erforderlich war, um die Chancen zur beruflichen Wiedereingliederung zu erhöhen.

Der in der Ehe oder der ehelichen Lebensgemeinschaft liegende Vertrauenstatbestand verhindert also nicht per se eine Unterhaltsbefristung oder -begrenzung, sondern bestimmt lediglich unter Zumutbarkeitsgesichtspunkten eine Anpassungsfrist.

5. Rechtfertigung aus dem Prinzip der nachehelichen Solidarität

Das Prinzip der nachehelichen Solidarität wird, soweit überhaupt vertreten oder als Ansatz diskutiert, hergeleitet aus dem Wesen der Ehe oder ihrer Nachwirkung.

a) Herleitung des Grundsatzes der nachehelichen Solidarität aus dem Wesen der Ehe

Das BVerfG ordnet den Grundsatz der nachehelichen Solidarität dem durch Art. 6 Abs. 1 GG geschützten Bereich zu[213]. Der Schutzbereich des Grundrechts aus Art. 6 Abs. 1 GG mag damit zwar richtig bestimmt sein. Gleichwohl ist eine derartige Ableitung zu allgemein, um aus ihr für die Praxis verwertbare Folgerungen zu ziehen.

Die Entstehungsgeschichte des Grundsatzes der nachehelichen Solidarität[214], der wohl in kirchlichen Denkschriften erstmals erwähnt wurde[215], deutet auf einen moralisch-sittlichen Ursprung hin. Aber auch insoweit sind konkrete Folgerungen nicht möglich, da es dem Grundsatz der nachehelichen Solidarität noch an vorgegebener Substanz fehlt[216]. So besteht die Gefahr, durch einen Zirkelschluss in den Grundsatz etwas hineinzulegen, was aus ihn abgeleitet werden soll[217].

Gleiches gilt für den Versuch, die nacheheliche Verantwortlichkeit allgemein aus dem Wesen der Ehe abzuleiten[218].

---

213 BVerfGE 53, 257, 296.

214 Zu ihr vgl. van Els, FamRZ 1992, 625, 627f.

215 Vgl. die Entschließung der Arbeitsgemeinschaft der katholischen deutschen Frauen zum Ehescheidungsrecht, FamRZ 1970, 76.

216 Steiner, aaO. (Fn. 173), S. 61; Henrich, Unterhalt nach der Scheidung, Betrag - Dauer - Billigkeit, S. 73.

217 van Els, FamRZ 1992, 625, 628.

218 Knöpfel, AcP 191 (1991), 107, 111.

b) Herleitung des Grundsatzes der nachehelichen Solidarität aus der Nachwirkung der Ehe

Teilweise wird die nacheheliche Solidarität schlicht als Nachwirkung der ehelichen Beistandspflicht[219] oder als Fortwirkung der personalen Verantwor-tung[220] charakterisiert.

Dieser Ansatz ist aber abzulehnen, da bei solcher Herleitung das Maß der im Rahmen des Unterhaltsrechts geschuldeten Solidarität gerade offen bleibt[221].

Soweit die Rechtsprechung dem Grundsatz der nachehelichen Solidarität anspruchsbegründende oder -erhaltende Funktion zuerkennt, erschöpfen sich die entsprechenden Aussagen in reinen Postulaten, als eine von einem nicht näher erläuterten Vorverständnis ausgehende Feststellung dessen, was an sich erst zu beweisen wäre.

Dies mag an folgenden Fällen illustriert werden:

In dem vom OLG München[222] entschiedenen Fall ging es um die Frage, ob die nach der Scheidung erfolgte Änderung der Geschlechtszugehörigkeit des unterhaltsberechtigten Ehegatten nach dem Transsexuellengesetz einen Härtegrund nach § 1579 a.F. Nr. 4 BGB darstellt.

Nachdem das Gericht die Ansicht verlautbarte, dass die §§ 1569ff. BGB vom Grundsatz der nachehelichen Solidarität ausgingen, stellte es fest, dass die Änderung der Geschlechtszugehörigkeit als solche noch keinen Härtegrund nach § 1579 Nr. 4 a.F. BGB darstelle, weil dadurch die eheliche Solidarität noch nicht gelockert werde und sie insbesondere - anders als bei einer Zuwendung zu einem anderen Partner - auch noch nicht aufgekündigt sei[223].

Dadurch, dass das Gericht seiner Entscheidung den in seinem objektiven Inhalt nicht feststehenden Begriff der nachehelichen Solidarität zugrundelegte, ist seine Entscheidung im Ergebnis weder nachvollziehbar noch kontrollierbar. Der Be-

---

219 So in der Begründung zum Regierungsentwurf des 1. EheRG 1976, BT- Drs.7/4361, S. 15, r. Sp.; Lüderitz, § 20 III 1 (Rz. 534); Klingelhöffer, Die Ehescheidung des Unternehmers, Rz. 1; Rolland/Hübmann, Familienrecht, § 1569 Rz. 1f; Schwab, Beiträge zur Familienrechtsreform, 1974, S. 28; ähnlich ders., FamRZ 1997, 521, 524, wonach die nacheheliche Solidarität bei einer Bedürftigkeit im zeitlichen Zusammenhang mit der Scheidung eingreife.

220 Langenfeld, FamRZ 1987, 9, 10; Coester, Entwicklungen im Recht der Familie und der außerehelichen Lebensgemeinschaften, S. 74; wohl auch Schwab, Beiträge zur Familienrechtsreform, S. 28 (nacheheliche Solidarität, weil Ehegatten sich mit Eheschließung in gewisser Weise gegenseitig ausliefern).

221 Diederichsen, NJW 1993, 2265, 2267; Korenke, Nachehelicher Unterhalt, S. 17,18.

222 FamRZ 1986, 171.

223 OLG München, FamRZ 1986, 171, 172.

friedigungsfunktion und der Überzeugungskraft des Urteils hätte es mehr gedient, wenn das Gericht sich auf den allgemein anerkannten Grundsatz des Übermaßverbots zurückgezogen und dazu ausgeführt hätte, dass die Härteregelung des § 1579 BGB der Einhaltung dieses Verbots dient[224] und daher voraussetzt, dass die Unterhaltsgewährung unzumutbar ist, was im vorliegenden Fall im Hinblick auf den Ausnahmecharakter der Norm, die grobe Unbilligkeit erfordert, nicht festgestellt werden kann. Der auch aus anderen Rechtsbereichen her bekannte Begriff der Unzumutbarkeit dürfte die in Betracht kommenden Fallgestaltungen leichter und besser begründbarer erfassen als der an ein moralisches Vorverständnis anknüpfende Begriff der nachehelichen Solidarität.

Mit der auch hier vorgeschlagenen Begründungskette hat das OLG Frankfurt/Main[225] den Fall gelöst, in dem die geschiedene Ehefrau, die mit ihrem neuen Freund zusammenlebte, einen Erwerbslosenunterhaltsanspruch geltend machte. Das OLG nahm bei dieser Fallgestaltung zwar im Grundsatz an, dass für den geschiedenen Ehemann die Unterhaltsgewährung im Sinne des § 1579 BGB unzumutbar sei, jedoch sei wegen der langen Ehe und der sich daraus ergebenen nachwirkenden ehelichen Solidarität ein Unterhaltsbeitrag geschuldet, der die notwendigsten Bedürfnisse abdeckt[226].

Für dieses Urteil war zwar letztlich auch der Begriff der nachehelichen Solidarität entscheidend, jedoch wurde dieser Begriff auf das objektive Merkmal der Ehedauer zurückgeführt und damit den Parteien gegenüber vermittelbar gemacht. Damit erweist aber auch dieser Fall, dass der Begriff der nachehelichen Solidarität ohne eine Bezugnahme auf andere Kriterien wertlos ist. Dementsprechend bedarf auch das im vorliegenden Fall in Bezug genommene Kriterium der Dauer der Ehe nicht der Vermittlung durch den Begriff der nachehelichen Solidarität, um einen Abwägungsansatz abzugeben. Vielmehr ist insoweit insbesondere das Vertrauensprinzip geeignet (vgl. o. S. 44). Daher ist der Begriff der nachehelichen Solidarität für sich ohne Aussagekraft. Zudem müsste die nacheheliche Solidarität im Unterhaltsrecht gegenüber demjenigen Ehegatten ausscheiden, der selbst die eheliche Solidarität nicht gewahrt hat[227]. Auch dürfte die postulierte unterhaltsrechtliche Solidarität der Eheleute im Widerspruch damit stehen, dass das neue Scheidungsrecht keinen Wert auf die Solidarität der Ehegatten legt[228].

Soweit im übrigen der Grundsatz der nachehelichen Solidarität als Formel für die Fälle verwendet wird, in denen ehebedingte Nachteile oder der Ver-

224 Häberle, FamRZ 1986, 311; OLG Frankfurt/Main, FamRZ 1987, 161, 162.
225 FamRZ 1987,161.
226 OLG Frankfurt/Main, FamRZ 1987, 161, 162.
227 Dieckmann, FamRZ 1984, 946, 950; Diederichsen, NJW 1993, 2265, 2267.
228 Diederichsen, NJW 1993, 2265, 2275.

trauensschutz[229] eine wirtschaftliche Mitverantwortung für den anderen Ehegatten auch über die Zeit nach der Ehescheidung hinaus begründen, weist der Begriff der nachehelichen Solidarität keinen eigenständigen Inhalt auf und ist daher verzichtbar[230].

6. Weitere Ansätze zur Rechtfertigung des nachehelichen Unterhalts in der Literatur

Soweit der nachehelichen Unterhaltspflicht der Zweck einer Sanktion oder eines Schadensersatzes zugeschrieben wird, ist dieser Ansatz schon damit unvereinbar, dass für einen solchen Sanktions- oder Schadensersatzcharakter die anerkannten unterhaltsrechtlichen Kriterien der Bedürftigkeit und Leistungsfähigkeit unerheblich wären[231]. Ein Sanktionscharakter wäre auch mit dem Grundsatz der Eigenverantwortung (§ 1569 BGB) unvereinbar[232]. Aus dem gleichen Grunde ist auch der Vorschlag[233] abzulehnen, den nachehelichen Unterhaltsanspruch dadurch zu rechtfertigen, dass die als Hausfrau tätige Ehefrau nach der Scheidung ein besonderes Opfer erbringt, da ihre mit der Ehe verknüpfte Identifikation verloren geht, während der Ehemann weiterhin über den Beruf seine Identifizierung findet[234].

Nicht durchführbar ist auch der Ansatz von Pawlowski[235], das Recht des Geschiedenenunterhalts an das Recht der Leistungsstörungen nach §§ 320ff. BGB anzupassen. Zum einen ist die von ihm[236] vorgenommene Gleichstellung von Ehescheidung und Unmöglichkeit fragwürdig[237]. Zum anderen sind die §§ 323ff. BGB auf personenrechtliche Dauerschuldverhältnisse (wie eine Ehe) ohnehin nicht ohne weiteres anwendbar[238].

---

229 So etwa bei Schwab, aaO. (Fn. 220), S. 28, der mit dem Verweis auf den Vertrauenstatbstand, der die nacheheliche Solidarität begründe, ein maßgebendes und griffiges Wertungskriterium nennt.

230 Henrich, in: Weyers (Hrsg.), Unterhalt nach der Scheidung, S. 73.

231 Diederichsen, NJW 1993, 2265, 2266.

232 Richter, JR 1986, 319, 320.

233 Vorgetragen von Schnapp, FamRZ 1980, 215, 217, und von Schuchmann, S. 160, 161.

234 Ablehnend auch Dieckmann, NJW 1993, 2265, 2266, sowie Schuhmacher, Diss., 62.

235 ZRP 1985, 62.

236 ZRP 1985, 62, 63.

237 Diederichsen, NJW 1993, 2265, 2272, Fn. 109.

238 Wiegmann, ZRP 1985, 64, 65.

7. Der Grundsatz der Eigenverantwortlichkeit

Wenn nach der Scheidung kein Grund dafür besteht, die nacheheliche Bedürftigkeit des einen Ehegatten vom anderen Ehegatten aufzufangen, bleibt es beim Grundsatz der Eigenverantwortlichkeit. Dieser in § 1569 BGB den Vorschriften zum Geschiedenenunterhalt vorangestellte Grundsatz besagt, dass jeder Ehegatte für seinen Lebensunterhalt selbst aufzukommen hat, also wirtschaftlich für sich selbst verantwortlich ist[239]. Nach § 1569 BGB kann der geschiedene Ehegatte nicht schon im Hinblick auf die Scheidung Unterhalt verlangen, sondern nur, wenn dem Unterhaltsbegehren in den als abschließend gedacht zu verstehenden Vorschriften der §§ 1570-1576 BGB eine besondere Rechtsgrundlage zur Seite steht. Zugleich drückt die Norm des § 1569 BGB aus, dass Unterhaltsansprüche vom Verschulden an der Zerrüttung der Ehe unabhängig sind[240]. Der Grundsatz der Eigenverantwortlichkeit rechtfertigt auch die dem bedürftigen Ehegatten in den §§ 1573 Abs. 4 und 1577 Abs. 4 BGB auferlegten Obliegenheiten[241].

III. Ergebnis

Eine Unterhaltsbefristung nach § 1573 Abs. 5 BGB oder eine Unterhaltsbegrenzung nach § 1578 Abs. 1 S. 2 BGB scheiden in dem Umfang aus, in dem ehebedingte Nachteile fortwirken. Bei der Anwendung dieser Vorschriften ist daher unter dem Gesichtspunkt des Kompensationsprinzips sicherzustellen, dass durch den nachehelichen Unterhalt zumindest die ehebedingten Nachteile wertmäßig ausgeglichen werden.

Das Vertrauensschutzprinzip greift zum einen bei Vorliegen ehebedingter Nachteile ein und regelt unter Vertrauensschutzgesichtspunkten insoweit die Länge der Anpassungsfrist nach §§ 1573 Abs. 5, 1578 Abs. 1 S. 2 BGB. So ist der Vertrauensschutz darauf auszurichten, ab wann es dem unterhaltsbedürftigen Ehegatten zumutbar ist, wieder ganz für sich selbst verantwortlich (§ 1573 Abs. 5 BGB) oder auf seinen vorehelichen Lebensstandard verwiesen zu sein (§ 1578 Abs. 1 S. 2 BGB). Dabei legt das Erfordernis der Kompensation der ehebedingten Nachteile nur die Untergrenze der Anpassungsfrist fest, während der Vertrauensschutz unter dem Postulat der Zumutbarkeit eine darüber hinausgehende Frist verlangen kann. Auch ohne Vorliegen ehebedingter Nachteile ist daher der Gedanke des Vertrauensschutzes maßgebend für die Länge der Anpassungsfrist nach den §§ 1573 Abs. 5, 1578 Abs. 1 S. 2 BGB.

---

239 Steiner, aaO. (Fn. 173), S. 52.

240 MünchKomm/Richter, BGB, § 1569 Rz. 1.

241 Ders. (Fn. 240), Rz. 3.

Schließlich können auch das Teilhabe- und das Gegenseitigkeitsprinzip für eine bestimmte Zeit oder auf Dauer der Unterhaltsbegrenzung bzw. -befristung entgegenstehen.

Andere Prinzipien sind dagegen im Rahmen der §§ 1573 Abs. 5, 1578 Abs. 1 S. 2, 1579 Nr. 1 BGB unbrauchbar.

Mithin kann bei der Prüfung der Billigkeit oder der groben Unbilligkeit im Sinne der §§ 1573 Abs. 5, 1578 Abs. 1 S. 1, 1579 Nr. 1 BGB auf bestimmte Prinzipien zurückgegriffen werden, deren Berücksichtigung in allen Fällen einer zeitlichen Begrenzung des Geschiedenenunterhalts der Rechtseinheit und der Voraussehbarkeit gerichtlicher Wertung und damit letztlich der Rechtsstaat-lichkeit der Entscheidungsfindung dient. Dabei darf die Prinzipiensuche jedoch nicht darüber hinwegtäuschen, dass der Gesetzgeber mit dem Billigkeitskriterium gerade auch eine Einzelfallprüfung vorgesehen hat, deren Ergebnis sich wesensgemäß einer generalisierenden Betrachtung entziehen kann. So sind als besondere Umstände des Einzelfalls zum Beispiel zu berücksichtigen[242]:

- Alter und Gesundheitszustand des Unterhaltsberechtigten[243],

- ein besonderer Einsatz des Unterhaltsberechtigten für den anderen Ehegatten während der Ehe[244],

- nicht aber die Vermögensverhältnisse des Unterhaltsverpflichteten, weil sonst die Unterhaltsbegrenzung, die von vornherein nur bei einer Einkommensdifferenz der Ehegatten in Betracht kommt, kaum anwendbar wäre[245].

---

242 Vgl. die umfangreiche Aufzählung bei Kalthoener/Büttner, Die Rechtsprechung zur Höhe des Unterhalts, Rz. 1035, sowie bei Brudermüller, FamRZ 1998, 649, 655, mwN. zur Rechtsprechung.

243 Richter, JR 319, 320.

244 Peschel-Gutzeit, MDR 1986, 455, 456.

245 MünchKomm/Richter, BGB, § 1578 Rz. 11.

Zweiter Teil: Bildung von Fallgruppen und Darstellung der maßgebenden Wertungsgesichtspunkte

Die Ehegatten sind bei der Ausgestaltung ihrer Ehe autonom und keinen gesetzlichen Vorgaben unterworfen. Ihnen wird das Definitionsmonopol darüber zugestanden, was zur ehelichen Lebensgemeinschaft gehört[246]. Daher entziehen sich die in Betracht kommenden und verwirklichten Ehetypen einer abschließenden Aufzählung oder gar Erfassung.

In unterhaltsrechtlicher Hinsicht wäre es ein denkbarer Weg gewesen, für die einzelnen Ehetypen - wenn auch in pauschalierender Weise - spezifische Unterhaltsregelungen zu treffen[247]. Das Gesetz weist zwar in den §§ 1360, 1356 BGB auf zwei Ehetypen hin, zum einem auf die Ehe, in der dem nicht erwerbstätigen Ehegatten die Haushaltsführung übertragen ist („Haushaltsführungsehe"), zum anderen auf die Ehe, in der beide Ehegatten erwerbstätig sind[248]. An diese Ehetypen werden jedoch keine spezifischen Unterhaltsfolgen geknüpft. Der Lösungsansatz des Gesetzgebers zielt vielmehr darauf ab, unterhaltsrechtliche Bedürfnislagen, die in - wie auch immer definierter - Verbindung mit der Ehe stehen, zu erfassen und daran die Unterhaltspflicht zu knüpfen. Verkürzt gesagt verbindet der Gesetzgeber die Unterhaltspflicht nicht mit dem Ehetyp als solchen, sondern mit seinen Folgen und versucht, dadurch der Vielgestaltigkeit des Ehelebens gerecht zu werden.

Vor dem UÄndG 1986 war die Ansicht vertretbar, dass dieser Lösungsansatz des Gesetzgebers, der die Hausfrauenehe und die Doppelverdienerehe gleich behandelt, die soziale Wirklichkeit verfehlte und ungerechtfertigt Unterhaltsknechtschaften[249] produzierte. Als Ausgleich für die unterschiedliche Richtigkeitsgewähr der gesetzlichen Regelung je nach Ehetyp bot es sich dann an, durch Unterhaltsverträge (§ 1585c BGB) für die Zeit nach der Scheidung Vorsorge zu treffen[250]. Dies war nicht nur legitim, sondern sachgerecht und geboten, da das Unterhaltsrecht des 1. EheRG 1976 in erster Linie auf die Haushaltsführungsehe zugeschnitten war und schon bei der Zuverdiener- und erst recht bei der Doppelverdienerehe immer weniger passte[251].

---

246 BVerfGE 6, 55, 81f.; Gernhuber, Eherecht und Ehetypen, S. 12.

247 So der Vorschlag von Dieckmann, FS für Bosch, S. 131; Knöpfel, AcP 191 (1991), S. 107, 112.

248 Knöpfel, AcP 191 (1991), 107, 112.

249 So Deubner, ZRP 1972, 153.

250 Langenfeld, DNotZ-Sonderheft 1985, 167, 170.

251 Ders. ebd. (Fn. 250), S. 168, 170.

Mit dem UÄndG 1986 ist insofern eine Regelungslücke geschlossen worden, als der primären Ausrichtung des Unterhaltsrechts auf die Haushaltsführungsehe in der Weise Rechnung getragen werden kann, dass bei anderen Ehetypen dem geringeren Passensgrad der Unterhaltstatbestände entsprechend die Möglichkeit einer Unterhaltsmodifikation nach den §§ 1573 Abs. 5, 1578 Abs. 1 S. 2, 1579 Nr. 1 und Nr. 7 BGB verstärkt genutzt wird. Daher kommt auch für die Fallgruppenbildung im vorliegenden Zusammenhang die für die Unterhaltsverträge nach § 1585c BGB vorgeschlagene[252] Differenzierung insbesondere nach der Hausfrauen-, der Zuverdiener-, der Doppelverdiener-, der Divergenz- und Mitarbeitsehe in Betracht. Dafür soll zunächst der methodische Rahmen geklärt werden.

252 So etwa von Langenfeld, FamRZ 1987, 9, 11, 12, ohne die Mitarbeitsehe zu nennen, die aber Gernhuber, Eherecht und Ehetypen, S. 5, als besonderen Ehetyp bezeichnet.

A. Die Methode der Typenbildung im Recht

Die Typenbildung im Recht steht im Zusammenhang mit der typologischen Auslegung, von deren Überzeugungskraft sie wesentlich mitbestimmt wird. Die typologische Auslegung kommt in zwei Varianten vor, die unterschiedlichen Zwecken dienen und deren methodischen Richtigkeit getrennt zu beurteilen ist.

Zum einen knüpft sie an eine typologische Abfassung des Gesetzes an, die dadurch gekennzeichnet sein soll, dass die Zuordnung eines Sachverhalts zu diesem Begriff nicht von dem Vorliegen genau bestimmter Merkmale abhängt, sondern auf der Würdigung beruht, dass das Gesamtbild des Sachverhalts die mit dem Typus verknüpfte Rechtsfolge als angemessen erscheinen lässt[253].

Zum anderen kann selbst für die Auslegung eines klassischen Begriffs im Tatbestand einer Norm typologisches Denken herangezogen werden, dann nämlich, wenn die Begriffsdefinition und -anwendung allein nicht klärt, ob der Sachverhalt dem Tatbestand entspricht. In diesem Fall kann ein Vergleich mit dem vom Tatbestand in erster Linie ins Auge gefassten Sachverhalt, dem Normaltypus, bei der Zuordnung helfen[254].

Die angekündigte Bildung von Ehetypen entspricht unmittelbar keiner Variante der typologischen Auslegung, weil es hier nicht darum geht, durch Auslegung bestimmte Ehetypen aus dem Anwendungsbereich des Geschiedenenunterhalts auszuscheiden: Dass selbst bei einer Doppelverdienerehe der Geschiedenenunterhalt in Betracht kommt, folgt schon daraus, dass sonst die vom Gesetz vorgesehene zeitliche Begrenzung des nachehelichen Unterhalts gegenstandslos wäre. Daher kommt es im vorliegenden Zusammenhang auf die Kritik[255] an der typologischen Auslegung der ersten Variante nicht an.

Erst eine rechtsfolgenorientierte Betrachtung zeigt die Bedeutung typologischen Denkens für die Typenbildung. Dem typologischen Ansatz entspricht es - zumindest[256] - im Grundsatz, die Intensität der Rechtsfolge von der Schärfe der im zu beurteilenden Lebenssachverhalt verwirklichten Typusbildung abhän-

---

253 Pawlowski, Methodenlehre für Juristen, Rz. 147; Larenz/Canaris, Methodenlehre der Rechtswissenschaft, S. 43.

254 Bydlinski, S. 548.

255 Zu ihr vergleiche Bydlinski, S. 546-548; Koch/Rüßmann, S. 76, und Kuhlen, S. 66: Die typologische Auslegung sei wegen der anerkannten teleologischen Auslegung überflüssig; auch mache die moderne Begriffsformenlehre, die abstufbare Merkmale kenne, ein Denken in Typen entbehrlich.

256 Nach Leenen, S. 136, 138 und 191, findet die rein typologische Denkweise ihre Grenze im Hinzutreten einer sekundären Wertung, die in den Gesichtspunkten der sicheren Anwendbarkeit der Norm und der Rechtssicherheit, Praktikabilität und Ordnungsfunktion des Rechts zu finden sei. Daher treffe die These der Abhängigkeit zwischen Typus und einer im Grad abstufbaren Rechtsfolge nur im Grundsatz zu.

gig zu machen[257], also im vorliegend zu untersuchenden Zusammenhang die Befristung des Geschiedenenunterhalts je nach Ehetyp abzustufen. Der der rein typologischen Betrachtungsweise möglicherweise entgegenstehende Gesichtspunkt einer über den Typusgedanken hinausgehenden und ihn begrenzenden Wertung des Gesetzes - wie die Ordnungsfunktion des Rechts und die Rechtssicherheit[258] - ist im Bereich des Geschiedenenunterhalts nicht einschlägig, da die Fassung der §§ 1573 Abs. 5, 1578 Abs. 1 S. 2, 1579 Nr. 1 und Nr. 7 BGB eine je nach Ehetyp abgestufte Rechtsfolge zulässt, etwa durch eine verschieden lange Unterhaltsbefristung nach diesen Normen und darüber hinaus durch eine Unterhaltsherabsetzung nach § 1579 Nr. 1 BGB. Insgesamt kann daher typologisches Denken - auch unter Heranziehung der ersten beiden Varianten - für die Ziele der Schrift nutzbar gemacht werden, weil die vorgeschlagene Bildung von Ehetypen nach Zweck und Methode auf folgende Weise mit der typologischen Auslegung parallel läuft:

Wenn auch die Ehetypen realen Erscheinungsformen des Lebens entnommen[259] und nicht künstlich im Hinblick auf den Geschiedenenunterhalt verfasst sind, so entsprechen sie doch der typologischen Auslegung dadurch, dass sie wie bei ihr auf den gesetzgeberischen Wertgesichtspunkt ausgerichtet sind und daher eine Typenreihe insofern bilden, als dieser Wertaspekt auf die Haushaltsführungsehe in erster Linie und auf die Doppelverdienerehe am wenigsten zutrifft (vgl. o. S. 64).

Entscheidend ist jedoch die Identität in der Zwecksetzung bei der typologischen Auslegung und bei der Bildung von Ehetypen im vorliegenden Zusammenhang: Die typologische Auslegung zielt auf die Frage nach der Restriktion des Gesetzes für spezifische Fallgruppen, bei denen „bestimmte graduelle oder qualitative Abweichungen von einem Grundtypus die Norm billigerweise unanwendbar machen“[260]. Diese Suche der typologischen Auslegung nach einer Einschränkung des Anwendungsbereichs einer Norm für bestimmte Fallgruppen im Hinblick darauf, dass insoweit die ratio legis verfehlt wird, fällt mit dem vom Gesetzgeber in den §§ 1573 Abs. 5, 1578 Abs. 1 S. 2, 1579 Nr. 1 BGB konkret angelegten Problem einer zeitlichen Beschränkung des Geschiedenenunterhalts aus Gründen der Billigkeit bzw. der groben Unbilligkeit zusammen: Auch für diese Beschränkung ist maßgebend, ob und in wieweit die dem Geschiedenenunterhalt zugrunde liegenden Prinzipien für die jeweilige Fallgruppe einschlägig sind (vgl. o. 1. T.).

Darüber hinaus hat der typologische Ansatz eine besondere Bedeutung für den in Aussicht gestellten 4. Teil der Schrift, der sich damit beschäftigt, wie

---

[257] Leenen, S. 136.
[258] Leenen, S. 136, 138, 191.
[259] Gernhuber, Eherecht und Ehetypen, S. 5.
[260] Zippelius, § 11 II b (S. 63).

die sich aus der Fallgruppenbildung ergebenden rechtsdogmatischen Erkenntnisse gesetzgebungstechnisch zu berücksichtigen sind: Indem die Rechtsprechung - über den Einzelfall hinaus verallgemeinerungsfähig - bestimmte Sachverhalte aus dem Anwendungsbereich einer nach ihrem maßgebenden Wertaspekt zu weit gefassten Norm ausscheidet, bereitet sie in typologischer Lesart für den Gesetzgeber eine weitere Differenzierung des Gesetzes vor[261]. Insofern geht es auch im vorliegenden Zusammenhang um die Prüfung, ob die Aussagen der Rechtsprechung zu der jeweils gebildeten Fallgruppe deren gesetzgebungstechnische Kategorisierung zulässt.

Daher ergeben sich aus dem typologischen Ansatz für die folgende Fallgruppenbildung Anforderungen in dreifacher Hinsicht:

1. Der entscheidenden Ausrichtung einer Typenreihe auf den Wertaspekt des Gesetzgebers ist bereits dadurch entsprochen, dass dieser bei der Regelung des Geschiedenenunterhalts in erster Linie die durch die Einverdienerehe hervorgerufenen Bedürfnislagen ins Auge fasste, die im zunehmenden Maße bei der Zuverdiener- und Doppelverdienerehe sowie bei der kurzen Ehe entfallen (vgl. o. S. 63).

2. Die zweite Anforderung des typologischen Ansatzes geht dahin, dass die Fallgruppenbildung ermöglicht, in allgemeiner Weise der wegen Verfehlens des Normzwecks gebotenen Restriktion des Gesetzes abgestuft Rechnung zu tragen. Zu zeigen, ob und auf welche Weise dieses Erfordernis durch die aufgestellten Fallgruppen erfüllt ist, ist Aufgabe dieses 2. Teils der Schrift.

3. Der Frage nach einer normtechnischen Umsetzung der durch die Fallgruppenbildung gewonnenen Ergebnisse wird im 4. Teil der Schrift nachgegangen.

---

261 Zippelius, § 11 II b (S. 69).

B. Die Bildung von Ehetypen

Für die Bestimmung der Höhe des nachehelichen Unterhalts kommt es nach § 1578 Abs. 1 S. 1 BGB grundsätzlich auf den ehelichen Lebensstandard zum Zeitpunkt der Scheidung an[262], weil § 1578 Abs. 1 S. 1 BGB von den „ehelichen" Lebensverhältnissen spricht und die damit in Bezug genommene Ehe erst mit Rechtskraft der Scheidung aufgelöst ist (§ 1564 S. 2 BGB).

Diese ehelichen Lebensverhältnisse können durch das Einkommen beider Ehegatten oder nur eines Ehegatten geprägt und damit für § 1578 Abs. 1 S. 1 BGB definiert werden. Mit dem Begriff der Alleinverdienerehe wird in diesem Zusammenhang der letztere Fall und mit dem Begriff der Doppelverdienerehe der erstere Fall verstanden.

Für die Unterhaltsmodifikation nach den §§ 1573 Abs. 5, 1578 Abs. 1 S. 2, 1579 Nr. 1 und Nr. 7 BGB ist diese sich am Maßstab des § 1578 Abs. 1 S. 1 BGB orientierende Unterscheidung jedoch insoweit unbrauchbar, als die nach ihr maßgebende Beteiligung der Ehegatten an den ehelichen Lebensverhältnissen gerade im Scheidungszeitpunkt keine Aussage darüber trifft, wie die Ehe während der gesamten Zeit ihres Bestehens ausgestaltet wurde. Die an der Vorschrift des § 1578 Abs. 1 S. 1 BGB ausgerichtete Bildung von Ehetypen ermöglicht also nur eine statische Betrachtung der Ausgestaltung der ehelichen Lebensgemeinschaft. Der damit insoweit offenbleibenden Frage, welche Ergebnisse der hier entwickelte Maßstab zur Unterhaltsmodifikation (vgl. o. S. 60) bei einer Betrachtung des Eheverlaufs liefert, wird sub D, S. 89ff., nachgegangen. Für die statische Betrachtung ergibt sich folgende Begriffsbildung:

Bei einer kurzen Ehedauer ist die lebenslange Versorgung eines Ehegatten nach dem Maßstab der ehelichen Lebensverhältnisse besonders legitimationsbedürftig, weil hier typischerweise weder das Vertrauensprinzip noch das Kompensationsprinzip eingreift. Diese Sonderstellung rechtfertigt es, die kurze Ehe unabhängig von der Ausgestaltung der ehelichen Lebensgemeinschaft einer besonderen Fallgruppe zuzuweisen.

Haben beide Ehegatten während der Ehe zum Familieneinkommen durch Erwerbstätigkeit beigetragen, so ist grundsätzlich von einer Doppelverdienerehe auszugehen. Wenn jedoch ein Ehegatte nur teilzeitbeschäftigt war, wird von einer Zuverdienerehe gesprochen[263].

Die Ehetypen sollen zunächst in statischer Betrachtung erörtert werden (C), um dann auch eine auf den Eheverlauf bezogene Sichtweise zu ermöglichen (D).

---

262 BGH, FamRZ 1980, 770 (std. Rspr.).

263 Vgl. Palandt/Brudermüller, BGB, § 1360, Rz. 8-12.

C. Die Ehetypen in statischer Betrachtung

I. Die Alleinverdienerehe

Das mit dem UÄndG 1986 eingefügte Billigkeitskorrektiv der §§ 1573 Abs. 5, 1578 Abs. 1 S. 2 BGB sollte dem Umstand Rechnung tragen, dass die durch das 1. EheRG 1976 eingeführten Unterhaltsansprüche in erster Linie auf die Haushaltsführungsehe zugeschnitten sind und sich daher bei anderen Ehemodellen als unbillig, weil nicht gerechtfertigt erweisen können. Hier sollte das UÄndG 1986 die Erkenntnis, dass eine Norm das von ihr vorausgesetzte soziale Modell verfehlt, dadurch umsetzen, dass bei unveränderter Anwendung der Norm im übrigen ihre Rechtsfolgen begrenzt werden.

Die Alleinverdienerehe stellte demgegenüber gerade das vom 1. EheRG 1976 vorausgesetzte soziale Modell dar, da sie mit dem Verzicht auf Erwerbstätigkeit während der Ehe durch einen Ehegatten typischerweise Bedürfnislagen hervor, die mit der Ehe in Verbindung stehen: Selbst wenn eine Wiedereingliederung des nicht berufstätigen Ehegatten in das Erwerbsleben möglich erscheint, ist bei der Bemessung der Wiedereingliederungsfrist zu berücksichtigen, dass die Aufnahme einer Erwerbstätigkeit je nach Dauer des beruflichen Aussetzens durch den Verlust von beruflichen Erfahrungen und Fähigkeiten und der Entfremdung gegenüber dem Bereich der Erwerbstätigkeit erschwert wird[264].

Gleichwohl sind auch hinsichtlich dieses Ehetyps die durch das 1. EheRG geschaffenen Unterhaltsansprüche nicht in jedem Einzelfall vollauf gerechtfertigt, wenn man die im ersten Teil dargestellten Kriterien zugrundegelegt: Die Prinzipien der Teilhabe und der Gegenseitigkeit können als Rechtfertigung für den nachehelichen Unterhalt versagen, wenn der nicht erwerbstätige Ehegatte während einer kinderlosen Ehe lediglich den gemeinsamen Haushalt führte und diese Aufgabe nach der Scheidung wegfällt. Das wegen des Ressourcenunterschiedes naheliegende Kompensationsprinzip kann zum Beispiel insoweit nicht eingreifen, als ehebedingte Nachteile fehlen oder bereits durch die bisherige Unterhaltszahlung ausgeglichen sind.

Zum Beispiel ist auf den Fall des OLG Hamm hinzuweisen, wo die Ehefrau während der Ehe berufsunfähig geworden ist und bis zur Erkrankung berufstätig war. Da hier die Bedürftigkeit nicht an der Arbeitsteilung während der 9 Jahre dauernden Ehe lag, war das Kompensationsprinzip nicht einschlägig. Der Unterhalt wegen Krankheit (§ 1572 BGB) konnte daher - jedenfalls nach 14 Jahren voller

264 Familie und Arbeitswelt, S. 253.

Unterhaltszahlung im Anschluß an die Ehescheidung - nach § 1578 Abs. 1 S. 2 BGB auf den angemessenen Unterhalt begrenzt werden[265].

Das Vertrauensprinzip kann mangels entsprechenden Vertrauenstatbestandes bei einer relativ kurzen Ehe gegen eine dauerhafte Lebensstandardgarantie im Sinne des § 1578 Abs. 1 S. 1 BGB sprechen. Die besonders schutzwürdige Vertrauensinvestition, die eine Einverdienerehe mit dem Verzicht auf Erwerbstätigkeit und wirtschaftliche Selbständigkeit eines Ehegatten im Regelfall kennzeichnet, kann im Einzelfall fehlen, wenn ein Ehegatte aus der Ehe nicht zurechenbaren Gründen keine Erwerbstätigkeit ausübt. Daraus ergibt sich, dass auch bei der vom Gesetzgeber des 1. EheRG 1976 in erster Linie ins Auge gefassten Alleinverdienerehe eine Unterhaltsmodifikation notwendig sein kann. Dadurch erfährt das Billigkeitskorrektiv des UÄndG 1986 eine Erweiterung des Anwendungsbereichs in rechtstechnischer Hinsicht, die nicht nur dem Verfehlen des anvisierten sozialen Gefüges Rechnung trägt, sondern auch den unwägbaren Einzelheiten des Einzelfalls.

Zusammenfassend können folgende Besonderheiten der Einverdienerehe hervorgehoben werden:

- das Kompensationsprinzip ist einschlägig wegen des Ressourcenunterschiedes der Ehegatten,
- der Verzicht eines Ehegatten auf Erwerbstätigkeit stellt eine besondere Vertrauensinvestition dar, die dem anderen Ehegatten wegen des Ressourcenunterschiedes auch zurechenbar ist und nach der gesetzlichen Wertung in den §§ 1360 S. 2, 1606 Abs. 3 S. 2 BGB sowie in den §§ 1573 Abs. 5 und 1578 Abs. 1 S. 2 BGB auch schutzwürdig ist und
- die Schwierigkeiten der beruflichen Wiedereingliederung des haushaltsführenden Ehegatten.

II. Die Zuverdienerehe

1. Ihre Bedeutung für die praktische Rechtsanwendung

Bei der Zuverdienerehe erleidet der Ehegatte, der während der Ehe immerhin teilzeitbeschäftigt war, im Allgemeinen weniger ehebedingte Nachteile als bei einer Alleinverdienerehe.

---

[265] OLG Hamm, FamRZ 1998, 295, 296; ähnlich für den Fall des Unterhalts wegen Krankheit auch OLG Hamburg, FamRZ 1998, 294; OLG Hamm, FamRZ 1998, 293f.

In dem vom OLG Düsseldorf hierzu entschiedenen Fall[266] war die unterhaltsbedürftige Ehefrau während der 8 Jahre andauernden Ehe durchgehend teilzeitbeschäftigt gewesen. Ein Jahr nach der Scheidung wurde sie voll erwerbsunfähig.

Das OLG gewährte ihr für die Zeit bis zur Erwerbsunfähigkeit einen Aufstockungsunterhalt (§ 1573 Abs. 2 BGB) und lehnte im Hinblick auf die Dauer der Ehe eine Unterhaltsbegrenzung nach § 1573 Abs. 5 BGB ab, zumal der Aufstockungsunterhalt relativ gering sei[267].

Berücksichtigt man, dass im Rahmen des § 1573 Abs. 5 BGB ein sofortiger Unterhaltsausschluss ausscheidet, also auf jeden Fall eine Übergangsfrist zu setzen ist[268], so ist die Ablehnung einer weiteren Befristung nach § 1573 Abs. 5 BGB unmittelbar einleuchtend.

Den Erwerbsunfähigkeitsunterhalt nach § 1572 Nr. 4 BGB begrenzte das OLG Düsseldorf jedoch nach einer Frist von 8 Jahren gem. § 1578 Abs. 1 S. 2 BGB auf den angemessenen Unterhalt, weil anderenfalls der Ehemann der geschiedenen Ehefrau einen Lebensunterhalt und -standard sichern müsste, den sie allein nie erreichen könnte. Bei der Frist von 8 Jahren knüpfte das OLG an die entsprechende Ehedauer an[269].

Diesem Ansatz ist im Hinblick darauf zuzustimmen, dass der Maßstab der ehelichen Lebensverhältnisse nach § 1578 Abs. 1 S. 1 BGB nur durch das Vertrauensprinzip gerechtfertigt sein kann und der daher ausschlaggebende Vertrauenstatbestand in der ehelichen Lebensgemeinschaft liegt und in ihr seine Voraussetzungen und zeitlichen Grenzen findet (vgl. o. S. 55). Da die Ehefrau immerhin teilzeitbeschäftigt und in diesem Umfang auch eine eigene Lebensstellung gewahrt war, war ihre im Verzicht auf eine Vollzeittätigkeit liegende Vertrauensinvestition auch nicht so umfassend und schutzwürdig wie bei einer Einverdienerehe und steht daher einer Verweisung auf den eigenen Lebensstandard auch nicht entgegen.

Eine kürzere Bemessung der Frist nach der zur beruflichen Reintegration der Ehefrau erforderlichen Zeit schied wegen ihrer Erwerbsunfähigkeit aus (vgl. o. S. 55, Fn. 210).

Zwei weitere vom OLG Düsseldorf entschiedene Fälle geben ein Beispiel dafür ab, dass auch bei einer Teilzeitbeschäftigung während der Ehe ehebedingte Nachteile mit der Folge fehlen können, dass die innere Rechtfertigung für einen lebenslangen Aufstockungsunterhalt fehlt.

---

266 FamRZ 1992, 951.

267 FamRZ 1992, 951, 952.

268 Vgl. die Nachweise zum Streitstand im Teil 1, A, Fn. 174.

269 OLG Düsseldorf, FamRZ 1992, 951, 952.

In dem einem Fall[270] betrug die Ehedauer 8 ½ Jahre; die nur teilzeitbeschäftigte Ehefrau betreute während der Ehe den gemeinschaftlichen Sohn und fand erst nach der Scheidung eine Vollzeitstelle.

Das OLG leitete den Unterhaltsanspruch aus § 1573 Abs. 2 BGB her und begrenzte ihn gem. § 1573 Abs. 5 BGB[271].

Entscheidend hierfür war, dass die Ehefrau keine ehebedingten Nachteile in ihrer beruflichen Entwicklung erlitten habe; denn bei Aufnahme der Vollzeitbeschäftigung sei sie erst 30 Jahre alt gewesen. Die gewisse Zeit nach der Scheidung aufgetretenen gesundheitlichen Beeinträchtigungen der Ehefrau seien unterhaltsrechtlich unbeachtlich, weil sie zu den maßgebenden Einsatzzeitpunkten (vgl. §§ 1571. 1572 BGB) jedenfalls noch nicht vorhanden gewesen seien[272].

Dieser Fall zeigt, dass die Möglichkeit, eine Teilzeitbeschäftigung in eine Vollzeitbeschäftigung nach der Scheidung auszubauen und damit einen eheunabhängigen Lebensstandard zu begründen, die Zuverdienerehe unterhaltsrechtlich grundlegend von der Alleinverdienerehe unterscheidet.

Diese Erkenntnis liegt auch dem Fall zugrunde, in dem die Ehefrau während einer gut 7 Jahre andauernden Ehe als Halbtagskraft arbeitete. Das OLG Düsseldorf befristete den Aufstockungsunterhalt gem. § 1573 Abs. 5 BGB auf 7 Jahre nach der Scheidung. Zur Begründung führte das OLG aus[273], dass die Ehefrau dann im wesentlichen so stünde, als hätte sie ihren Ehemann nicht geheiratet; durch die in absehbarer Zeit denkbare Ausweitung ihrer Halbtagstätigkeit würde die Ehefrau den Lebensstandard erreichen, der bei ihrer Ausbildung überhaupt möglich ist.

Dass die Ehefrau in einer Zuverdienerehe im Hinblick auf ihr eigenes Einkommen tendenziell weniger schutzwürdig und -bedürftig ist, war letztlich auch die tragende Erwägung in dem vom KG[274] entschiedenen Fall:

Die kinderlose Ehe dauerte 6 ½ Jahre; die unterhaltsbedürftige Ehefrau war bis 13 Monate vor Zustellung des Scheidungsantrages als Verkäuferin tätig. Danach war die Ehefrau wegen einer Krankheit nur zu einer Teilzeitarbeit im Rahmen von Rehabilitierungsmaßnahmen fähig.

---

270 OLG Düsseldorf, FamRZ 1994, 756.

271 FamRZ 1994, 756, 757.

272 FamRZ 1994, 756, 757; vergleichbar etwa mit OLG Koblenz, FamRZ 1987, 160, 161: Ehedauer 5 ½ Jahre; während der Ehe war die Ehefrau als Halbtagskraft beschäftigt; der Aufstockungsunterhalt wurde auf ein Jahr nach der Scheidung gem. § 1573 Abs. 5 BGB befristet: Danach habe die Ehefrau genügend Zeit, um sich auf die neue Lage einzustellen.

273 OLG Düsseldorf, FamRZ 1996, 1416, 1417.

274 KG, FamRZ 1992, 948.

In Höhe der Differenz ihres Einkommens zu dem aus einer Vollerwerbstätigkeit erzielbarem Gehalt stand der Klägerin ein Unterhaltsanspruch aus § 1572 Nr. 1 BGB zu[275]. Im übrigen wurde der Ehefrau ein Aufstockungsunterhalt gem. § 1573 Abs. 2 BGB gewährt. Dieser wurde jedoch gem. § 1573 Abs. 5 BGB mit folgender Begründung begrenzt: Die gesundheitliche Beeinträchtigung sei nicht ehebedingt und die Ehefrau habe mit dem sich aus § 1572 BGB ergebenden Anspruch ein ausreichendes Einkommen (in casu von 2.300,- DM netto)[276].

Da die Ehefrau mit diesem Einkommen von 2.300,- DM so stand wie im Rahmen ihrer Tätigkeit als Verkäuferin vor der Ehe, stellte sich hier nicht die Frage einer weiteren Unterhaltsbegrenzung nach § 1578 Abs. 1 S. 2 BGB auf den vorehelichen Lebensstandard.

Während die Haushaltsführungsehe mit der Aufgabe oder dem Nichtergreifen eines Berufs im Allgemeinen ehebedingte Nachteile mit sich bringt, ohne dass der hypothetische Verlauf der beruflichen Entwicklung ohne die Ehe ermittelt werden kann[277], können bei einer Zuverdienerehe die Nachteile eher eindeutig umrissen werden, weil der ausgeübte Beruf des unterhaltsbedürftigen Ehegatten die Möglichkeiten und Grenzen seiner beruflichen Entfaltungsmöglichkeiten aufzeigt[278].

Einem Urteil des OLG Düsseldorf[279] lag etwa folgender Sachverhalt zugrunde:

In ihrer ersten Ehe mit einem anderen Ehemann war die unterhaltsbedürftige Ehefrau nur als Hausfrau tätig und zog die Kinder aus der ersten Ehe groß.

Nach Scheidung dieser Ehe verzichtete die Ehefrau auf Unterhaltsansprüche gegen ihren damaligen Ehegatten und arbeitete erstmals im Lebensalter von 35 Jahren als Verkäuferin für drei Tage in der Woche. In ihrem erlernten Beruf als Friseurin war sie seit 25 Jahren nicht mehr tätig.

Im Zeitpunkt ihrer zweiten Heirat war sie arbeitslos, während ihr zweiter Ehemann als Bankkaufmann beruflich tätig war.

Als diese Ehe nach 5 ½ Jahren geschieden wurde, wurde der Ehefrau nach Ablauf einer Schonfrist, die der Ehedauer entsprach, der Aufstockungsunterhalt gem. § 1573 Abs. 5

---

275 KG, FamRZ 1992, 948, 949.

276 Ähnlich OLG Hamm, FamRZ 1998, 292, 293 (nur teilschichtige Erwerbstätigkeit der Ehefrau wegen gesundheitlicher Beeinträchtigung; Schonfrist von drei Jahren bei neunjähriger Ehedauer gem. § 1578 Abs. 1 S. 2 BGB).

277 Da sich die (berufliche) Entwicklung ohne die Ehe in vielen Fällen nicht nachzeichnen lässt, wird die eheunabhängige Lebensstellung insoweit als ein für § 1578 Abs. 1 S. 2 BGB ungeeigneter Anknüpfungspunkt angesehen, so etwa von MünchKomm/Richter, BGB, § 1578 Rz. 12.

278 BGH, FamRZ 1990, 492, 494.

279 OLG Düsseldorf, FamRZ 1988, 838.

BGB versagt, weil es an der inneren Rechtfertigung für den lebenslangen Aufstockungsunterhalt fehle[280].

Dem ist zuzustimmen, da der entscheidende ehebedingte Nachteil in der ersten Ehe, einer Alleinverdienerehe, begründet wurde.

Im Hinblick darauf, dass die unterhaltsbedürftige Ehefrau ihren eigentlichen Beruf als Friseurin zum Zeitpunkt ihrer zweiten Heirat bereits seit über 25 Jahren nicht mehr ausgeübt hatte und ihre entsprechende Ausbildung also wertlos geworden war, scheidet sie als Maßstab für das Kompensationsprinzip aus. Als Maßstab für den nachehelichen Unterhalt bleibt lediglich die Teilzeittätigkeit der Ehefrau als Verkäuferin übrig; insoweit sind jedoch ehebedingte Nachteile nicht erkennbar.

Lag in diesem Fall des OLG Düsseldorf das Fehlen eines ehebedingten Nachteils auf der Hand, so konnte in einem vom BGH[281] entschiedenen Fall der ehebedingte Nachteil eindeutig nachgewiesen werden.

Die unterhaltsbedürftige Ehefrau übte den Beruf einer Krankenschwester, den sie zu Anfang der Ehe erlernte, während der Ehe, in der sie zwei Kinder betreute, nur als Teilzeitkraft und nur in Randbereichen (als Gemeindeschwester) aus.

Der BGH sah den ehebedingten Nachteil darin, dass die Ehefrau ohne die Ehe, die zur Verminderung ihrer beruflichen Tätigkeit führte, von der Stations- zur Oberschwester aufgestiegen wäre, und lehnte deshalb und wegen der Kindesbetreuung bei der 13 ½ Jahre andauernden Ehe eine Unterhaltsbegrenzung ab[282]

2. Ergebnis

Nach den von der Rechtsprechung herausgearbeiteten Problemlösungen grenzt sich die Zuverdienerehe in mehrfacher Hinsicht eindeutig von der Haushaltsführungsehe mit der Folge ab, dass an die Zuverdienerehe eigenständige Rechtsfolgen geknüpft werden können. Im Hinblick darauf, dass auch der bedürftige Ehegatte bei der Zuverdienerehe während der Ehe einer beruflichen Tätigkeit nachgegangen ist, können die Möglichkeiten und Grenzen seiner beruflichen Entfaltung umrissen werden, so dass bei der Zuverdienerehe die Frage nach den ehebedingten Nachteilen mit einer gewissen Richtigkeitsgewähr geklärt werden kann. Wegen seiner zumindest teilweise verwirklichten wirtschaftlichen Selbständigkeit kommt der nach § 1573 Abs. 5 BGB zu bestimmenden Frist neben der betragsmäßigen Kompensation ehebedingter Nachteile die Bedeutung einer Wiedereingliederungsfrist zwecks Aufnahme einer Vollzeitbeschäftigung zu. Dem

---

280 OLG Düsseldorf, FamRZ 1988, 838, 840.

281 FamRZ 1996, 292.

282 BGH, FamRZ 1996, 292, 295.

entspricht es, diese Frist bei der Zuverdienerehe in erster Linie danach zu bemessen, wie viel Zeit der bedürftige Ehegatte benötigt, um seine berufliche Tätigkeit auszubauen (vgl. o. S. 55).

Dagegen ist bei der Alleinverdienerehe die Frist des § 1573 Abs. 5 BGB in den häufigen Fällen, in denen eine berufliche Wiedereingliederung nicht nahe liegt oder greifbar erscheint, als Frist zur Anpassung an die infolge der Scheidung veränderte Lage zu bemessen, die dann in Ermangelung anderer Kriterien nach der Ehedauer bestimmt wird[283] (vgl. o. S. 55).

Gelingt bei der Zuverdienerehe die volle berufliche Integration des bedürftigen Ehegatten in das Arbeitsleben, so kann er einen eigenen Lebensstandard begründen und aufrechterhalten mit der Folge, dass die Orientierung an den ehelichen Lebensstandard, die § 1578 Abs. 1 S. 1 BGB vorsieht, die innere Rechtfertigung verliert. Darin zeigt sich die Annäherung der Zuverdienerehe an die Doppelverdienerehe. Die Besonderheiten der Zuverdienerehe liegen also darin, dass

- der unterhaltsberechtigte Ehegatte über den Ausbau seiner Erwerbstätigkeit seine wirtschaftliche Selbständigkeit und damit auch seine Eigenverantwortlichkeit (§ 1569 BGB) leichter herstellen kann und
- seine Vertrauensinvestition hinsichtlich der Ausgestaltung der ehelichen Lebensgemeinschaft und seine sich hieraus ergebenden Nachteile nicht schwer wiegen und dem unterhaltsverpflichteten Ehegatten wegen des geringeren Ressourcenunterschiedes der Eheleute weniger zurechenbar sind.

III. Die Doppelverdienerehe

1. Ihre Bedeutung für die praktische Rechtsanwendung

Die Doppelverdienerehe ist von der vom Gesetzgeber anvisierten Haushaltsführungsehe so weit entfernt, dass nach den im ersten Teil erörterten Kriterien eine Unterhaltsbegrenzung indiziert ist. Auch bei der Doppelverdienerehe ist im Rahmen der zeitlichen Begrenzung des Geschiedenenunterhalts sicherzustellen, dass ehebedingte Nachteile betragsmäßig ausgeglichen werden.

---

283 Ähnlich Henrich, Familienrecht, § 15 II 5, der davon ausgeht, dass beim berufstätigen Ehegatten die Übergangsfrist sehr kurz bemessen werden kann und sie beim nichterwerbstätigen Ehegatten entsprechend länger zu bestimmen ist; ähnlich Richter, JR 1986, 319, 321, der beim für die Zuverdienerehe typischen Aufstockungsunterhalt eine Unterhaltsbegrenzung nach § 1573 Abs. 5 BGB eher für denkbar hält als bei einer Haushaltsführungsehe.

In diesem Zusammenhang hatte das OLG Köln[284] einen Fall zu entscheiden, in dem zur Zeit der Eheschließung ein Ehegatte bereits Pensionär war, während der andere Ehegatte Arbeitslosengeld erhielt und knapp vier Jahre nach der Heirat eine Erwerbsunfähigkeitsrente bezog.

Hier lag der ehebedingte Nachteil des arbeitslosen Ehegatten darin, dass er nach Verlust seiner Arbeitsstelle kurz vor der Eheschließung im Hinblick auf die beabsichtigte Heirat nicht versuchte, bis zum Erhalt der Erwerbsunfähigkeitsrente eine Arbeit aufzunehmen und dadurch weitere Rentenanwartschaften zu erwerben. Dieser Nachteil wurde jedoch in casu durch den freiwillig geleisteten Unterhalt in Höhe von 150,- DM monatlich ausgeglichen, so dass der Unterhaltsanspruch wegen Alters (§ 1571 Nr. 1 BGB) gem. § 1578 Abs. 1 S. 2 BGB begrenzt werden konnte, zumal es an einer engen wirtschaftliche Verflechtung fehlte[285].

Die Vorschrift des § 1573 Abs. 5 BGB war auf den Unterhaltsanspruch aus § 1571 Nr. 1 BGB nicht anwendbar. Da bei der Doppelverdienerehe jeder Ehegatte durch seinen eigenen Verdienst im Allgemeinen wie auch im vorliegenden Fall den eigenen angemessenen Lebensunterhalt selbst sicherstellen kann, hatte in casu die Beschränkung des Unterhaltsanspruchs auf den angemessenen Unterhalt die Bedeutung einer vollständigen Befristung des Anspruchs.

Sind ehebedingte Nachteile nicht aufgetreten oder bereits kompensiert, so hängt die Länge einer nach §§ 1573 Abs. 5, 1578 Abs. 1 S. 2 BGB zu bestimmenden Frist von ihrem Zweck im übrigen ab. Während bei der Alleinverdiener- und auch noch bei der Zuverdienerehe der Zweck im Vordergrund stand, den zumindest teilweise bedürftigen Ehegatten an den Grundsatz der Eigenverantwortlichkeit heranzuführen und nach Möglichkeit in das berufliche Leben zu integrieren, entfällt dieser Zweck einer Wiedereingliederungsfrist bei der Doppelverdienerehe[286]. Der Zweck der Befristung nach §§ 1573 Abs. 5, 1578 Abs. 1 S. 2 BGB liegt daher bei der Doppelverdienerehe nur noch darin, die Umstellung von dem ehelichen Lebensstandard auf den eigenen zu ermöglichen. Im Hinblick auf die volle wirtschaftliche Selbständigkeit jedes Ehegatten bei der Doppelverdienerehe ist jedoch von vornherein eine kürzere Frist als bei einer Zuverdienerehe zumutbar. Dabei ist auch zu beachten, wie lange vor der Scheidung bereits beide Ehegatten erwerbstätig waren und welche Bedeutung daher der durch die beiderseitige Erwerbstätigkeit geschaffene hohe Lebensstandard unter Vertrauensgesichts-punkten überhaupt hat[287].

---

284 FamRZ 1993, 565.

285 OLG Köln, FamRZ 1993, 565, 566.

286 Der Fall, dass der eine Ehegatte nach der Scheidung seinen noch nicht nachhaltig gesicherten Arbeitsplatz verliert, soll bei der hier gebotenen Verallgemeinerung außer Betracht bleiben.

287 OLG Düsseldorf, FamRZ 1987, 945, 946; vgl. dazu oben S. 49; OLG Schleswig, OLG-Report Schleswig 1997, 143f.

2. *Ergebnis*

Bei der Doppelverdienerehe haben beide Ehegatten während der Ehe ihre wirtschaftliche Selbständigkeit behalten und stehen sich nach der Scheidung hinsichtlich ihrer Erwerbstätigkeit im wesentlichen so, als hätten sie nicht geheiratet. Auch die ressourcentheoretische Betrachtung führt zur Annahme wirtschaftlicher Selbstverantwortlichkeit beider Ehegatten während der Ehe, so dass weder etwaige Vertrauensinvestitionen noch ehebedingte Nachteile eines Ehegatten dem anderen zurechenbar wären. Die Ehegatten können nach der Scheidung einen eigenen Lebensstandard unabhängig voneinander aufrechterhalten. Bei dieser Sachlage einen der Ehegatten unterhaltsrechtlich als bedürftig zu behandeln, ist Ausfluss der Fiktion der §§ 1578 Abs. 1 S. 1, 1573 Abs. 2 BGB. Diese Fiktion einer im natürlichen Sinne nicht notwendig bestehenden Bedürftigkeit macht besonders deutlich, dass das 1. EheRG 1976 mit dem Begriff der ehelichen Lebensverhältnisse an den höchsten, überhaupt denkbaren Unterhaltsmaßstab anknüpft[288] und damit sich in einen Widerspruch zu dem im § 1569 BGB niedergelegten Grundsatz der Eigenverantwortung verwickelt: Soll nach diesem Grundsatz jeder Ehegatte nach Möglichkeit für seinen eigenen Lebensunterhalt selbst aufkommen, so wird trotz Bestehens dieser Möglichkeit bei der Doppelverdienerehe ein Ehegatte weiterhin als bedürftig behandelt, nur weil er weniger verdient als der andere.

Nach den im ersten Teil herausgearbeiteten Kriterien ist daher dieser Maßstab bei der Doppelverdienerehe jedenfalls auf Dauer nicht gerechtfertigt. Die mithin gerechtfertigte Begrenzung des Aufstockungsunterhalts nach § 1573 Abs. 5 BGB ist bei der Doppelverdienerehe an zwei Zielen auszurichten:

Zum einen ist durch die Höhe des insgesamt zu zahlenden Unterhalts sicherzustellen, dass ehebedingte Nachteile kompensiert werden. Insoweit besteht also kein Unterschied zur Haushaltsführungs- und Zuverdienerehe.

Im übrigen ist dem schlechter verdienenden Ehegatten eine Übergangsfrist zu gewähren, in der er sich von dem ehelichen Lebensstandard auf den eigenen Lebensstandard umstellen kann.

Diese Übergangsfrist wird - wie auch bei der Haushaltsführungs- und Zuverdienerehe - wesentlich durch das Vertrauensprinzip bestimmt, das unter anderem an die Ehedauer anknüpft. Aus dem Vertrauensprinzip kann jedoch nicht unmittelbar, sondern erst über das vermittelnde Kriterium der Zumutbarkeit eine bestimmte Begrenzung des Geschiedenenunterhalts entwickelt werden. Daher fällt trotz gleicher Ehedauer bei den drei besprochenen Ehetypen die zeitliche Begrenzung des Geschiedenenunterhalts je nach Zumutbarkeit des eigenen, selbst zu erwirtschaftenden Lebensstandards unterschiedlich aus:

---

[288] Dieckmann, FamRZ 1977, 161, 172; Willutzki, ZfJ 1985, 7, 8.

- Bei der Haushaltsführungsehe kommt es darauf an, ob die berufliche Reintegration des bedürftigen Ehegatten möglich ist. Bejahendenfalls ist eine Wiedereingliederungsfrist zu bestimmen; verneinendenfalls ist die Übergangsfrist in Ermangelung anderer Kriterien nach der Ehedauer zu bestimmen.
- Bei der Zuverdienerehe steht nach § 1569 BGB die Ausweitung der Teilzeitbeschäftigung in eine Vollzeittätigkeit im Vordergrund. Ist diese Ausweitung möglich, ist die darauf ausgerichtete Wiedereingliederungsfrist in der Regel kürzer zu bemessen als bei der Alleinverdienerehe. Ist die Aufnahme einer vollzeitigen Berufstätigkeit nicht möglich, so ist wie im gleichen Fall einer Alleinverdienerehe eine Übergangsfrist zu bestimmen, die in Ermangelung besonderer Umstände der Ehedauer entspricht.
- Bei der Doppelverdienerehe entfällt der Gesichtspunkt einer beruflichen Wiedereingliederung. Ebenso ist dem Ehegatten einer Doppelverdienerehe der eigene, selbst erwirtschaftete Lebensstandard ohne weiteres zumutbar, so dass auch das Vertrauensprinzip nur eine kurze Übergangsfrist erfordert.

IV. Die kurze Ehe

1. Ihre Bedeutung für die praktische Rechtsanwendung

In § 1579 Nr. 1 BGB ist die Ehe von kurzer Dauer geregelt. Wenn infolge der kurzen Ehe die Inanspruchnahme des Verpflichteten „grob unbillig“ wäre, ist der Unterhalt zu versagen, herabzusetzen oder zeitlich zu begrenzen.

Wie oben (S. 12) ausgeführt wurde, darf aus Gründen der verfassungskonformen Auslegung der Ehezeit entgegen dem Wortlaut des § 1579 Nr. 1 HS. 2 BGB nicht ohne weiteres die Zeit der Betreuung der gemeinschaftlichen Kinder hinzugerechnet werden. Vielmehr dürfen die Belange der gemeinschaftlichen Kinder nur als Abwägungskriterium bei der Prüfung der groben Unbilligkeit berücksichtigt werden.

Da die „grobe“ Unbilligkeit nach einer augenfälligen Abgrenzung verlangt, bestimmt sich die maßgebende Dauer der Ehe nach dem Zeitraum zwischen Heirat und der Zustellung des (erfolgreichen[289]) Scheidungsantrages[290]. Nach diesem Maßstab kommt eine kurze Ehe in der Regel in Betracht, wenn die Ehedauer höchstens zwei Jahre beträgt[291]. In diesen Fällen fehlt es regelmäßig an

---

289 BGH, NJW 1986, 2832, 2833.

290 Anders Diederichsen, Festschrift Müller-Freienfels, S. 103, der auf den Zeitpunkt der Trennung abstellen will.

291 BGH, FamRZ 1989, 483, 486.

der inneren Rechtfertigung für den Geschiedenenunterhalt, so dass an die grobe Unbilligkeit iSd. § 1579 Nr. 1 BGB und den dadurch gerechtfertigten Unterhaltsausschluss keine hohen Anforderungen mehr zu stellen sind[292].

Hat die Ehe dagegen länger als zwei Jahre, aber weniger als drei Jahre gedauert, ist sie zwar immer noch als kurz iSd. § 1579 Nr. 1 BGB zu bewerten; eine davon zu unterscheidende Frage ist es aber, ob bei dieser Ehedauer die Unterhaltsverpflichtung auch grob unbillig ist, also dem Gerechtigkeits-empfinden unerträglich widerspricht[293]. Gegebenenfalls bezieht sich die grobe Unbilligkeit nur auf den vollen Unterhalt, so dass die Norm des § 1579 Nr. 1 BGB nur eine Unterhaltsherabsetzung rechtfertigt[294].

Wenn zum Beispiel bei einer kurzen Ehe die Ehefrau zu 70% erwerbsunfähig ist, kann im Einzelfall nur eine Herabsetzung des an sich geschuldeten vollen Unterhalts auf die Hälfte zu erwägen sein, da die Ehefrau auf absehbare Zeit nicht mehr arbeiten kann[295].

Die Frage, in wieweit im Einzelfall dem Befund einer groben Unbilligkeit nur durch einen sofortigen Unterhaltsausschluss, eine zeitliche Unterhaltsbegrenzung oder eine Unterhaltsherabsetzung Rechnung getragen werden kann, ist jeder sachlichen Erwägung des Tatrichters zugänglich[296].

Die bei einer Ehedauer ab zwei Jahren zusätzlich vorzunehmende Prüfung, in wieweit die Inanspruchnahme des Verpflichteten unzumutbar ist, ist verfassungsrechtlich nicht zu beanstanden[297].

---

292 BGH, FamRZ 1989, 483, 486.

293 BGH, NJW 1982, 2064.

294 BGH, NJW 1982, 2064, 2065; vgl. für das Abänderungsverfahren (§ 323 ZPO) beim (nicht näher bezeichneten) Härtegrund nach §§ 1361 Abs. 4, 1579 BGB OLG Stuttgart, FamRZ 1993, 559, 561: Im Abänderungsverfahren sei jeweils neu abzuwägen, wie hart den Unterhaltspflichtigen unter den konkreten Umständen die konkrete Zahlung des Unterhaltsbetrages treffe; dabei nehme die Härte mit sinkender Bedürftigkeit des Berechtigten überproportional zu.

295 So entschieden von OLG Hamm, FamRZ 1980, 683, 684.

296 Vgl. etwa OLG Celle, FamRZ 1986, 910, 912, wonach für eine Unterhaltsbegrenzung nach § 1579 Nr. 7 BGB auf gut 4 Jahre nach der Scheidung auch entscheidend war, dass die dauernde Unterhaltspflicht den Ehemann wirtschaftlich erdrücken würde, während seine Unterhaltsleistung zur nachhaltigen und vollständigen Sicherung der Lebensstellung der Ehefrau ohnehin nicht ausreichend wäre; OLG München, NJW-RR 1997, 69, wonach bei einer dreijährigen Ehe, aus der ein gemeinschaftliches Kind hervorgegangen ist, in seinem Interesse der Ehegattenunterhalt in einer wenn auch gekürzten Höhe von 900,- DM solange zu zahlen ist, bis es 9 Jahre alt ist und die Ehefrau einer Halbtagstätigkeit nachgehen kann.

297 BVerfG, FamRZ 1992, 1283, 1284.

Ab einer Dauer von drei Jahren ist die Ehe in der Regel nicht mehr als kurz zu bewerten[298]. Diese kurze Frist ist zwar Bedenken ausgesetzt, weil eine streitige Scheidung nach § 1566 Abs. 2 BGB ein dreijähriges Getrenntleben voraussetzt und dann keine kurze Ehe im Sinne des § 1579 Nr. 1 BGB mehr vorliegt[299]. Indessen handelt es sich bei § 1579 Nr. 1 BGB um eine Ausnahmevorschrift, und dem entspricht der geringere Anwendungsbereich der Vorschrift. Außerdem kommt die Anwendung des § 1579 Nr. 7 BGB in Betracht, wenn die für die kurze Ehe iSd. § 1579 Nr. 1 BGB maßgebenden Wertungsgesichtspunkte zwar an sich einschlägig sind, aber im Einzelfall nicht in der (kurzen) Ehedauer zum Ausdruck kommen[300]. Beachtet man, dass für § 1579 Nr. 7 BGB gerade nicht allein oder hauptsächlich auf die Ehedauer abgestellt werden kann, so wird § 1579 Nr. 1 gegenüber Nr. 7 BGB auch nicht obsolet.

Neben dem objektivem und daher eindeutig handhabbarem Kriterium der Ehedauer ist für eine kurze Ehe im Sinne des § 1579 Nr. 1 BGB weiter entscheidend, ob die Parteien ihre Lebensführung in der Ehe bereits aufeinander eingestellt und in wechselseitiger Abhängigkeit auf ein gemeinsames Lebensziel eingerichtet hatten[301]. Diese Formulierung des BGH weist zum einen auf das Vertrauensprinzip hin: Wenn der in der Ehe liegende Lebensabschnitt für die Parteien eine besondere Bedeutung im Hinblick auf eine einschneidende Änderung ihrer Lebenssituation hatte, wird dadurch ein besonderer Vertrauenstatbestand geschaffen, so dass die Rücksichtnahme auf ihn durch vorübergehende Unterhaltsleistung jedenfalls nicht grob unbillig im Sinne des § 1579 Nr. 1 BGB ist. Darüber hinaus zielt der Obersatz des BGH auf das Kompensationsprinzip ab: Hat die zeitlich „kurze" Ehe bereits zu Nachteilen für den anderen Ehegatten, zu einer ehebedingten Abhängigkeit, geführt, spricht das Kompensationsprinzip dagegen, diese Ehe unterhaltsrechtlich zu ignorieren.

---

298 BGH, FamRZ 1982, 254.

299 Darauf weist Diederichsen, FS für Müller-Freienfels, S. 102, hin.

300 MünchKomm/Richter, BGB, § 1579 Rz. 49; anders noch BGH, FamRZ 1987, 572, 575, wonach § 1579 Nr. 7 BGB nicht mehr anwendbar ist, wenn der Härtegrund von § 1579 Nr. 1 BGB erfasst ist. Übertragen auf die hier vertretene Systematik würde dies bedeuten, dass der Gesichtspunkt der fehlenden Verflechtung der Lebensbeziehungen der Ehegatten in § 1579 Nr. 1 BGB abschließend geregelt ist, also für die Anwendung des § 1579 Nr. 7 BGB nicht mehr nutzbar gemacht werden kann. Gegen diese Lesart des Gesetzes spricht aber, dass dann der Anwendungsbereich des § 1579 Nr. 7 BGB davon abhängig wäre, in wieweit man bei der speziellen Fallgestaltung überhaupt etwa § 1579 Nr. 1 BGB für denkbar hält und prüft (so die Kritik von Dieckmann, FamRZ, 1987, 981, 985). Der BGH hat seine Rechtsauffassung denn auch stillschweigend aufgegeben: Vgl. etwa BGH, FamRZ 1988, 930, 931 (§ 1579 Nr. 7 BGB, wenn bei längerer Ehe nur kurz zusammengelebt) und FamRZ 1994, 558, 559 (§ 1579 Nr. 7 BGG, wenn überhaupt keine eheliche Lebensgemeinschaft aufgenommen wurde).

301 BGH, NJW 1986, 2832, 2833.

In casu verneinte daher der BGH[302] eine kurze Ehe im Sinne des § 1579 Nr. 1 BGB und verwies zur Begründung darauf, dass die unterhaltsbedürftige Ehefrau - zwar vor der Eheschließung, aber im Hinblick auf diese - ihre Wohnung in Heidelberg auflöste, um mit ihren beiden Töchtern aus einer früheren Ehe zum Ehemann zu ziehen, und ihre Arbeitsstelle als Büffethilfe aufgab. Darüber hinaus wies der BGH darauf hin, dass die Ehefrau im Hinblick auf die Ehe ihre Kommanditbeteiligung kündigte und dadurch Einnahmeverluste hatte.

Diese Umstände dürften hinsichtlich der Kündigung der Kommanditbeteiligung das Kompensationsprinzip, im übrigen das Vertrauensprinzip rechtfertigen, so dass eine kurze Ehe ausscheidet.

Zutreffend verneinte daher auch das OLG Celle[303] bei einer Ehedauer von 2 Jahren und 11 Monaten eine kurze Ehe im Sinne des § 1579 Nr. 1 BGB, weil im entschiedenen Fall die unterhaltsbedürftige Ehefrau ihre Arbeitsstelle im Zusammenhang mit der Eheschließung kündigte.

Auch in dem vom OLG Düsseldorf[304] entschiedenen Fall konnte eine Ehe, die 2 Jahre und 6 Monate andauerte, aus Gründen des Kompensationsprinzips nicht als kurz angesehen werden, da es im Lauf der Ehe zu einer engen wirtschaftlichen Verflechtung der Ehepartner kam[305]: Erst während der Ehe beschränkte sich die Ehefrau darauf, anstelle einer Erwerbstätigkeit lediglich den Haushalt zu führen und sich dadurch in finanzielle Abhängigkeit von ihrem Ehemann zu begeben. Zudem verlor die Ehefrau infolge der Heirat ihren Anspruch auf Witwenrente.

Das Kriterium der gegenseitigen Verflechtung der ehelichen Lebensverhältnisse enthält also den materiellen Kern der Rechtfertigung, die kurze Ehe aus dem Bereich der lebenslangen Unterhaltspflicht auszunehmen. Dabei geht das formale Kriterium der Ehedauer von der im Grundsatz zutreffenden Annahme aus, dass bei einer kurzen Ehe weder die Einwirkung der gesellschaftlichen Verhältnisse noch die Erfordernisse des ehelichen Lebensgemeinschaft als solche die Ehegatten dazu zwangen, ihre Lebensverhältnisse grundlegend zu ändern. Vielmehr dürften sich die Lebensverhältnisse der Ehefrau erst im Laufe der Ehe über die kontinuierliche eheliche Entscheidungsfindung unterhaltsbegründend ändern. Vor diesem Hintergrund ermöglicht das Kriterium einer inneren Verbundenheit der Lebenssituation der Ehegatten, nicht nur eine Lösung für den Grenzbereich der zwei- bis dreijährigen Ehe zu treffen, sondern auch längere Ehen dem Typus der kurzen Ehe zuzuordnen:

So können auch Ehen, die länger als vier Jahre dauerten, als kurz mit der Folge der groben Unbilligkeit iSd. § 1579 Nr. 1 BGB zu bewerten sein, wenn die Ehegatten sich schon nach (kaum) einem Jahr trennten und ihre persönliche Selb-

---

302 BGH, NJW 1986, 2832, 2833.

303 FamRZ 1987, 69, 70.

304 FamRZ 1992, 1188.

305 Darauf stellte das OLG Düsseldorf, FamRZ 1992, 1188, 1189, entscheidend ab.

ständigkeit im wirtschaftlichen Bereich behielten[306] oder sonst die Ehe keinen Einfluss auf ihre Lebensdispositionen hatte[307].

Ab einer gewissen Dauer der Ehe kann sie jedoch auch mit dem Argument der fehlenden gegenseitigen Verflechtung der Lebensbeziehungen der Ehegatten nicht mehr als kurz iSd. § 1579 Nr. 1 BGB bezeichnet werden, ohne gegen den Wortlaut des § 1579 Nr. 1 BGB zu verstoßen[308]. Das Kriterium der gegenseitigen Verflechtung der ehelichen Lebensverhältnisse kann bei einer länger andauernden Ehe nur über die allgemeine Härteklausel des § 1579 Nr. 7 BGB nutzbar gemacht werden.

Bei einer fast 19 Jahre andauernden Ehe schloss das OLG Celle den sich aus § 1572 Nr. 1 BGB ergebenden Unterhaltsanspruch einer Ehefrau nach § 1579 Nr. 7 BGB vollständig aus, weil sie mit dem Ehemann nur 3 Monate zusammenlebte und danach auf Trebe ging[309]. Die Unterhaltsversagung wurde damit gerechtfertigt, dass es an einer gemeinsamen Lebensplanung der Eheleute fehlte, das Leben der Ehefrau durch die Ehe nicht verändert wurde und die Ehefrau bei der Dauer des Getrenntlebens sich nicht auf Unterhaltsansprüchen einstellen konnte[310].

Die Entscheidung ist mit den Prinzipien des Vertrauensschutzes und der Kompensation vereinbar. Fehlt es an einer gemeinsamen Lebensplanung und an einer Veränderung des Lebens der Ehefrau durch die Ehe, so rechtfertigt das Vertrauensprinzip mangels Vertrauenstatbestandes (keine gemeinsame Lebensplanung) und mangels Vertrauensinvestition (keine Veränderung im Leben der Ehefrau) nicht den Geschiedenenunterhalt. Gleiches gilt - mangels ehebedingten Nachteils - auch für das Kompensationsprinzip. Der Fall zeigt, dass die Härtefalle des § 1579 Nr. 1 und 7 BGB für die Fallgestaltung des längeren Getrenntlebens oder der getrennten Haushaltsführung austauschbar sind und ihre Abgrenzung keine Frage der sachlichen Wertung, sondern der Gesetzgebungstechnik ist[311]: Ist bei dieser Fallgestaltung die „Ehe von kurzer Dauer", ist § 1579 Nr. 1 BGB, sonst § 1579 Nr. 7 BGB anzuwenden, weil ein anderer Grund vorliegt, der mangels Wertungsunterschiedes „ebenso schwer wiegt" wie die kurze Ehe.

306 So der Fall des OLG Düsseldorf, FamRZ 1983, 1139, 1140.

307 OLG Frankfurt, FamRZ 1989, 630; OLG München, NJW-RR 1997, 69, das eine dreijährige Ehe noch als kurz iSd. § 1579 Nr. 1 BGB wertete, da die Ehefrau schon nach dem ersten Ehejahr einen anderen Lebensgefährten hatte und somit die Ehe nicht als feste Bindung ansah.

308 BGH, NJW 1983, 683: 5 Jahre; OLG Düsseldorf, FamRZ 1978, 342: 6 Jahre.

309 OLG Celle, FamRZ 1990, 524, 525.

310 OLG Celle, FamRZ 1990, 524, 526.

311 Wertungsgleich liegt etwa auch der Fall des OLG Hamm, FamRZ 1987, 1151f.: Die Ehe dauerte gut 4 Jahre an, aber wegen der Strafhaft des Ehemannes lebten die Parteien nur 9 Monate zusammen; die Unterhaltspflicht wurde nach § 1579 Nr. 7 BGB auf fünf Jahre nach der Scheidung begrenzt (bestätigt vom BGH, FamRZ 1988, 930, 931).

Da der Härtefall allein die Unterhaltsversagung noch nicht rechtfertigt, sondern nur soweit die Unterhaltsverpflichtung über das Vorliegen eines Härtefalles hinaus grob unbillig ist, führte das OLG Celle noch als Erwägung an, dass die wirtschaftlichen Verhältnisse des Ehemannes beengt sind[312]. Führt somit ein Härtefall iSd. § 1579 BGB noch nicht zwingend zu einer bestimmten Rechtsfolge hinsichtlich des Geschiedenenunterhalts, sondern nur nach Maßgabe grober Unbilligkeit, so kann im Hinblick auf dieses weitere Korrektiv auch eine im Sinn des § 1579 Nr. 1 BGB wohl nicht mehr kurze Ehe dem Regime des § 1579 Nr. 7 BGB auch dann unterstellt werden, wenn die Ehegatten einen gemeinsamen Haushalt führten und nicht langjährig getrennt lebten.

Im Fall des AG Essen dauerte die Ehe knapp 4 Jahre, befand sich also zumindest im Grenzbereich zur kurzen Ehe iSd. § 1579 Nr. 1 BGB. Die Ehefrau stellte ein Jahr nach der Heirat ihre Erwerbstätigkeit wegen ihrer Medikamentenabhängigkeit und einer Erkrankung ein[313].

Der Unterhaltsanspruch der erwerbsunfähigen Ehefrau wurde gem. § 1579 Nr. 7 BGB der Höhe nach auf den gegenwärtig seitens des Ehemannes gezahlten Unterhalt (870,- DM) begrenzt, obwohl der Ehemann kürzlich ein höheres Gehalt bezog. Für die betragsmäßige Begrenzung war maßgebend, dass die Ehefrau ihre Erwerbstätigkeit nicht im Vertrauen auf die Ehe einstellte (Vertrauensprinzip), dass die Krankheit nicht ehebedingt war und die Ehe für sie keine wirtschaftlichen Nachteile hatte (Kompensationsprinzip)[314].

Dass dieser Fall über § 1579 Nr. 7 BGB zu regeln war, obwohl die Ehegatten einen gemeinsamen Haushalt führten, ist darauf zurückzuführen, dass die Ehedauer eine deutliche Annäherung zur kurzen Ehe iSd. § 1579 Nr. 1 BGB aufwies und die Rechtsfolge weniger einschneidend war: Erst nach 13 Jahren der Zahlung des vollen Geschiedenenunterhalts wurde eine betragsmäßige Begrenzung vorgenommen, die in ihrer Funktion der Anwendung des § 1578 Abs. 1 S. 2 BGB gleichkam: Mangels ehebedingter Nachteile war der voreheliche Lebensstandard der Ehefrau maßgebend, was es jedenfalls auch rechtfertigt, ihren Unterhalt von zukünftigen Gehaltsverbesserungen ihres geschiedenen Ehemannes loszulösen.

Nach insgesamt 15 Jahren der Unterhaltszahlung wurde der Unterhaltsanspruch im Rahmen eines Abänderungsverfahren nach § 1579 Nr. 7 BGB völlig ausgeschlossen, wofür neben der Dauer der Unterhaltszahlung auch die finanzielle Belastung des Ehemannes wegen der Gründung einer neuen Familie maßgebend war[315].

---

312 OLG Celle, FamRZ 1990, 524, 526; ähnlich auch OLG Hamm (Fn. 311), das eine unbegrenzte Unterhaltspflicht für grob unbillig hielt, da der Ehemann die Belastung nicht mehr tragen könnte, wenn aus seiner neuen Ehe Kinder hervorgingen.

313 AG Essen, FamRZ 1994, 706.

314 AG Essen, FamRZ 1994, 706.

315 AG Essen, FamRZ 1995, 880, 881.

Der Vergleich der beiden Verfahren des AG Essen zeigt, dass an den völligen Ausschluss des Unterhalts nach § 1579 Nr. 7 BGB größere Anforderungen im Hinblick auf das Erfordernis grober Unbilligkeit zu stellen sind, die in casu durch die um zwei Jahre längere Unterhaltszahlung und die erhöhte finanzielle Belastung durch Gründung der neuen Familie erfüllt waren.

Die kurze Ehe iSd. § 1579 Nr. 1 BGB kann aber nicht nur an der formalen Länge der Ehe scheitern, sondern auch an dem wohl ebenfalls formalen, weil nicht wertungsbezogenen Umstand, dass während der Ehe die Ehefrau ihre eher Eingliederungszwecken dienende Tätigkeit in einer Werkstatt für Behinderte aufgab.

Die Ehe dauerte in dem angesprochenen Fall gut 4 Jahre, und die Ehefrau war bereits bei Beginn der Ehe zu 80% erwerbsunfähig[316]. Wegen der erheblichen Veränderung der Lebensverhältnisse der Ehefrau durch Aufgabe ihrer Tätigkeit konnte die Ehe nicht als kurz im Sinne des § 1579 Nr. 1 BGB bezeichnet werden. Wegen der objektive unzumutbaren Belastung des Ehemannes durch eine fortdauernde Unterhaltspflicht wurde sie auf gut 5 Jahre nach der Scheidung gem. § 1579 Nr. 7 BGB begrenzt[317].

2. Ergebnis

Die kurze Ehe - sei es die rechtstechnisch kurze Ehe iSd. § 1579 Nr. 1 BGB oder die ihr materiell gleichstehende Ehe iSd. § 1579 Nr. 7 BGB - ist als unterhaltsrechtliche Fallgruppe brauchbar: Ihre unterhaltsrechtliche Sonderstellung liegt darin begründet, dass die Lebensbeziehungen der Ehegatten nach den allgemeinen Gesichtspunkten noch nicht von vornherein unterhaltsbegründend in einander verflochten sind. Dabei kann dieser Gesichtspunkt im Wege des Indizes aus der Ehedauer allein ermittelt (a) oder unter Rückgriff auf die Lebensverhältnisse der Ehegatten und damit auf den materiellen Kern der kurzen Ehe festgestellt werden (b):

a) Die rechtstechnisch kurze Ehe iSd. § 1579 Nr. 1 BGB

Nach den allgemeinen Kriterien (vgl. o. 1. T.) spricht eine Ehe bis zu drei Jahren Dauer in der Regel gegen eine nacheheliche Unterhaltspflicht. Zwar ist die Grenze von drei Jahren nicht stichfest begründbar, denkbar wäre etwa auch, sie bei zwei Jahren festzusetzen. Da jedoch die kurze Ehe für ihre wesensbestimmende Indizfunktion gegen eine nacheheliche Unterhaltspflicht der eindeutigen Festlegung bedarf, ist aus Gründen der Rechtssicherheit an der von der Rechtsprechung entwickelten Grenze von drei Jahren festzuhalten. Die Widerlegung des Indizes einer kurzen Ehe bedarf der besonderen Begründung anhand der vorgegebenen Gesichtspunkte.

---

316 OLG Celle, FamRZ 1986, 910.

317 OLG Celle, FamRZ 1986, 910, 911f.

b) Die kurze Ehe aufgrund materieller Wertung (§ 1579 Nr. 7 BGB)

Beim Rückgriff auf die besonderen ehelichen Lebensbeziehungen ist insbesondere darauf abzustellen, ob die Ehegatten längere Zeit getrennt lebten oder keinen gemeinsamen Haushalt führten oder sonst das materielle Kriterium der fehlenden gegenseitigen Verflechtung der Lebensbeziehungen der Ehegatten erfüllt ist.

c) Die Funktion der kurzen Ehe

Bei der kurzen Ehe ist die Rechtfertigung des Geschiedenenunterhalts besonders problematisch und im Regelfall zu verneinen. Diese gegen die Unterhaltspflicht sprechende Indizwirkung der kurzen Ehe ist unabhängig von der Ausgestaltung der Ehe im übrigen als Haushaltsführungs- oder Doppelverdienerehe, da bei jeden Ehetyp auch die Entkräftung des Indizes denkbar ist. So können nicht nur in einer Haushaltsführungsehe, sondern auch in einer Doppelverdienerehe innerhalb kurzer Zeit wesentliche Lebensdispositionen getroffen werden - wie zum Beispiel Aufgabe einer Wohnung, Wechsel des Arbeitsplatzes etc. -, die entscheidend dagegen sprechen, diese Ehe unterhaltsrechtlich (so gut wie) zu ignorieren und die sie der Fallgruppe der kurzen Ehe zuzuordnen. Im Hinblick auf ihre gegen eine Unterhaltspflicht sprechende Indizwirkung, die die kurze Ehe von anderen Ehetypen unterscheidet, ist der Typus der kurzen Ehe neben anderen Ehetypen als selbständige Fallgruppe erforderlich.

V. Die Ehe mit Kindern und die kinderlose Ehe

Die Begründung eines spezifischen Ehetyps je nach dem, ob aus der Ehe gemeinschaftliche Kinder der Ehegatten hervorgegangen sind, kommt in Betracht, soweit das mit der Betreuung gemeinschaftlicher Kinder durch den unterhaltsberechtigten Ehegatten angesprochene Gegenseitigkeitsprinzip (vgl. o. S. 16) einer Kategorisierung zugänglich ist.

Dies ist bei der beendeten Betreuung gemeinschaftlicher Kinder nicht der Fall, da sie der zeitlichen Begrenzung des Geschiedenenunterhalts nur insoweit entgegensteht, als mit der Kindesbetreuung ehebedingte Nachteile verbunden sind und somit die beendete Betreuung gemeinschaftlicher Kinder nur unter dem allgemeinen, für alle denkbaren Ehetypen geltenden Kompensationsprinzip erheblich ist (vgl. o. S. 17) und in diesem Zusammenhang wegen der - ressourcentheoretisch - größeren Abhängigkeit des kinderbe-treuenden Ehegatten von Bedeutung ist; insofern ist die Regelprivilegierung nach den §§ 1573 Abs. 5, 1578 Abs. 1 S. 2 BGB einschränkend auszulegen (vgl. o. S. 17).

Anders ist aber der Fall zu beurteilen, dass der unterhaltsberechtigte Ehegatte die gemeinschaftlichen Kinder über die Scheidung hinaus betreut: Hier stehen spezifische Gründe des Gegenseitigkeitsprinzips und der grundrechtsrelevanten Kinderbetreuung einer zeitlichen Begrenzung des Geschiedenenunterhalts entgegen (vgl. o. S. 16), so dass insoweit ein eigenständiger Ehetyp aufgrund der gesetzlichen Privilegierung in den §§ 1570, 1573 Abs. 5, 1578 Abs. 1 S. 2 BGB anzuerkennen ist.

VI. Weitere Ehetypen

Als weitere für die Fallgruppenbildung geeignete Ehetypen werden noch die Diskrepanzehe[318] und die Mitarbeitsehe[319] vorgeschlagen. Da diese Ehetypen eine gewisse Nähe zu zumindest einem bereits besprochenen Ehetyp aufweisen, ist fraglich, ob sie im Hinblick auf ihre spezifischen Rechtsfolgen dem zweiten für die Typenbildung aufgestellten Postulat einer allgemeinen Abgrenzbarkeit zu anderen Ehetypen (vgl. o. S. 67) entsprechen.

1. Die Diskrepanzehe

Die Bezeichnung der Diskrepanzehe soll die Fallgestaltung treffen, in der die vorehelichen und ehelichen Einkommensverhältnisse der Ehegatten auffällig unterschiedlich sind[320]; als Beispiel sei der Fall erwähnt, dass der auch privat liquidierende Chefarzt die Sekretärin heiratet. Die jeweilige Diskrepanzehe kann wiederum als Haushaltsführungs-, Zuverdiener- oder Doppelverdienerehe ausgestaltet sein.

Ob der Diskrepanzehe trotzdem eine eigenständige Bedeutung zukommt, ist zweifelhaft. Wegen der definitionsgemäßen Diskrepanz der Vermögensverhältnisse beider Ehegatten wäre zwar unter dem Aspekt des Vertrauensschutzes zu erwägen, dass dem schlechter situierten Ehegatten der eigene Lebensstandard nur nach Ablauf einer längeren Eingewöhnungsfrist gem. §§ 1573 Abs. 5, 1578 Abs. 1 S. 2 BGB zumutbar ist.

Das Erfordernis einer längeren Eingewöhnungsfrist kann jedoch die Diskrepanzehe schon deshalb nicht definieren, weil die Fristlänge wiederum abhängig ist von der Ausgestaltung der Diskrepanzehe im übrigen als Haushaltsführungs-, Zuverdiener- oder Doppelverdienerehe:

Zur Doppelverdienerehe wurde oben (S. 78) ausgeführt, dass hier die Übergangsfrist in der Regel sehr kurz ausfallen wird, weil der Maßstab des §

[318] Langenfeld, FamRZ 1987, 9, 12.

[319] Gernhuber, Eherecht und Ehetypen, S. 6, und FamRZ 1979, 193, 194.

[320] Langenfeld, FamRZ 1987, 9, 12.

1578 Abs. 1 S. 1 BGB bei Doppelverdienern nicht gerechtfertigt ist. An dieser Beurteilung ändert auch eine Diskrepanz der Vermögensverhältnisse nichts.

Demgegenüber heben sich die Haushaltsführungs- und die Zuverdienerehe dadurch hervor, dass hier der eigene Lebensstandard dem bedürftigen Ehegatten nur unter besonderen Umständen und einer längeren Eingewöhnungsfrist zumutbar ist. Dieser Befund wird durch eine Diskrepanz der Vermögensverhältnisse verstärkt - zumal wegen des erheblichen Ressourcenunterschiedes -, nicht aber selbst begründet. Daraus ergibt sich, dass der Diskrepanzehe gegenüber den Ehetypen der Haushaltsführungs-, Zuverdiener- und Doppelverdienerehe keine besondere Bedeutung zukommt und die Diskrepanzehe daher als besonderer Ehetyp verzichtbar ist.

2. Die Mitarbeitsehe

Die Mitarbeitsehe wird dadurch beschrieben, dass der eine Ehegatte im Beruf oder Geschäft des anderen Ehegatten mitarbeitet und dadurch auf eigenes Einkommen verzichtet[321]. Betont man den Verzicht eines Ehegatten auf eigenes Einkommen, so stellt sich die Frage einer spezifischen Abgrenzung zur Haushaltsführungsehe. Insoweit könnte die Besonderheit der Mitarbeitsehe in dem Eingreifen des Teilhabeprinzips zu sehen sein, wonach die Mitarbeit im Geschäft des anderen Ehegatten gegen eine Unterhaltsbegrenzung sprechen kann (vgl. o. S. 15). Macht man das Teilhabeprinzip jedoch vom Vorliegen einer besonderen Leistung des unterhaltsbedürftigen Ehegatten abhängig, so sind unter diesem Gesichtspunkt zunächst diejenigen Mitarbeitsehen auszusondern, in denen ein Ehegatte durch die Mitarbeit im Geschäft des anderen lediglich eine ihn treffende Unterhaltspflicht nach § 1360 S. 1 BGB erfüllt.

Aber auch unabhängig von der Frage, ob die Mitarbeitsehe überhaupt einheitlich unterhaltsrechtlich zu erfassen ist, bestehen gegen diesen Ehetyp vom Zweck des Unterhalts her Bedenken, da der Unterhalt lediglich dazu dient, wie auch immer definierte Bedürfnislagen aufzufangen (vgl. o. S. 15). Mit dem insoweit eingeschränkten Zweck der Unterhaltspflicht stünde es im Widerspruch, einen Ehetyp auf das unterhaltsfremde Teilhabeprinzip auszurichten. Mit dieser Sicht soll nicht dem als berechtigt erkannten (vgl. o. S. 15) Teilhabeprinzip die Bedeutung im Rahmen der zeitlichen Begrenzung des Geschiedenenunterhalts aberkannt werden, sondern lediglich seine fehlende Eignung zur Konzeption eines eigenen Ehetyps klargestellt werden. Da im übrigen die Mitarbeitsehe wie die Diskrepanzehe an sich als Haushaltsführungs-, Zuverdiener- oder Doppelverdienerehe einzuordnen ist, ist sie als eigener Ehetyp unbrauchbar. Das bei der Mitarbeitsehe besonders einschlägige Teilhabeprinzip kann daher lediglich im Ein-

---

[321] Gernhuber, Eherecht und Ehetypen, S. 6.

zelfall gewürdigt werden, wobei der sich aus dem Zweck des Unterhalts ergebende Vorrang anderer Ausgleichssysteme zu berücksichtigen ist.

VII. Ergebnis

Im Hinblick auf die im 1. Teil gefundenen Kriterien zur Begrenzung des Geschiedenenunterhalts wurden verschiedene Ehetypen darauf hin untersucht, in wieweit sich aus ihnen allgemeine Folgen für die zeitliche Begrenzung des Geschiedenenunterhalts herleiten lassen.

Eine derartige Rechtsfolgentypizität ließ sich nur feststellen bei

- der kurzen Ehe,
- der Ehe, aus der gemeinschaftliche Kinder hervorgingen, die der unterhaltsberechtigte Ehegatten über die Scheidung hinaus betreut,
- sowie bei der Haushaltsführungs-,
- der Zuverdiener-
- und der Doppelverdienerehe.

Der kurzen Ehe wurde die gegen eine Unterhaltspflicht sprechende Indizfunktion zuerkannt.

Der Ehe mit Kindern, die der fortdauernden Betreuung durch den unterhaltsberechtigten Ehegatten bedürfen, konnte in allgemeiner Weise die Rechtsfolge zugeordnet werden, dass eine zeitliche Begrenzung des Geschiedenenunterhalts ausscheidet, solange die Betreuungssituation andauert.

Die übrigen drei Ehetypen zeichnen sich dadurch aus, dass aus ihnen jeweils unter dem Aspekt des Vertrauensprinzips die Länge der Übergangsfrist nach §§ 1573 Abs. 5, 1578 Abs. 1 S. 2 BGB im wesentlichen hergeleitet werden kann.

Im übrigen sind die dem Geschiedenenunterhalt zugrundeliegende Rechtsprinzipien wie insbesondere das Kompensations- oder das Gegenseitigkeitsprinzip hinsichtlich ihrer Rechtsfolgen einer typisierenden Betrachtung nicht zugänglich:

- das Kompensationsprinzip nicht, weil es bei jedem denkbaren Ehetyp lediglich die betragsmäßige Kompensation ehebedingter Nachteile fordert und seine weitere Funktion, denjenigen Zeitraum der nachehelichen (Teil-) Erwerbslosigkeit zu definieren, der auf die Ehe zurückzuführen ist, spezifisch auf die Alleinverdiener- und Zuverdienerehe zugeschnitten ist,
- das Teilhabeprinzip nicht, weil es dem Wesen des Unterhaltsrechts widerspricht, von Teilhabeansprüchen beeinflusst zu werden,

- und das Gegenseitigkeitsprinzip nicht, weil es eine spezifische Rechtsfolge, nämlich den Ausschluss einer Begrenzung des Geschiedenenunterhalts, nur für den Spezialfall einer fortdauernden Betreuung gemeinschaftlicher Kinder vorsieht und sonst nur ein unspezifisches Abwägungskriterium darstellt (vgl. o. S. 17).

Aus dem zuletzt genannten Grund ist auch der Befund, dass während der Ehe gemeinschaftliche Kinder von einem Ehegatten betreut worden sind, nicht geeignet, für sich allein in allgemeiner Weise die Begrenzung des Geschiedenenunterhalts zu regeln (vgl. o. S. 17): Bei der beendeten und nicht fortdauernden Betreuung handelt es sich lediglich um ein Kriterium, das bei der vom Gesetz vorgesehenen Einzelfallprüfung (vgl. o. S. 61) eine Rolle spielen kann.

D. Die auf den Eheverlauf bezogene Bildung von Ehetypen

Nachdem im vorigen Abschnitt C die Besonderheiten einzelner Ehetypen dargestellt worden sind, soll nunmehr untersucht werden, wie sich diese Besonderheiten im Verlauf einer Ehe entwickeln. Gehen im Verlauf einer Ehe die oben sub C beschriebenen Ehetypen in einander über, wird von einer intermittierenden Ehe gesprochen[322]. Dabei wird der Verlauf einer Ehe durch das Zusammenwirken zweier Zyklen beeinflusst, den Familienzyklus der Ehe insgesamt (dazu I) und den Lebenszyklus der einzelnen Ehegatten (dazu II).

I. Die verschiedenen Phasen einer Ehe

Die Ehe durchläuft bis zu ihrer Auflösung durch den Tod eines Ehegatten mehrere[323] Phasen:

- die Vorbereitungs- und Aufbauphase, in der ein gemeinsamer Haushalt gegründet oder fortgeführt wird, was in der Regel hohe finanzielle Investitionen erfordert[324],
- die mit der Geburt eines Kindes einsetzende Expansionsphase, an die sich die Aufzucht- und Erziehungsphase (Primärsozialisations[325]- und Schulphase) anschließt,
- die Zeitspanne vom Erwachsenwerden des Kindes bis zu seinem Ausscheiden aus dem elterlichen Haushalt sowie schließlich
- die Altersphase[326].

Diese Phasen dürften mit Ausnahme der Altersphase die Erwerbstätigkeit der Ehefrau spezifisch beeinflussen. Sie sollen daraufhin im folgenden untersucht werden.

---

322 Gernhuber, Eherecht und Ehetypen, S. 6.

323 Jedenfalls für den hier interessierenden Zusammenhang dürfte die Anzahl der denkbaren Familienphasen unerheblich sein; insoweit vgl. zur Differenzierung je nach Kontinuität der Erwerbstätigkeit (Drei-, Zwei-, Einphasen- und Fluktuationsmodell) etwa Schneider, Soziologische Gegenwartsfragen, S. 82f., oder Vollmer, S. 112.

324 Mühlfeld, Ehe und Familie, S. 100.

325 Auch als familiale Sozialisationsphase bezeichnet, vgl. etwa Wörterbuch der Soziologie/Prahl: Während dieser Phase wird die Sozialisation des Kindes, also seine Anpassung an und Eingliederung in die Gesellschaft noch allein durch die Familie verwirklicht, erst nach dieser Phase (auch) durch die Schule.

326 König, Die Familie der Gegenwart, S. 64; Mühlfeld, Familiensoziologie, S. 147; ders. Ehe und Familie, S. 99 bis 108.

1. Die Vorbereitungs- und Aufbauphase

Während dieser Phase sind überwiegend noch beide Ehegatten erwerbstätig: Die Erwerbstätigenquote verheirateter (und nicht vom Ehemann getrenntlebender) Ehefrauen im Alter von 15 bis 25 Jahren ohne im Haushalt lebende ledige Kinder betrug im April 1999 64,3%; die Erwerbstätigenquote lediger Frauen im selben Alter ohne im eigenen Haushalt lebende ledige Kinder dagegen 42,1%[327]. Diese geringere Erwerbstätigenquote lediger Frauen dürfte mit dem Hinausschieben der Heirat infolge einer längeren Ausbildung zusammenhängen: Im Alter von 25 bis 35 Jahre - in dem auch eine qualifizierte Ausbildung beendet ist - entfällt bei den Frauen ohne im Haushalt lebende ledige Kinder dieser Unterschied; die Erwerbstätigenquote verheirateter Frauen beträgt hier 84,5% und von ledigen Frauen 82,2%[328].

2. Die Expansionsphase bis zur Primärsozialisation des Kindes

In dieser Phase wird das Erwerbsverhalten der Ehefrauen je nach Alter der Kinder beeinflusst:

Für verheiratete, nicht getrenntlebende Frauen mit Kindern unter 3 Jahren gilt Folgendes[329]:

Die Erwerbstätigenquote beträgt für Ehefrauen im Alter von 15 bis 25 Jahre nur noch 28,9%. Dieser - verglichen mit dem bereits genannten Wert von 42,1% bei ledigen, kinderlosen Frauen - niedrige Wert ist um so bemerkenswerter, als er nicht durch die Gewährung von Erziehungsurlaub oder mit verstärkter Teilzeittätigkeit erklärt werden kann: Auch im Erziehungsurlaub befindliche Personen gelten nach der statistischen Definition als Erwerbstätige; desgleichen Teilzeitkräfte[330]. Berücksichtigt man jedoch, dass die Erwerbstätigenquote der 25-35jährigen Ehefrauen bereits bei 48,9% und der 35-45jährigen Ehefrauen bei 47,9% - jeweils bei gleichem Alter der Kinder - liegt, dürfte die geringe Erwerbstätigenquote gerade sehr junger Mütter auch daran liegen, dass die Ausbildung infolge der Kinder noch nicht abgeschlossen oder nicht hinreichend qualifiziert ist. Die Erwerbsquote von nicht getrenntlebenden Ehefrauen im Alter von 35-34 Jahren beträgt, wenn mindestens ein Kind vorhanden ist, 65,3%. Dass auf diesen Wert die Erwerbstätigenquote von 80,1% (bei verheirateten Frauen ohne Kinder) absinkt, ist auf drei Umstände zurückzuführen:

---

[327] Statistisches Bundesamt, Fachserie 1, Reihe 3, S. 183.

[328] Statistisches Bundesamt, Fachserie 1, Reihe 3, S. 183.

[329] Die folgenden Angaben sind dem Statistischen Bundesamt, Fachserie 1, Reihe 3, S. 185 entnommen.

[330] Statistisches Bundesamt, Fachserie 1, Reihe 3, S. 12.

1. Zum einen sehen die Ehegatten die Kindesbetreuung immer noch als Domäne der Ehefrau an; bei der Geburt von Kindern wird die traditionelle Verteilung von Familienaufgaben mit der Folge wiederbelebt, dass die Ehefrau die größte Last der Kindesbetreuung und der Haushaltsführung übernimmt[331].
2. Diese eheliche Aufgabenverteilung wird begründet und aufrechterhalten durch ein mit der Geburt von Kindern einsetzendes und die Abhängigkeitslage der Ehefrau widerspiegelndes Machtgefälle zugunsten des Ehemannes[332].
3. Auf dieser Grundlage fällt es der Ehefrau jedenfalls in Westdeutschland schwer - gerade bei kleinen Kindern - die Kinderbetreuung mit der Berufstätigkeit zu vereinbaren. So entspricht allgemein die altersspezifische Erwerbsquotenkurve der Frauen gerade in den neuen Bundesländern annähernd derjenigen der Männer[333], weil hier die Frauen im Hinblick auf bessere Kinderbetreuungsmöglichkeiten und -einrichtungen anders als in der alten Bundesrepublik auf eine sogenannte Familienpause verzichten[334] und darin - betont man den kulturellen Kontext der Austauschtheorie - noch durch die entsprechenden weiter geltenden sozialen Normen im Beitrittsgebiet unterstützt werden[335]. Der Zusammenhang zwischen Berufstätigkeit und Betreuungsmöglichkeit für Kinder könnte die bereits angegebene, für Ehefrauen im Altern von 15-25 Jahren mit Kinder unter 3 Jahren ermittelte geringe Erwerbstätigenquote von 28,9% zusätzlich damit erklären, dass bei jüngeren Müttern ihre Eltern und Schwiegereltern noch im Beruf und daher nicht für Betreuungsaufgaben zur Verfügung stehen. Ferner drückt sich der gesellschaftlich begründete Faktor unterschiedlicher Betreuungsmög-lichkei-ten und sozialer

---

331 Schneider, Soziologische Gegenwartsfragen, S. 147f.; Steil/Turetsky, Applied Social Psychological Annual 7, S. 76.

332 König, Soziologie der Familie, S. 248; nach Blood/Wolfe, Husbands and Wives, S. 42, steigt die Entscheidungsmacht des Ehemannes von der Vorbereitungsphase über die Phase der Primärsozialisation an und geht erst danach kontinuierlich zurück; vgl. zur soziologischen Begründung im Einzelnen oben, S. 27.

333 Allafi, Wirtschaft und Statistik, 1998, 653, 654.

334 Cornelsen, Wirtschaft und Statistik 1995, S. 279, 281.

335 So hielten bei einer repräsentativen Umfrage im Jahre 1993 nur ein Drittel der Befragten in Ostdeutschland das Ausscheiden der Ehefrau aus dem Beruf für wünschenswert, und zwar allenfalls in der Kleinkindphase (bis zum 3. Lebensjahr des Kindes), in Westdeutschland dagegen zwei Drittel der Befragten in der Kleinkindphase und ein Drittel sogar bis zur Einschulung des Kindes, vgl. Forschungsstelle für empirische Sozialökonomik, S. 128; dem entspricht der Befund des Mikrozensus 1997, wonach im April 1997 39,1% der erwerbstätigen Frauen im früheren Bundesgebiet lediglich teilzeitbeschäftigt waren, verglichen mit nur 20,5% der Frauen in den neuen Bundesländern und Berlin-Ost, vgl. Alafi, Wirtschaft und Statistik, 1998, 653, 656.

Normen[336] auch in der ungleichen Verteilung der Vollzeit- und Teilzeiterwerbstätigkeit aus: Während im April 1994 in der gesamten Bundesrepublik 33,3% der erwerbstätigen Frauen teilzeitbeschäft waren, traf dies im Beitrittsgebiet nur auf 20,4% im früheren Bundesgebiet dagegen auf 36,6% zu[337]. Vor diesem Hintergrund überrascht es auch nicht, dass erwerbstätige zusammenlebende Ehefrauen mit mindestens einem Kind unter drei Jahren im April 1998 überdurchschnittlich viel Teilzeitarbeit leisteten:

- Von den 823 erwerbstätigen zusammenlebenden Ehefrauen mit mindestens einem Kind unter 3 Jahren hatten im April 1998 285[338], also 34,6%, nur eine tatsächliche Wochenarbeitszeit bis einschließlich 20 Stunden,
- 105 Ehefrauen[339], also 12,8% eine solche von 21 bis 35 Stunden und
- 433 Ehefrauen[340], also 52,6%, arbeiteten 36 Stunden und mehr.

In der nächsten Altersphase der Kinder von 3 bis 6 Jahren nimmt zwar die Betreuungsbedürftigkeit der Kinder ab, aber nach dem statistischen Befund noch nicht in einem Maße, dass die Ehefrau ihre Teilzeittätigkeit ausbauen kann: Die oben für die Altersgruppe unter 3 Jahren angegebenen Teilzeitanteile erhöhen sich sogar, wenn der Teilzeitanteil von verheirateten zusammenlebenden Ehefrauen mit einem Kind unter 6 Jahren erfasst wird:

Von 1443 erwerbstätigen Ehefrauen[341] mit mindestens einem Kind unter 6 Jahren arbeiteten im April 1997 in der Woche

- 631 Ehefrauen[342], also 44% höchstens 20 Stunden,
- 219 Ehefrauen[343], also 15,2% 21 bis einschließlich 35 Stunden und

---

336 Teilzeittätigkeit entsprach in der ehemaligen DDR - auch bei Frauen - nicht der auf Vollzeitbeschäftigung gerichteten Staatspolitik, so Cornelsen, Wirtschaft und Statistik 1995, S. 279, 284; Eberhardt, FamRZ 1990, 917 Fn. 3; Koch/Knöbel, Familienpolitik der DDR im Spannungsfeld zwischen Familie und Berufstätigkeit von Frauen, S. 63, 67f.

337 Cornelsen, Wirtschaft und Statistik 1995, S. 284.

338 Statistisches Bundesamt, Fachserie 1, Reihe 3, S. 188.

339 Statistisches Bundesamt, Fachserie 1, Reihe 3, S. 189.

340 Statistisches Bundesamt, Fachserie 1, Reihe 3, S. 190.

341 Statistisches Bundesamt, Fachserie 1, Reihe 3, S. 187; hiernach beträgt die Gesamtzahl der erwerbstätigen, nicht getrenntlebenden Ehefrauen mit mindestens einem Kind unter 6 Jahren *1443 (tausend)*. Da die Aufspaltung dieser erwerbstätigen Ehefrauen auf den Seiten 188 bis 190 aaO. nach einer Zusammenrechnung nur *1442* ergibt, soll diese Zahl der eigenen Prozentbildung zugrundegelegt und im Übrigen von einem Rundungsfehler ausgegangen werden.

342 Statistisches Bundesamt, Fachserie 1, Reihe 3, S. 188.

343 Statistisches Bundesamt, Fachserie 1, Reihe 3, S. 189.

- 592 Ehefrauen[344], also 41,1% 36 Stunden und mehr.

3. Die Schulphase

Mit Beginn der Schulpflicht des Kindes hat die Ehefrau häufig die Möglichkeit, ihre Erwerbstätigkeit zumindest teilzeitweise wieder aufzunehmen[345]. In dieser Phase hängt die Erwerbstätigkeit der Ehefrauen von der Kinderzahl[346] und der beruflichen Qualifikation ab:

Wenn nur ein Kind vorhanden ist - insoweit also von vornherein ein Kompromiss zwischen ehelichem Nachwuchs und kontinuierlicher Erwerbstätigkeit[347] denkbar ist - steigt die Erwerbstätigenquote der verheirateten zusammenlebenden Ehefrauen mit zunehmenden Alter des Kindes kontinuierlich an: von 57%, wenn das Kind noch nicht 6 Jahre alt ist, über 59,8%, wenn das Kind noch nicht 10 Jahre alt ist, bis 62,8%, wenn das Kind noch nicht 15 Jahre alt ist[348]. Wenn dagegen neben dem einem Kind unter 6 (bzw. 10 und 15) Jahren noch ein weiteres Kind vorhanden ist, steigt die Erwerbstätigenquote zwar auch mit dem Alter des jüngsten Kindes, aber deutlich verzögert von 43,0% über 52,9% bis auf 58,5%[349]. Aus den gleichen Gründen wie in der Primärsozialisationsphase ist auch in der Schulphase entscheidend, ob die Betreuung der Kinder gewährleistet ist, jetzt auch durch die Schule und andere Einrichtungen, und ob eine Teilzeittätigkeit, wenn sie denn in dieser Situation anstelle einer Vollzeittätigkeit nach dem Entwicklungsstand des Kindes für geboten erachtet wird, auch tatsächlich möglich ist.

Erstaunlicherweise verringert sich der bereits für die Phase der Primärsozialisation ermittelte Teilzeitanteil der Ehefrauen nicht erheblich während der Schulphase des Kindes[350]. Die Ehefrauen scheinen also die sinkende Betreuungs-

---

344 Statistisches Bundesamt, Fachserie 1, Reihe 3, S. 190.

345 Mühlfeld, Ehe und Familie, S. 110; nach Blood/Wolfe, Husbands and Wives, S. 42, geht in dieser Phase auch die Entscheidungsmacht des Ehemannes von 5,71 (während der Primärsozialisation) auf 5,41 zurück und übersteigt damit nur geringfügig den Wert der Vorbereitungsphase von 5,35.

346 Held, Soziologie der ehelichen Machtverhältnisse, S. 193.

347 Der Ehe mit einem Kind kommt insoweit ein Kompromisscharakter zu, so Kaufmann, Zukunft der Familie im vereinten Deutschland, S. 130; bei der Ehe mit nur einem Kind ist für den betreuenden Elternteil noch die Alternative lebenslanger Vollerwerbstätigkeit denkbar, so Schneider, Soziologische Gegenwartsfragen, S. 82.

348 Statistisches Bundesamt, Fachserie 1, Reihe 3, S. 181.

349 Statistisches Bundesamt, Fachserie 1, Reihe 3, S. 181.

350 Von 2402 Ehefrauen mit einem Kind unter 10 Jahren arbeiteten 1089 höchstens 20 Stunden die Wochen (45%), 425 Ehefrauen (17,7%) 21 bis 35 Stunden und 888 Ehefrauen (37%) 36 oder mehr Stunden, vgl. zu den absoluten Zahlen Statistisches Bundesamt, Fachserie 1, Reihe 3, S. 187-190, aus denen sich auch bei einem Kind

bedürftigkeit des Kindes nicht zum Ausbau ihrer Teilzeitbeschäftigung zu nutzen. Dabei dürfte in einer statistisch erheblichen Anzahl von Fällen der Ausbau der im Hinblick auf die Betreuungsbedürftigkeit der Kinder übernommenen Teilzeitbeschäftigung der Ehefrau in eine Vollzeitbeschäftigung durchaus möglich sein: Nach den Ergebnissen des Mikrozensus im April 1994 gaben 68,0% der teilzeitbeschäftigten Frauen an, dass sie eine Vollzeitbeschäftigung nicht wünschten, und nur 9,3% der teilzeitbeschäftigten Frauen begründeten ihre Teilzeitbeschäftigung damit, dass sie eine Vollzeitbeschäftigung nicht gefunden hätten[351]. Kann damit aber die Aufrechterhaltung der Teilzeitbeschäftigung anstelle einer Vollzeittätigkeit weder mit den Verhältnissen des Arbeitsmarktes noch mit der Betreuungsbedürftigkeit von Kindern begründet werden, so bleibt als Erklärungsansatz nur die Austauschtheorie, die den Befund unter zwei Aspekten erläutert:

- Ehefrauen haben auf dem Arbeitsmarkt schlechtere Chancen als Ehemänner[352] mit der Folge, dass Ehemänner besser verdienen und so über höhere Ressourcen verfügen;

- vor diesem Hintergrund können Ehefrauen eine über die Teilzeitbeschäftigung hinausgehende Erwerbsbeteiligung im ehelichen Entscheidungsprozess nur insoweit durchsetzen, als ihre Erwerbstätigkeit zum einen zur Sicherstellung ihres Unterhalts eine größere Bedeutung hat und zum anderen sozialen Normen entspricht; beides ist in den neuen Bundesländern der Fall, nicht aber ohne weiteres auch in der alten Bundesrepublik. Aber auch in den neuen Bundesländern haben die Ehefrauen nicht die soziale Macht, über eine eigene höhere Erwerbsbeteiligung hinaus auch eine gleiche Beteiligung der Ehegatten an den Familienaufgaben zu erwirken: Auch im Beitrittsgebiet übernehmen die Ehefrauen mehr häusliche Arbeiten als die Ehemänner, aber anders als die Ehefrauen in der alten Bundesrepublik nicht auf Kosten ihrer Erwerbstätigkeit, sondern ihrer Freizeit[353].

Hat die Ehefrau in der vorhergegangenen Ehephase mit ihrer Berufstätigkeit vollständig ausgesetzt, ist die Wiederaufnahme ihrer Erwerbstätigkeit um so leichter und wahrscheinlicher, je kürzer die Berufsunterbrechung (die „Familienpause") war[354] und je höher Bildung und Qualifikation - als die die

---

unter 15 bzw. 18 Jahren eine wöchentliche Arbeitszeit von höchstens 20 Stunden für 42% (bzw. 40,4%) der Ehefrauen, die wöchentliche Arbeitszeit von 21 bis 35 Stunden für 20% (bzw. 20,5%) und die Wochenarbeitszeit von 36 oder mehr Stunden für 38% (bzw. 39,1%) der Ehefrauen ermitteln lässt.

351 Cornelsen, Wirtschaft und Statistik 1995, S. 279, 284.

352 Die Erwerbslosenquote der Frauen betrug im April 1999 11,5%, die der Männer dagegen nur 11,0%, vgl. Statistisches Bundesamt, Fachserie 1, Reihe 4.1.1, S. 106.

353 Fiebinger, Wirtschaft und Statistik 1995, S. 770, 774 mit statistischem Material.

354 Feser/Müller-Daehn/Schmitz, S. 82;

Altersbarriere überwindende Faktoren[355] - der Ehefrau sind: Weibliche Nichterwerbspersonen, also Frauen, die eine Erwerbstätigkeit weder anstreben noch ausüben, hatten im April 1995 nur zu einem Drittel einen höheren Schulabschluss als die Hauptschule. Den Realschulabschluss hatten dagegen zu 60% die erwerbstätigen und zu 52% die erwerbslosen Frauen, also solche, die eine Erwerbstätigkeit zwar nicht ausüben, aber suchen; auch haben erwerbstätige Frauen öfters einen berufsbildenden Abschluss (zu etwa 81%) als die erwerbslosen Frauen (zu etwa 63%) und diese wieder öfter als die nicht erwerbstätigen Frauen (nur zu 56%)[356]. Insoweit ist neben dem Alter der Ehefrau insbesondere ausschlaggebend, ob die Ehefrau zwischenzeitlich ihre beruflichen Fähigkeiten und Erfahrungen verloren hat - was je nach der technischen Ausrichtung des Berufs und dem Qualifikationsniveau der Ehefrau ins Gewicht fällt - und ob sie (seelisch) gegenüber dem Bereich der Erwerbstätigkeit entfremdet ist[357]. Qualifikation und Bildung der Ehefrau dürften über ihre Bedeutung auf dem Arbeitsmarkt hinaus auch den ehelichen Entscheidungs-prozess zugunsten ihrer Erwerbstätigkeit beeinflussen (vgl. o. S. 27).

4. Die Phase der Adoleszenz des Kindes bis zu seinem Ausscheiden aus dem elterlichen Haushalt

In der Phase der Adoleszenz des Kindes, die je nach Schultyp gegen Ende der Schulphase oder danach beginnt, werden die Familienaufgaben geringer - auch kann von einer vermehrten Beteiligung von Kindern an der Haushaltsführung ausgegangen werden (§ 1619 BGB) -, so dass eine vermehrte Erwerbstätigkeit der Ehefrauen zu erwarten wäre. Diese Erwartung gilt erst recht, wenn in der Kontraktionsphase[358] das Kind aus dem elterlichen Haushalt ausscheidet und wird allgemein auf den empirischen Befund gestützt, dass in dieser Phase die Entscheidungsmacht des Ehemannes mit 5,06 bzw. 4,68 (wenn das älteste Kind 19 Jahre oder älter ist) noch geringer ist als in der Vorbereitungsphase (5,35)[359].

Diese Erwartungen werden indessen durch den statistischen Befund sowohl hinsichtlich der Erwerbstätigenquoten (a) als auch hinsichtlich der Erweiterung einer Teilzeittätigkeit (b) widerlegt:

a) In der Altersgruppe der 35-45jährigen verheirateten Frauen steigt die Erwerbstätigenquote von 61,9%, wenn Kinder unter 15 Jahren vorhanden sind (Schulphase), auf 64,2% bei Kinder unter 18 Jahren und auf 65,3%, wenn Kinder

---

355 Held, Soziologie der ehelichen Machtverhältnisse, S. 193.

356 Statistisches Bundesamt, Fachserie 1, Reihe 4.1.1 (1995), S. 31; die in der 1999 erschienen Neuauflage für das Jahr 1998 insoweit keine Statistik enthält.

357 Familie und Arbeitswelt, S. 253.

358 Begriff nach Mühlfeld, Familiensoziologie, S. 149.

359 Blood/Wolfe, Husbands and Wives, S. 42.

unter 27 Jahren vorhanden sind[360]. Diese statistische Erfassung von Kindern unter 18 bzw. 27 Jahren mag zwar insoweit ungenau sein, als eine etwaige Tendenz zur Steigerung der Erwerbstätigkeit durch Miterfassung auch jeweils jüngerer Kinder zumindest teilweise verdunkelt wird. Dass die zunehmende Selbständigkeit des Kindes und dessen Verlassen des elterlichen Haushalts nur in wenigen Fällen Anlass für die Ehefrau ist, eine bis dahin unterbrochene Erwerbstätigkeit neu aufzunehmen, lässt sich jedoch statistisch dadurch nachweisen, wenn man die Erwerbstätigenquoten nach dem erfassten Höchstalter des alleinigen Kindes der nicht getrennt lebenden Ehefrau bestimmt: Diese Quote ändert sich nicht signifikant; sie beträgt 62,8% (Kind unter 15 Jahren), 63,9% (Kind unter 18 Jahren) und 63,3% (Kind unter 27 Jahren)[361]. Diese Konstanz der Erwerbstätigenquote über die Kindererziehung hinaus, dürfte wie schon in der Schulphase mit Qualifikationsdefiziten und der langen Dauer des beruflichen Aussetzens zusammenhängen, die die berufliche Wiedereingliederung erschweren. Die in der früheren Bundesrepublik praktizierte „Familienpause", also die (vorübergehende) Berufsaufgabe zu Zwecken der Kindererziehung erhöht daher das Risiko der Erwerbslosigkeit: Als Grund für ihre Erwerbslosigkeit gaben 6,6% der befragten Frauen im früheren Bundesgebiet und nur 2,4% der befragten Frauen im Beitrittsgebiet die eigene Kündigung an[362].

b) Auch wenn das Kind erwachsen geworden ist und den elterlichen Haushalt verlassen hat oder verlassen kann, bleibt der Teilzeitanteil der erwerbstätigen, nicht getrennt lebenden Ehefrauen mit 45% konstant: Auch bei Einbeziehung der Kinder unter 27 Jahren in die Gruppe der untersuchten Ehefrauen mit einem Kind ergibt sich, dass 33% der Ehefrauen nur bis einschließlich 20 Stunden in der Woche arbeiten, 22% 21 bis einschließlich 35 Stunden und nur 45% 36 und mehr Stunden[363]. Der Grund für den unveränderten Teilzeitanteil dürfte wie schon in der vorhergegangenen Ehephase in dem Kompromisscharakter der Teilzeitbeschäftigung liegen, der unter den gesellschaftlichen Verhältnissen in der ehelichen Entscheidungsfindung für „richtig" befunden wird.

5. Ergebnis:

Statistisch ließ sich nachweisen, dass der Umfang der Erwerbstätigkeit der Ehefrau von den einzelnen Ehephasen nur sehr eingeschränkt abhängig ist:

- Mit der Geburt von Kindern gibt die Ehefrau vielfach die Erwerbstätigkeit auf oder schränkt sie auf eine Teilzeittätigkeit ein, soweit dies - wie im alten

---

[360] Statistisches Bundesamt, Fachserie 1, Reihe 3, S. 183.

[361] Statistisches Bundesamt, Fachserie 1, Reihe 3, S. 181.

[362] Ergebnis des Mikozensus April 1999, Statistisches Bundesamt, Fachserie 1, Reihe 4.1.1, S. 28.

[363] Ermittelt aus den absoluten Zahlen des Mikrozensus nach Statistisches Bundesamt, Fachserie 1, Reihe 3, S. 188 bis 190.

Bundesgebiet - sozialen Normen und faktischen Verhältnissen (fehlenden Betreuungseinrichtungen) entspricht.

- Ob die Ehefrau nach der Primärsozialisation der Kinder, also ab ihrer Einschulung die Erwerbstätigkeit wieder aufnimmt, hängt - anders als der insoweit konstant bleibende Teilzeitanteil - von ihrer Qualifikation und vom Alter und der Anzahl der Kinder ab. Eine bis zum 15. Lebensjahr des Kindes noch nicht aufgenommene Erwerbstätigkeit wird wegen der Schwierigkeiten auf dem Arbeitsmarkt nur in seltenen Fällen später wieder aufgenommen.

Die Austauschtheorie wird statistisch bestätigt; die Betreuungsbedürftigkeit der Kinder als negative Ressource der Ehefrau kann jedoch das dauernde Fernbleiben der Ehefrau vom Arbeitsmarkt ebenso wenig erklären wie die Aufrechterhaltung einer bloßen Teilzeit- anstelle einer Vollzeittätigkeit. Für den ersten Befund der konstanten Erwerbstätigenquote sind Gründe des Arbeitsmarktes anzuführen, für den zweiten Befund des konstanten Teilzeitanteils soziale Normen verantwortlich zu machen.

Die verlaufsbezogene Betrachtung der Ehe hat gezeigt, dass die Ausgestaltung der ehelichen Lebensgemeinschaft der ehelichen Lebens-gemeinschaft nicht nur vom autarken Willen der Ehegatten abhängig ist, sondern auch von den gesellschaftlichen Verhältnissen und Normen, die auf die einzelnen Familienphasen unterschiedlich einwirken. Wenn sich auch die intermittierende Ehe wegen ihrer Vielgestaltigkeit und mangelnden Abgrenzbarkeit nicht zur Typenbildung eignet, so verdeutlicht die Betrachtung des Eheverlaufs, dass auf die Ausgestaltung der ehelichen Lebensgemeinschaft je nach Familienphase im unterschiedlichen Ausmaß gesellschaftliche Faktoren einwirken:

- die Betreungsbedürftigkeit des Kindes und ihres Befriedigung durch staatliche Betreuungseinrichtungen,
- soziale Normen über die Erwerbstätigkeit der Ehefrau und
- die vom Arbeitsmarkt abhängige Möglichkeit der beruflichen Wiedereingliederung.

Im Umfang der Einwirkung dieser Faktoren je nach Familienphase verschiebt sich das eheliche Machtverhältnis zu Lasten der Ehefrau (Austauschtheorie), so dass auch je nach Familienphase die Ausgestaltung der ehelichen Lebensgemeinschaft dem Ehemann unterschiedlich zuzurechnen ist und somit auch das Kompensations- und das Vertrauensprinzip im unterschiedlichen Ausmaß den Geschiedenenunterhalt rechtfertigen können. Der Geschiedenenunterhalt kann also nicht nur aus der Zuordnung der Ehe zu einem bestimmten Ehetyp ermittelt werden. Ergänzend muss der Eheverlauf in seiner Gesamtheit berücksichtigt werden[364] bei der Frage, in wieweit das Vertrauens- und Kompensationsprinzip einschlägig sind.

II. Die phasenverschobene Ehe

Von einer phasenverschobenen Ehe spricht man, wenn sich die Ehegatten zur selben Zeit in verschiedenen Lebensphasen befinden. Als derartige Lebensphasen kommen in Betracht die der Ausbildung, der Berufstätigkeit oder der Altersrente.

1. Die Ehe eines studierenden mit einem berufstätigen Ehegatten

Bei einer Ehe, während der ein Ehegatte studiert hat und der andere - ohne studiert zu haben - berufstätig war (Studentenehe), kommt für den berufstätigen Ehegatten ein Anspruch auf Aufstockungsunterhalt nach § 1573 Abs. 2 BGB in Betracht, wenn die ehelichen Lebensverhältnisse iSd. § 1578 Abs. 1 S. 1 BGB durch den (erwarteten) höheren Verdienst eines Ehegatten als Akademiker geprägt waren (vgl. dazu o. S. 43). Ob bei dieser Sachlage der Unterhaltsanspruch des vormals allein berufstätigen Ehegatten nach § 1578 Abs. 1 S. 2 BGB auf den eheunabhängigen Bedarf dieses Ehegatten zu begrenzen und damit im Ergebnis auszuschließen ist, richtet sich nach den im ersten Teil genannten allgemeinen Gesichtspunkten.

Das Kompensationsprinzip greift nicht ein, weil ehebedingte Nachteile des auch während der Ehe berufstätigen Ehegatten nicht ersichtlich sind.

Auch das Vertrauensprinzip kann allenfalls insoweit berührt sein, als es um den in der ehelichen Lebensgemeinschaft liegenden allgemeinen Vertrauenstatbestand geht. Hiernach ist die Schutzwürdigkeit des Vertrauens und damit auch die Länge der zu bestimmenden Übergangsfrist davon abhängig, ob - was anstelle der Möglichkeit der beruflichen Wiedereingliederung als Rechtsfolgenmaßstab allein in Betracht kommt - der unterhaltsberechtigte Ehegatte eine besondere Vertrauensinvestition getätigt hat (vgl. o. S. 52), also zum Beispiel den anderen Ehegatten im besonderen Maße von Aufgaben der Haushaltsführung entlastet hatte. Eine derartige Doppelbelastung des berufstätigen Ehegatten, der das Familieneinkommen sichert und überwiegend den Haushalt führt, steht nach den Ausführungen zur „societas leonina" (vgl. o. S. 23) der Schutzwürdigkeit des Vertrauenstatbestandes nicht entgegen.

Da der tatsächlich verwirklichte eheliche Lebensstandard während der Ehe nie durch das Einkommen eines Akademikers gekennzeichnet war, soll die Übergangsfrist also nicht die Anpassung an infolge der Scheidung veränderte Umstände ermöglichen oder erleichtern, sondern nur der Einstellung auf einen

364 Krause, Die Begrenzung des Unterhalts nach der Scheidung, S. 207f.

neuen Lebensplan dienen. Das spricht dafür, die Übergangsfrist vergleichsweise kurz zu bemessen.

Gleiches gilt im Ergebnis für das Gegenseitigkeitsprinzip. Der Befund, dass der nach Beendigung seines Studiums nunmehr unterhaltsverpflichtete Ehegatte aus der Gestaltung der ehelichen Lebensgemeinschaft Vorteile gezogen hat, kann wegen des Grundsatzes der Eigenverantwortlichkeit der Ehegatten nach der Scheidung (§ 1569 BGB) auf Dauer nicht zum Unterhaltsanspruch des uneingeschränkt berufstätigen Ehegatten führen. Für die Länge der mithin zu bestimmenden Übergangsfrist kommt es also insbesondere[365] auf eine überobligationsmäßige Belastung des einen Ehegatten während der Ehe an.

Da man aber mit dieser Vorteilsausgleichung den typischen Zweck des Unterhalts verlässt - wenngleich man sich auf das Gebot zur billigen Entscheidung nach §§ 1578 Abs. 1 S. 2 BGB berufen kann -, ist zu berücksichtigen, in wieweit der Versorgungsausgleich bei der phasenverschobenen Ehe nach § 1587c Nr. 1 BGB ausgeschlossen ist: Da der Versorgungsausgleich grundsätzlich auch bei einer Ehe durchzuführen ist, während der ein Ehegatte studiert hat[366], stellt der Ausschluss des Versorgungsausgleichs nach § 1587c Nr. 1 BGB - etwa wegen der Doppelbelastung des berufstätigen Ehegatten[367] oder seiner eingeschränkten Erwerbsfähigkeit[368] oder schlicht aus dem Grund, dass das Studium fast die ganze Ehe lang andauerte und die gemeinsame Lebensplanung verfehlt wurde[369] - bereits einen Vorteilsausgleich sicher, der einem weiteren Vorteilsausgleich mit den Mitteln des Unterhaltsrechts den Boden entzieht.

Umgekehrt kann das Gegenseitigkeitsprinzip es auch rechtfertigen, nach § 1579 Nr. 7 BGB einen Unterhaltsanspruch des studierten Ehegatten zu begrenzen:

---

365 Nach Korenke, Nachehelicher Unterhalt, S. 151, 152, ist auch ein bloßer Konsumverzicht während der Ehe bei der Bemessung der Übergangsfrist zu beachten.

366 BGH, FamRZ 1983, 1217, 1218: § 1587c Nr. 1 BGB ist nicht schon dann anzuwenden, wenn der Grundgedanke (Ausgleich von Nachteilen aus der Zurücksetzung von beruflicher Tätigkeit zugunsten der ehelichen Lebensgemeinschaft) verfehlt wird, bei der Studentenehe müssten vielmehr besondere Umstände hinzukommen; vgl. hierzu den dritten Teil.

367 BGH, FamRZ 1989, 1060, 1061; OLG Köln, FamRZ 1994, 1473, 1474.

368 OLG Frankfurt am Main, FamRZ 1994, 1472, 1473.

369 BGH, FamRZ 1983, 1217, 1218; OLG Hamm, FamRZ 1994, 1472 (wenn studierende Ehegatte während des Studiums kein Einkommen hatte und der andere Ehegatte ihm also sowohl sein Studium als auch seine Altersversorgung zu finanzieren hätte); Empfehlungen des 4. Deutschen Familiengerichtstages (Arbeitskreis 4), FamRZ 1981, 1204, 1205 (jedenfalls bei einem deutlichen Missverhältnis in der wirtschaftlichen Lage).

In einem vom OLG Hamm[370] entschiedenen Fall studierte die Ehefrau während der Ehe auf Kosten des erwerbstätigen Ehemannes Medizin, um Ärztin zu werden. Nach Studienabschluss stellte sich jedoch heraus, dass die Ehefrau dauerhaft erwerbsunfähig ist. Die Ehe dauerte bis zur Zustellung des Scheidungsantrages etwas mehr als 5 Jahre; die Parteien hatten nur 3 ½ Jahre zusammengelebt. Das OLG begrenzte den Unterhalt der Höhe nach auf 1.600,- DM monatlich - wohl im Hinblick darauf, dass die Ehefrau während des Studiums monatlich etwa 1.500,- DM bare Ausgaben hatte - und der Dauer nach auf knapp 4 Jahre nach der Rechtskraft der Scheidung. Zur Begründung führte das Gericht an, dass die Ehefrau durch die Ehe nur Vorteile im Hinblick auf ihr Studium gehabt habe und dass es unbillig sei, ihr für den 1 ½ nach der Scheidung beginnenden Unterhaltszeitraum nunmehr ein voller Unterhalt nach den Lebensverhältnissen des Ehemannes zu gewähren[371].

Der Entscheidung ist zuzustimmen. Im ersten Teil der Begründung findet sie sich im Einklang mit dem Gegenseitigkeitsprinzip, im zweiten Teil mit dem Vertrauensprinzip, wenn man davon ausgeht, dass die Ehefrau in den 1 ½ Jahren ohne Unterhalt nach den ehelichen Lebensverhältnissen Zeit hatte, sich auf die neue Lage einzustellen. Die Übergangsfrist kann derart kurz bemessen sein, da es an einer schutzwürdigen Vertrauensinvestition der Ehefrau - etwa durch ein Verhalten, das ihre Abhängigkeit begründet oder erhöht - fehlt. Während die Unterhaltsbegrenzung dem Betrage nach auch - alternativ[372] auf der Grundlage des § 1578 Abs. 1 S. 2 BGB vorgenommen werden konnte, war die Befristung allein bei Anwendung des § 1579 Nr. 7 BGB möglich. Nimmt man die Gesichtspunkte des Vertrauensprinzips und des Gegenseitigkeitsprinzips zusammen, so liegen insgesamt objektive Gründe vor, die - was nach dem BGH erforderlich ist[373] -das Maß zumutbarer Unterhaltspflicht übersteigen und dabei im Schweregrad einem anderen Härtegrund entsprechen, hier der kurzen Ehe im Sinne von § 1579 Nr. 1 BGB.

Gleiches gilt für den Anspruch des studierenden Ehegatten während seines Studiums auf Geschiedenenunterhalt, der sich unter Umständen aus § 1573 Abs. 1 Abs. 1 iVm. § 1574 Abs. 2 BGB ergeben kann[374] (vgl. o. S. 43). Das Gegenseitigkeitsprinzip führt zur Begrenzung auf den eheunabhängigen Lebensbedarf nach § 1578 Abs. 1 S. 1 BGB, sofern das Studium nur noch dem studieren-

---

370 FamRZ 1994, 1037.

371 OLG Hamm, FamRZ 1994, 1037, 1038; ähnlich OLG Frankfurt/M, FamRZ 1999, 97, 98, in einem Abänderungsverfahren.

372 Vgl. o. S. 8.

373 BGH, FamRZ 1994, 558, 559.

374 Ein Anspruch auf Ausbildungsunterhalt kann sich also je nach Sachlage entweder aus §§ 1573 Abs. 1, 1574 Abs. 2 BGB (BGH, NJW 1980, 393, 394) oder aus §§ 1573 Abs. 1, 1574 Abs. 3 BGB (BGH, NJW-RR 1992, 1349) oder aus § 1575 Abs. 1 und 2 BGB ergeben; die Unterscheidung kann anders als im Fall des BGH, NJW 1980, 393, 394, heute nicht mehr offen gelassen werden, weil nur im letzten Fall eine Befristung nach § 1573 Abs. 5 BGB von vornherein ausscheidet.

den Ehegatten zu Gute kommt, entgegen der ursprünglichen Lebensplanung aber nicht mehr beiden Ehegatten: Auch ein Aufstockungsanspruch des nicht studierten Ehegatten kommt nach Studienende nur in Betracht, wenn bei Scheidung der erfolgreiche Abschluss des Studiums bereits bevorstand und insofern schon die ehelichen Lebensverhältnisse prägte (vgl. o. S. 43).

Einer Befristung nach § 1573 Abs. 5 BGB, also ein völliger Unterhaltsausschluss nach Ablauf einer gewissen Zeit stünde dagegen das für die Bestimmung der Erwerbsobliegenheit nach § 1574 Abs. 2 BGB maßgebende Vertrauensprinzip entgegen (vgl. o. S. 43). Dabei folgt der Vertrauenstatbestand aus der Gestaltung der ehelichen Lebensgemeinschaft. Die die Schutzwürdigkeit des Vertrauens begründende und begrenzende Vertrauensinvestition (vgl. o. S. 52) liegt in der Aufnahme und Fortführung des Studiums während der Ehe. Da der Unterhalt ohnehin nur bis zum Studienende, also für einen überschaubaren Zeitraum geschuldet wird, besteht auch unter Zumutbarkeitsgesichtspunkten kein Anlass, den Unterhaltsanspruch vorher zu befristen.

2. Die Ehe zwischen einem die Altersrente beziehenden und einem berufstätigen Ehegatten

Eine solche Ehe stellt der Sache nach eine Doppelverdienerehe dar, bei der die wirtschaftlichen Grundlagen des Prinzips der Eigenverantwortlichkeit der geschiedenen Ehegatten (§ 1569 BGB) gelegt sind. Der Unterhalt kann daher nach einer Anpassungsfrist gem. § 1578 Abs. 1 S. 2 BGB begrenzt werden.

Geht es insoweit um den Anspruch des rentenbeziehenden Ehegatten auf den Aufstockungsunterhalt nach den §§ 1571 Nr. 1, 1578 Abs. 1 S. 1 BGB, so ist für den Fortbestand der Unterhaltspflicht trotz Begrenzung nach § 1578 Abs. 1 S. 2 BGB entscheidend, ob der rentenbeziehende Ehegatte sich so steht, wie er ohne die Ehe stünde, was nicht der Fall ist, wenn die Rente ehebedingt, etwa wegen beruflichen Aussetzens während der Ehe, geringer ausfällt. Auch Nachteile in der Altersversorgung sind bei § 1578 Abs. 1 S. 2 BGB zu berücksichtigen (vgl. o. 33).

Im Grundsatz anders entschied das OLG Celle einen Fall, der zwar nicht die hier besprochene phasenverschobene Ehe betrifft, mit ihr aber von der Problemlage her vergleichbar ist: Die Ehefrau kündigte während der Ehe ihre Anstellung in einem Modehaus zugunsten einer Anstellung im Geschäft ihres Ehemannes, von dem sie jedoch während der Trennungszeit gekündigt wurde[375].

Das Gericht ging davon aus, dass die Ehefrau, die während der Trennungszeit ehebedingt arbeitslos wurde und blieb, nach der Scheidung eine Altersrente erhält, die ehebedingt geringer ausfallen wird. Gleichwohl begrenzte das Gericht den Unterhalt nach § 1578 Abs. 1 S. 2 BGB für den Zeit des Bezuges der

---

375 OLG Celle, FamRZ 1987, 69.

Altersrente ab 65 Jahren nach Ablauf einer Übergangsfrist in der Weise, dass die Unterhaltspflicht völlig wegfiel, obwohl auch bei Anwendung des § 1578 Abs. 1 S. 2 BGB die Unterhaltspflicht im Umfang ehebedingter Nachteile fortbestehen müsste[376].

Dass der Entscheidung gleichwohl im Ergebnis zuzustimmen ist, liegt darin, dass das Gericht den Versorgungsausgleich zugunsten des Ehemannes als eines selbständigen Unternehmers ausschloss, weil die Ehefrau auf ihre Anrechte angewiesen ist. Dieser Ausschluss des ansonsten zwingend durchzuführenden Versorgungsausgleichs[377] garantiert anstelle der im Umfang ehebedingter Nachteile an sich fortdauernden Unterhaltspflicht[378] einen Nachteilsausgleich und erfüllt damit letztlich ihren Zweck, indem er einen angemessenen Unterhalt sicherstellt. Bei der Bemessung der Anpassungsfrist nach § 1578 Abs. 1 S. 2 BGB wird auch unter Zumutbarkeitsgesichtspunkten zu berücksichtigen sein, wie der bei der phasenverschobenen Ehe problematische Versorgungsausgleich durchgeführt wurde:

Macht der berufstätige Ehegatte einen Anspruch auf Aufstockungsunterhalt (§ 1573 Abs. 2 BGB) geltend, so ist ihm nach § 1578 Abs. 1 S. 2 BGB eine längere Anpassungsfrist zu gewähren, wenn der Versorgungsausgleich zu seinen Lasten durchgeführt wurde, obwohl sein Grundgedanke nicht zutrifft[379].

Gleiches gilt mit umgekehrten Vorzeichen für den Aufstockungsanspruch (§ 1571 Nr. 1 BGB) des rentenbeziehenden Ehegatten.

Gerade bei einer phasenverschobenen Ehe mit einem rentenbeziehenden Ehegatten wird die Höhe des Unterhalts und die Billigkeit seiner Begrenzung also auch durch den Versorgungsausgleich beeinflusst, der mithin bei der Billigkeitsentscheidung nach § 1578 Abs. 1 S. 2 BGB zu berücksichtigen ist.

Darin zeigt sich die Einbettung des Geschiedenenunterhalts in das Gesamtsystem des Scheidungsfolgenrechts (vgl. dazu den 5. Teil).

---

376 OLG Celle, FamRZ 1987, 69, 70.

377 Auch bei Ehen zwischen einem selbständig Erwerbstätigen und einem allein rentenversicherten Angestellten ist der Versorgungsausgleich durchzuführen, OLG Hamm, 1981, 574.

378 Der Unterhaltsausschluss nach § 1573 Abs. 5 BGB passt nicht auf die 65 Jahre alte Ehefrau, weil sich jedenfalls ab diesem Alter ihr Unterhaltsanspruch nicht mehr aus § 1573 Abs. 1 oder 4 BGB, sondern aus § 1571 Nr. 1 BGB ergibt.

379 Vgl. OLG Köln, FamRZ 1988, 849: Wenn auch die Ausgleichsberechtigung des rentenbeziehenden Ehegatten (nicht auf der ehelichen Lebensgemeinschaft, sondern) allein darauf beruht, dass er wegen seines Rentenbezuges keine Anwartschaften mehr erwerben konnte, so ist trotz Verfehlens seines Grundgedankens der Versorgungsausgleich erst dann grob unbillig iSd. § 1587c Nr. 1 BGB, wenn die Zeit des Rentenbezuges mit der Trennung der Parteien zusammenfällt oder der Versorgungsausgleich sonst den wirtschaftlichen Verhältnissen widerspricht.

Geht es umgekehrt um den Unterhaltsanspruch des rentenbeziehenden gegen den erwerbstätigen Ehegatten, so ist zu berücksichtigen, dass der Versorgungsausgleich zugunsten des rentenbeziehenden Ehegatten seine Bedürftigkeit mindert; der auf dem Versorgungsausgleich beruhende Rentenzuwachs ist nicht im Sinne des § 1578 Abs. 1 S. 1 BGB prägend[380].

3. Ergebnis

Die phasenverschobene Ehe kann derart vielgestaltig sein - die jeweilige Lebensphase eines Ehegatten indiziert noch nicht einmal die Richtung der Unterhaltspflicht -, dass eine Typisierung insoweit nicht in Betracht kommt. Wie beim Versorgungsausgleich ist auch beim Geschiedenenunterhalt der Befund einer phasenverschobenen Ehe Anlass, die Rechtfertigung des nachehelichen Unterhalts unter Berücksichtigung der übrigen Scheidungsfolgen genau zu prüfen

E. Gesamtergebnis zur Typenbildung

Für den Geschiedenenunterhalt erwies sich als rechtsfolgenrelevant nicht nur die jeweilige Zuordnung der Ehe zu den Ehetypen der kurzen Ehe, der Doppelverdiener-, der Zuverdiener-und der Alleinverdienerehe sowie der Ehe mit noch betreuungsbedürftigen Kindern, sondern auch die ergänzende Berücksichtigung der allgemeinen Prinzipien des Geschiedenenunterhalts. Insoweit können im Einzelfall Anhaltspunkte gewonnen werden aus der Betrachtung des Eheverlaufs und der Feststellung einer phasenverschobenen Ehe.

---

380 BGH, FamRZ 1989, 159, 161; OLG München, FamRZ 1997, 613.

Dritter Teil: Der Einfluss der Ehetypen auf Verträge über den Geschiedenenunterhalt

Nach § 1585c BGB können die Ehegatten über den Geschiedenenunterhalt Vereinbarungen treffen. Die Vereinbarung kann vor der Ehe oder nach der Heirat, im Rahmen eines notariell zu beurkundenden Ehevertrages (§ 1408 Abs. 1 BGB) oder unabhängig von diesem formfrei getroffen werden. Ebenso wie die Ehegatten frei sind, die eheliche Lebensgemeinschaft nach ihren Vorstellungen auszugestalten (§ 1356 BGB), sieht es das Gesetz geradezu als erwünscht an, wenn die Ehegatten die Nachwirkungen ihrer Ehe im Falle einer Scheidung selbst regeln (vgl. §§ 1408, 1585c BGB, 630 Abs. 1 Nr. 1, Abs. 3 ZPO)[381].

Nachdem im zweiten Teil gezeigt worden ist, dass sich der Geschiedenenunterhalt im wesentlichen nach den Ehetypen richtet, ist noch zu erörtern, in wieweit diese Ehetypen bei den Verträgen über den Geschiedenenunterhalt berücksichtigt werden können (A). Im Anschluss daran wird der Frage nachgegangen, welche Rechtsfolgen sich ergeben bei einem Widerspruch zwischen dem festgestellten Ehetyp einerseits und dem Unterhaltsvertrag andererseits (B und C).

---

[381] MünchKomm/Richter, § 1585c Rz. 1.

A. Die Ehetypen in der notariellen Vertragsgestaltung

I. Rechtstatsachen

Die Vertragsfreiheit wird für Scheidungsvereinbarungen im höheren Maße in Anspruch genommen als für Eheverträge.

Eheverträge werden in höchstens 15% aller Ehen geschlossen[382]. Von den Eheverträgen, die 1984 im Güterstandsregister von Berlin eingetragen wurden, enthielten 23,5% Verzichte auf den Geschiedenenunterhalt[383]; für Hamburg und Niedersachsen wurden zwar geringere, aber immer noch hohe Verzichtsquoten ermittelt[384].

Nach einer rechtstatsächlichen und zumindest für das westliche Bundesgebiet repräsentativen Untersuchung[385] wurden in § 76,7% aller Scheidungsverfahren Vereinbarungen über den Geschiedenenunterhalt getroffen, und zwar zu 44,5% durch einen Prozessvergleich, zu 20,7% durch notarielle Verträge und zu 11,4% durch privatschriftliche Vereinbarungen[386]. Die Kräfte der Privatautonomie spiegeln sich jedoch nicht nur in dem Eingehen von Verträgen wieder, sondern auch in der individuellen Entscheidung über die Durchsetzung von Rechten: So wird in nur 17,8% aller Scheidungsverfahren Ehegattenunterhalt gezahlt oder ein entsprechenden Begehren verfolgt; in 58,5% der Verfahren wurde auf Geschiedenenunterhalt verzichtet[387].

---

[382] Nach Stach, Eheverträge - Gesetz und Rechtstatsachen -, wurden in Berlin in etwa 10% aller Ehen Eheverträge geschlossen, die 1984 im Güterstandsregister eingetragen wurden (aaO., S. 19), während wahrscheinlich unter Einbeziehung auch der nicht eingetragenen Eheverträge in Berlin 15% aller Ehegatten Eheverträge schließen (aaO.; S. 20, 142); vgl. zum bundesweiten Verhältnis von Eintragungen im Güterrechtsregister und Eheschließungen im Jahr 1980 Schreiber, Gestaltungsfreiheit in Eheverträgen in rechtsdogmatischer und rechtstatsächlicher Hinsicht, S. 171 (10% in West-Berlin und 0,26% in Bayern).

[383] Angaben nach Stach, ebd. (Fn. 382), S. 106, 122, 124.

[384] Schreiber, ebd. (Fn. 382), gibt die Verzichtsquote für das Jahr 1980 im Raum Hamburg mit knapp 16% (unter Einschluss modifizierter Verzichte) an (S. 163f., 178) und für das Jahr 1980 und das erste Halbjahr 1981 in Tostedt (Niedersachsen) mit knapp 10% (S. 209f.).

[385] Durchgeführt von Müller-Alten, Ehescheidung und Scheidungsverträge, auf der Grundlage von 236 Verfahren, die im ersten Halbjahr 1980 mit einem Scheidungsurteil abgeschlossen wurden; zur Repräsentativität vgl. die Angaben aaO. auf S. 41ff. und 45ff.

[386] Müller-Alten, S. 153.

[387] Müller-Alten, S. 145.

II. Darstellung der Kautelarjurisprudenz zu den Unterhaltsverträgen für die Zeit vor der Ehe oder während intakter Ehe

Die notarielle Literatur legt der Vertragsgestaltung die Erkenntnis zugrunde, dass der Ehetyp des gesetzlichen Scheidungsfolgenrechts die Alleinverdienerehe ist und dass daher von der durch § 1585c BGB eröffneten Vertragsfreiheit um so mehr Gebrauch zu machen ist, desto mehr der von den Ehegatten tatsächlich verwirklichte Ehetyp vom gesetzlichen Ausgangsmodell verschieden ist[388]. Dem entspricht auch der empirische Befund von Stach[389], wonach von den 2% aller Ehegatten in Berlin, die Zugewinn, Versorgungsausgleich und den Geschiedenenunterhalt ausschlossen, 90% eine Doppelverdienerehe führten.

Bei der Einverdienerehe ist ein Unterhaltsvertrag allenfalls mit dem Inhalt nötig, dass bei einer kurzen Ehe (bei einer „Frühscheidung“) der Unterhalt zu befristen ist[390]. Dadurch wird der unsichere Maßstab der groben Unbilligkeit nach § 1579 Nr. 1 oder 7 BGB vermieden und der Rechtssicherheit gedient.

Auch eine junge Doppelverdienerehe mit einer durch die Erwartung von Nachwuchs bedingten Tendenz zur Einverdienerehe behandelt die Kautelarjurisprudenz wie eine Einverdienerehe[391]; eine Abbedingung der gesetzlichen Regelung wird also hier nur in Randbereichen empfohlen, etwa wenn es um den Ausschluss oder die Einschränkung des Unterhaltsanspruchs im Falle einer Frühscheidung geht[392].

Eine nach der jeweiligen Ehephase abgestufte Regelung (erst wie bei einer Doppelverdienerehe, sodann wie bei einer Einverdienerehe) wird ebenfalls erwogen[393], wenngleich sie nicht immer nötig ist: Bei einer Scheidung noch vor Eingreifen der durch die Einverdienerehe geprägten Verhältnisse wird regelmäßig eine kurze Ehe vorliegen, so dass die Interessen des unterhaltsverpflichteten Ehegatten bereits durch die gesetzliche (§ 1579 Nr. 1 BGB) oder die in Randbereichen ergänzende vertragliche Regelung gewahrt sind.

Problematisch ist die Sachlage nur dann, wenn sich die auf Gründung einer Einverdienerehe angelegten Pläne der Ehegatten endgültig zerschlagen.

---

388 Langenfeld, Handbuch der Eheverträge, Rz. 957f; Schwab, DNotZ 1977, 51, 61 (unter Hinweis auf die Vielgestaltigkeit der wirtschaftlichen und sozialen Bedingungen, unter denen eine eheliche Gemeinschaft geführt wird).

389 Stach, aaO. (Fn. 382), S. 143, 130 und 136.

390 Langenfeld, aaO. (Fn. 388), Rz. 962; Unterhaltsrecht/ders., 15. Kap., Rz. 21; Rau, MittRhNotK 1988, 187, 190.

391 Vgl. den Vertragsentwurf bei Naegele, Eheverträge, S. 17ff.

392 Langenfeld, aaO. (Fn. 388), Rz. 963.

393 Brambring, Ehevertrag, Rz. 89, 112, der einen Unterhaltsverzicht mit einer auflösenden Bedingung für den Fall der Geburt eines Kindes vorschlägt; so auch Zimmermann, S. 130, 131.

Der potentiell unterhaltsverpflichtete Ehegatte muss sodann versuchen, mit dem anderen Ehegatten einen neuen, abändernden Vertrag über den Geschiedenenunterhalt zu schließen. Ob ihm dies gelingt, hängt davon ab, ob er sich in dem vorausgehenden Entscheidungsprozess gegen seinen Ehegatten durchsetzen kann. Insoweit kommen ihm nach der Ressourcentheorie jedoch seine - auch die potentielle Unterhaltspflicht begründenden - höheren finanziellen Ressourcen zu Gute. Unter dem Gesichtspunkt, dass die Ehegatten das für gerecht und erstrebenswert halten, was den sozialen Normen entspricht (Ressourcentheorie im kulturellen Kontext, vgl. o. S. 28), könnte dem unterhaltsverpflichteten Ehegatten weiter dadurch geholfen werden, dass der Notar als unparteiischer Betreuer (§ 14 Abs. 1 S. 2 BNotO) in dem auf die Einverdienerehe ausgerichteten Unterhaltsvertrag den Parteien empfiehlt, bei dauerhafter Fortführung der Doppelverdienerehe den Unterhaltsvertrag zu ändern. Im übrigen lassen sich eindeutig ehetypenwidrige Unterhaltspflichten bereits durch das Unterhaltsänderungsgesetz (§§ 1573 Abs. 5, 1578 Abs. 1 S. 2 BGB) verhindern.

Der vertragliche Ausschluss des Geschiedenenunterhalts (Verzicht) ist bei einer kinderlosen Ehe beiderseits voll berufstätiger Ehegatten gerechtfertigt[394]. Dies hat zur Folge, dass anders als nach der gesetzlichen Regelung (§§ 1573 Abs. 5, 1587 Abs. 1 S. 2 BGB) auch für eine Übergangsfrist kein Unterhalt - etwa in Form eines Aufstockungsunterhalts (§ 1573 Abs. 2 BGB) - mehr zu zahlen ist.

Ein völliger Unterhaltsverzicht wird auch im Falle einer Wiederverheiratung im vorgerückten Alter empfohlen, wenn beide Ehegatten vermögens- und versorgungsmäßig abgesichert sind[395]. Ohne diese Regelung wäre ebenfalls für eine Übergangszeit der am Maßstab des § 1578 Abs. 1 S. 1 BGB ausgerichtete Unterhalt zu zahlen, bis eine Unterhaltsbegrenzung nach § 1578 Abs. 1 S. 2 BGB auf den eheangemessenen, also den vorehelichen Unterhalt zum Wegfall jeglichen Unterhaltsanspruchs führt.

Um bei einer Diskrepanzehe zu vermeiden, dass jedenfalls für eine ungewisse Zeit nach der Scheidung ein nach dem erhöhten Unterhaltsmaßstab des § 1578 Abs. 1 S. 1 BGB bemessener Unterhalt in Betracht kommt, wird die Vereinbarung angeregt, dass sich der Unterhaltsmaßstab aus dem vorehelichen, insbesondere beruflich definierten Lebenszuschnitt ergibt; auch kommt hier eine vertragliche Befristung des Geschiedenenunterhalts je nach Ehedauer in Betracht[396]. Durch diese Regelungen wird zwischen den Parteien Klarheit geschaf-

---

394 Ders., aaO. (Fn. 388), Rz. 962; Naegele, aaO (Fn. 391), S. 11, sieht insoweit nicht notwendig, sondern nur fakulativ einen Ausschluss bei einer Scheidung vor Ablauf einer bestimmten Ehedauer vor.

395 Langenfeld, aaO. (Fn. 388), Rz. 973, 985.

396 Brambring, Rz. 116; Langenfeld, aaO. (Fn. 388), Rz. 970; Zimmermann, Eheverträge, S. 132f.

fen, wie durch die sonst einschlägigen gesetzlichen Vorschriften der §§ 1573 Abs. 5, 1578 Abs. 1 S. 2 BGB mit ihren unbestimmten Rechtsbegriffen nicht ohne weiteres bewirkt werden kann. Auch kommt besonders bei der Diskrepanzehe in Betracht, vertraglich den Unterhalt betragsmäßig, etwa auf 5.000,- DM pro Monat zu begrenzen[397].

Typenübergreifend wird noch angeregt, dass ein etwa gerechtfertigter Unterhaltsverzicht je nach Einzelfall dahin formuliert wird, dass er nur für die Scheidung einer Ehe vor Ablauf von 5 Jahren gilt[398] oder sich - der Rechtsprechung[399] folgend - nicht auf den Betreuungsunterhalt (§ 1570 BGB) bezieht[400]. Die Rechtsprechung[401] hat erkennbar auch Vorbildfunktion für den Vorschlag[402], die Unterhaltspflicht je nach Ehedauer zu begrenzen.

III. Ergebnis

Betrachtet man die Wechselwirkung zwischen festgestelltem Ehetyp und notariellem Vertragsvorschlag, so führt jedenfalls im Ergebnis dieser nicht zu wesentlichen Änderungen gegenüber den sich aus dem Gesetz ergebenden Unterhaltspflichten.

Dies beruht darauf, dass sich nicht nur die Kautelarjurisprudenz, sondern auch die streitentscheidende Gerichtsbarkeit - wenn auch manchmal weniger ausdrücklich - an den Ehetypen orientiert, wenn es um die Festsetzung von Geschiedenenunterhalt geht. Die notarielle Vertragsgestaltung bezieht ihre Existenzberechtigung im Bereich der Unterhaltsverträge also nicht aus der gesetzgeberischen Orientierung an der Einverdienerehe. Vielmehr dient die Kautelarjurisprudenz hier wie auch sonst - entsprechend ihrer allgemeinen Aufgabe - der Konfliktvorbeugung und Streitvermeidung. In dieser Funktion nimmt sie die gesetzgeberischen Wertungen auf, die mit dem Maßstab der Unbilligkeit (§§ 1573 Abs.

---

397 Langenfeld, aaO. (Fn. 388), Rz. 976 f.; Geßele, Handbuch der notariellen Vertragsgestaltung, Rz. 1020 (Abstellen auf die Verhältnissse des Berechtigten und seiner Berufsausbildung); Rau, MittRhNotK 1988, 187, 190; Kanzleiter/Wegmann, Vereinbarungen unter Ehegatten, Rz. 350.

398 Brambring, Ehevertrag, Rz. 115.

399 BGH, NJW 1992, 3164, 3166.

400 Brambring, Ehevertrag, Rz. 89; Geßele, aaO. (Fn. 397), Rz. 1013; Kanzleiter/Wegmann, Vereinbarungen unter Ehegatten, Rz. 328; Langenfeld, (Fn. 388), Rz. 964; vgl. auch die Vertragsentwürfe bei Naegele, aaO. (Fn. 391), S. 39 und 43 (jeweils sub § 3 Abs. 2), S. 47 (sub § 4 Abs. 2) und S. 52 (sub § 5 Abs. 1) und Anm. 4 auf S. 40.

401 Vgl. die Nachweise oben S. 51.

402 Von Langenfeld, aaO. (Fn. 388), Rz. 970; Rau, MittRhNotK 1988, 187, 191.

5 und 1578 Abs. 1 S. 2 BGB) und der groben Unbilligkeit (§ 1579 Nr. 1 und 7 BGB) undeutlich und konfliktprovozierend formuliert sind, und konkretisiert sie anhand der von den Parteien vorgetragenen Einzelumstände. Damit wird eine Klarstellung im Interesse der Parteien erreicht, die diese schlimmstenfalls erst durch Ausschöpfung des Instanzenzuges erreichen könnten. Somit steht und fällt der Sinn der vorsorgenden Vertragsgestaltung hinsichtlich der Unterhaltsverträge mit dem Fortbestand unscharfer Gesetzesformulierung.

B. Die inhaltliche Kontrolle der Unterhaltsverträge auf Konformität mit den Ehetypen

Der Widerspruch zwischen Ehetyp und Unterhaltsvertrag wirft die Frage auf, unter welchen Voraussetzungen der Unterhaltsvertrag mit der Folge nichtig oder unwirksam ist, dass sich der Ehetyp und die auf ihn zugeschnittenen Unterhaltsfolgen durchsetzen. Die Nichtigkeit des Unterhaltsvertrages kann sich aus § 138 Abs. 1 und 2 BGB ergeben (I), seine Unwirksamkeit aus dem Gesichtspunkt der richterrechtlich entwickelten Inhaltskontrolle (II).

I. Nichtigkeit gem. § 138 Abs. 1 und 2 BGB

Für den zur Nichtigkeit nach § 138 Abs. 1 BGB führenden Verstoß gegen die guten Sitten kommt es auf den aus der Zusammenfassung von Inhalt, Zweck und Beweggrund zu entnehmenden Gesamtcharakter der Vereinbarung an[403].

Ein Verstoß eines Unterhaltsvertrages gegen die guten Sitten wird einmal diskutiert unter dem Gesichtspunkt der Benachteilung eines von dem Vertrag betroffenen Dritten, etwa des Sozialhilfeträgers (§ 90 BSHG)[404] oder des nachrangig Unterhaltsverpflichteten (§ 1584 BGB)[405]. Im Interesse der Themeneingrenzung sollen diese Fälle hier nicht weiterverfolgt werden, da die für sie maßgebenden Erwägungen über die Ehetypenbildung hinausgreifen und etwa auch den Einfluss sozialhilferechtlicher Wertungen auf die Vertragsfreiheit sowie die Abgrenzung zwischen einem Vertrag zu Lasten Dritter und einem mit Drittlastwirkung betreffen.

Vorliegend soll daher nur geprüft werden, unter welchen Umständen sich eine Nichtigkeit nach § 138 Abs. 1 und 2 BGB wegen Benachteiligung des unterhaltsberechtigten Ehegatten ergibt. Dabei stellt sich die Nichtigkeitsfrage gerade bei besonders einseitig begünstigenden Verträgen über den Geschiedenenunterhalt, nämlich bei Unterhaltsverzichten.

Da die nach § 1585c BGB für Vereinbarungen über den Geschiedenenunterhalt eröffnete Vertragsfreiheit auch den Abschluss von Unterhaltsverzichten umfasst, können zur Vermeidung von Widersprüchen im Familienrecht Unterhaltsverträge nur unter besonderen Umständen vom Sittenwidrigkeitsverdikt des

---

403 BGHZ 86, 82, 86; Palandt/Heinrichs, BGB, § 138 Rz. 8.

404 Vgl. hierzu Herb, Der Verzicht auf nachehelichen Unterhalt - insbesondere zu Lasten der Sozialhilfeträger, S. 137ff.; Hess, FamRZ 1996, 981, 985, 987; BGHZ 86, 82, 89; Meder, FuR 1993, 12ff.; Staudinger/Sack, § 138 Rz. 359-362.

405 Vgl hierzu Koch, Sittenwidrigkeit von Unterhaltsverzichten und die Rückgriffsmöglichkeiten inanspruchgenommener Dritter, S. 39, 116 und passim.

§ 138 Abs. 1 BGB erfasst werden[406]. Insbesondere sind wirtschaftliche Nachteile unbeachtlich, die der Verzichtende durch den Verlust eines ihm zustehenden Unterhaltsanspruchs erleidet. Denn solche Nachteile sind mit jedem Unterhaltsverzicht verbunden[407]. Zwar mag ein besonderer Umfang derartiger Nachteile auf ein grobes Missverhältnis hindeuten und damit bereits möglicherweise den objektiven Tatbestand des § 138 Abs. 1 BGB erfüllen. Jedoch kann bei familienrechtlichen Rechtsgeschäften wegen ihres personenbezogenen Charakters und der fehlenden Ausrichtung auf den durch Angebot und Nachfrage bestimmten freien Markt nicht bereits vom objektiven Tatbestand auf den weiterhin nötigen subjektiven Tatbestand geschlossen werden[408]. Auch lässt sich die Nichtigkeit von Unterhaltsverzichten nicht allein mit der fortbestehenden Bedürftigkeit des Unterhaltsberechtigten begründen. Denn ohne Bedürftigkeit hätte der Unterhaltsberechtigte von vornherein keinen Anspruch, so dass ein Verzicht insoweit leer liefe[409]. Daher ist selbst bei einer Einverdienerehe ein uneingeschränkter Unterhaltsverzicht nicht iSd. § 138 Abs. 1 BGB sittenwidrig; anderenfalls käme man unter Zugrundelegung des Zeitpunktes, in dem der Verzicht vereinbart wurde, als Beurteilungsmaßstab[410] zu zufälligen Ergebnissen je nach dem, ob in diesem Zeitpunkt beide Ehegatten entsprechend der wirtschaftlichen Konjunktur erwerbstätig sind[411]. Dem Gesetz ist auch nicht zu entnehmen, dass nur auf den Aufstockungsunterhalt (etwa gem. § 1573 Abs. 2 BGB) verzichtet werden kann.

Trotz seiner auch den Schutz des gemeinschaftlichen Kindes und damit eines Dritten bezweckenden und die Elternverantwortung sicherstellenden Zielrichtung ist auch der Betreuungsunterhalt (§ 1570 BGB) verzichtbar[412], da das Gesetz insoweit keine Einschränkung der Vertragsfreiheit enthält und die Betreuungsinteressen des gemeinschaftlichen Kindes bereits durch die auf den Gedanken unzulässiger Rechtsausübung (§ 242 BGB) gestützte Suspendierung des Verzichts während der Dauer der Betreuungsbedürftigkeit gewahrt werden können[413].

---

406 Vgl. auch die Einstufung der Sittenwidrigkeit bei Erman/O. Werner, BGB, § 242 Rz. 18, als „groben“ Verstoß gegen Treu und Glauben.

407 Frey, Der Verzicht auf nachehelichen Unterhalt, S. 84.

408 BGH, FamRZ 1985, 788f.

409 Herb, aaO. (Fn. 404), S. 71.

410 Dazu, dass für die Beurteilung der Sittenwidrigkeit nach § 138 Abs. 1 BGB der Zeitpunkt der Vornahme des Rechtsgeschäfts und nicht der Zeitpunkt des Eintritts der Wirksamkeits maßgebend ist, vgl. BGHZ 7, 111, 114, 100, 353, 359; Palandt/Heinrichs, BGB, § 138 Rz. 9.

411 Walter, NJW 1981, 1409, 1411; aA Diederichsen, NJW 1977, 217, 223.

412 AA gerade unter Hinweis auf die Zweckbindung des Unterhaltsanspruchs: Bosch, Festschrift für Walter J. Habscheid, S. 23, 35f.

413 BGH, FamRZ 1991, 306; BGH, NJW 1992, 3164, 3166; vorsichtiger noch BGH, FamRZ 1985, 788, 790, der den Tatbestand des § 138 Abs. 1 BGB in Betracht zog,

Als weitergehende, besondere Umstände, die zur Nichtigkeit nach § 138 Abs. 1 BGB führen können, sind etwa anzuführen,

1. dass der Verzichtende sich in einer bedrängten Situation befand, die der andere Teil ausgenutzt hat[414]. Zur Annahme einer bedrängten Situation genügt jedoch wegen der vorrangigen Eheschließungsfreiheit (§ 1297 Abs. 1 BGB) allein der Umstand nicht, dass der andere Teil von dem Verzichtsvertrag die Eheschließung abhängig machte[415].

Der Einwand, dass hier der Hinweis des Ehemannes auf die Eheschließungsfreiheit genauso wenig durchgreifen dürfe wie die Berufung der Bank auf die Abschlussfreiheit des Bürgen in den vom BVerfG[416] entschiedenen Bürgschaftsfällen[417], berücksichtigt jedoch nicht, dass die Bürgschaft für den Bürgen ausschließlich belastend ist und ihn insofern schlechter stellt. Demgegenüber geht es für die Ehefrau bei der Heirat nur darum, ob zu den nicht abdingbaren bzw. nicht abbedungenen Vorteilen wie Unterhaltsansprüchen während des Zusammen- und Getrenntlebens sowie das Ehegattenerbrecht noch weitere Vorteile, etwa ein Geschiedenenunterhalt hinzukommen sollen[418]. Der entscheidende Unterschied zu den Bürgschaftsfällen dürfte also darin liegen, dass der unter familiären Zwang stehende Bürge sich in einer Abwehrposition befindet und er sich von zwei Belastungen die geringere - die familiäre oder die finanzielle - aussuchen muss, während der Heiratswillige den Umfang seiner Begünstigung bestimmt, indem er die angesprochenen Vorteile wählt anstelle des sonst eingreifenden gesetzlichen Mindestschutzes nach § 1615l Abs. 1 und 2 BGB (Unterhalt für 3 Jahre).

---

wenn berechtigte Belange des gemeinsamen Sohnes bewusst oder grob fahrlässig verletzt würden.

414 Frey, aaO. (Fn. 407), S. 87; OLG Köln, FamRZ 1995, 997f. (wenn die Ehefrau gerade mit Rücksicht auf die bevorstehende Heirat ihre Erwerbstätigkeit aufgegeben hat; ob die besondere Zwangslage in diesem Fall jedoch durch die Ansprüche aus § 1298 Abs. 1 BGB ausgeschlossen wird, wurde vom OLG Köln nicht erörtert); OLG Karlsruhe, FamRZ 1983, 174f. (die in Rumänien verbliebende Ehefrau war auf die Mitwirkung des Ehemannes angewiesen, um nach Deutschland umsiedeln zu können).

415 Frey, aaO. (Fn. 407), S. 87; Grziwotz, FamRZ 1997, 585, 587; BGH, NJW 1992, 3164; OLG Bamberg, FamRZ 1991, 1060f.

416 Vgl. insbesondere BVerfGE 87, 212, 232; BVerfG, NJW 1996, 2021, und zu dem damit angesprochenen Gesichtspunkt gestörter Vertragsparität noch unten S. 117ff.

417 Büttner, FamRZ 1998, 1, 5.

418 Auf diese nicht abdingbaren (§§ 1360a Abs. 1 und 4, 1361 Abs. 1 und 4 S. 4 iVm. § 1614 Abs. 1 BGB) bzw. nicht abbedungenen (§§ 1931, 1371 BGB) weisen der BGH, NJW 1992, 3164f., und Grziwotz, FamRZ 1997, 585, 587, hin.

2. dass der Unterhaltsverzicht bewusst undeutlich formuliert wurde, so dass der Unterhaltsberechtigte die Tragweite des Rechtsgeschäfts nicht erkennen konnte und dadurch sein mangelndes Urteilsvermögen ausgenutzt wurde[419],
3. dem Unterhaltsberechtigten eine zu kurze Überlegungsfrist vor Abschluss des Verzichtsvertrages eingeräumt wurde[420],
4. oder der Unterhaltsberechtigte besonders leicht beeinflussbar war und der Verpflichtete dies wusste[421].

Allein die Ehetypenwidrigkeit der Unterhaltsvereinbarung führt also noch nicht zur Nichtigkeit nach § 138 Abs. 1 BGB.

Schließlich bleibt noch zu erwägen, ob das Fehlen der Vertragsparität im Sinne der intellektuellen Unterlegenheit oder der Abhängigkeitslage einer Partei als besonderer Umstand zur Nichtigkeit nach § 138 Abs. 1 BGB führen kann. Wie jedoch der BGH im Hinblick auf die Rechtsprechung des BVerfG zu den Bürgschaftsfällen[422] zu Recht feststellte, genügt im Hinblick auf die Vertragsfreiheit und die Rechtssicherheit die bloße Vertragsimparität nicht zur Auslösung der Nichtigkeitsfolge des § 138 Abs. 1 BGB; erforderlich sind insoweit vielmehr besondere Umstände über die Vertragsimparität hinaus[423]. Die Vertragsimparität kann daher weder im Einzelfall noch in einer bestimmten Fallgruppe für sich allein die Sittenwidrigkeit begründen. Im eben genannten Fall 4[424] bestehen dagegen keine Bedenken, den besonderen, zur Vertragsimparität hinzukommenden Umstand im Ausnutzen der Beeinflussbarkeit der Gegenseite zu erblicken und unter diesem Gesichtspunkt die Sittenwidrigkeit nach § 138 Abs. 1 BGB anzunehmen.

Eine Nichtigkeit nach § 138 Abs. 2 BGB kommt ebenfalls nur unter den in dieser Vorschrift genannten besonderen Umständen und auch nur bei Austauschverträgen in Betracht[425], also nicht bei isolierten Verzichtsverträgen[426].

---

419 OLG Stuttgart, FamRZ 1983, 498f., zum Verzicht auf den Zugewinn.

420 OLG Bamberg, FamRZ 1991, 1060f.

421 OLG Hamm, FamRZ 1982, 1215f.

422 BVerfG, NJW 1994, 2749; NJW 1994, 36 = BVerfGE 89, 214, 232; BVerfG, ZIP 1996, 956, 957.

423 Insbesondere der Appell an eine angebliche Pflicht als Familienangehöriger nach §§ 1353 Abs. 1, 1618a BGB: BGHZ 120, 272, 280 (zu § 1353 BGB); BGHZ 125, 206, 213 (zu § 1618a BGB); BGH, NJW 1997, 52, 53 (zu § 1618a BGB); vgl. auch BGH, NJW 1997, 1005f. (zum Appell an eine Hilfspflicht in der nichtehelichen Lebensgemeinschaft).

424 Vgl. o. Fn. 421 und den Text dazu.

425 BGH, NJW 1992, 3164f.

426 Hoffmann, in Göppinger/Wax, Unterhaltsrecht, Rz. 1719.

II. Die Inhaltskontrolle von Unterhaltsverträgen

Möglicherweise können jedoch Vereinbarungen über den Geschiedenenunterhalt zum Schutz des Unterhaltsberechtigten einer Inhaltskontrolle unterzogen werden, bei der die Vereinbarkeit der vertraglichen Regelung mit dem einschlägigen Ehetyp zu prüfen ist. Da die Inhaltskontrolle in die durch § 1585c BGB eröffnete Vertragsfreiheit eingreift, bedarf es für sie einer besonderen Rechtsgrundlage (1), aus der dann auch Voraussetzungen und Grenzen der Inhaltskontrolle entwickelt (2) und anhand der Rechtsprechung überprüft werden können (3).

1. Rechtsgrundlage der Inhaltskontrolle

Die Vorschrift des § 9 Abs. 1 oder Abs. 2 Nr. 1 AGBG scheidet als Rechtsgrundlage aus, da das AGBG gem. § 23 Abs. 1 AGBG auf Verträge des Familienrechts unanwendbar ist.

Da das AGBG jedoch das Institut richterlicher Inhaltskontrolle nicht abschließend regelt, kommt im Bereich des Geschiedenenunterhalts ein Rückgriff auf die richterrechtlich aus § 242 BGB hergeleitete Inhaltskontrolle in Betracht[427]. Die richterliche Inhaltskontrolle kann dagegen nicht auf § 138 Abs. 1 BGB gestützt werden, da dem der enge, auf Ausnahmefälle begrenzte Anwendungsbereich dieser Vorschrift entgegensteht (vgl. o. S. 113-114)[428] und die für die Inhaltskontrolle maßgebende[429] Vertragsimparität und Abweichung vom Leitbild des dispositiven Rechts für sich allein nicht zur Annahme eines besonderen Umstandes im Sinne des § 138 Abs. 1 BGB genügt (vgl. o. S. 114)[430]. Da die

---

427 Schwenzer, AcP 196 (1996), 88, 111; Erman/O. Werner, BGB, § 23 AGBG Rz. 5; Ulmer in Ulmer/Brandner/Hensen, AGB-Gesetz, § 23 Rz. 16.

428 Schwenzer, AcP 196 (1996), 88, 112; Lieb, AcP 178 (1978), 196, 207; allgemein für eine Inhaltskontrolle nach § 242 BGB MünchKomm-Roth, BGB, § 242 Rz. 92; vgl. auch Erman/O. Werner, BGB, § 242 Rz. 18, der Sittenwidrigkeit wohl erst beim groben Verstoß gegen Treu und Glauben annimmt; ebenso für höhere Anforderungen des § 138 Abs. 1 BGB gegenüber § 242 BGB BAGE 16, 21, 25; anders mit eher begrifflicher Argumentation (ein Verstoß gegen Treu und Glauben könne nicht sittenkonform sein) Staudinger/Sack, § 138 Rz. 154f.; der 12. Deutsche Familiengerichtstag befürwortet eine Inhaltskontrolle nach § 242 BGB, soweit eine Drittlastwirkung der Vereinbarung betroffen ist, im übrigen jedoch nach § 138 Abs. 1 BGB, soweit im Verhältnis der Ehegatten zueinander eine strukturelle Ungleichheit besteht, vgl. FamRZ 1998, 473f.; ebenfalls für eine nur auf § 138 Abs. 1 BGB gestützte Inhaltskontrolle Soergel/Teichmann, BGB, § 242 Rz. 23.

429 Vgl. im Einzelnen unten S. 116ff.

430 Abgesehen davon, dass im Bürgschaftsfall des BGH der Bürgschaftsvertrag dem dispositiven Recht entsprach, also sich die Frage einer Sittenwidrigkeit wegen Leitbildabweichung nicht stellte, wurde hier die Sittenwidrigkeit erst aus dem Zusammenwirken von Vertragsimparität und eines weiteren, besonderen Umstandes hergeleitet. Keine Bedenken bestehen meines Erachtens dagegen, den besonderen Um-

Voraussetzungen der Inhaltskontrolle vor dem Hintergrund der Privatautonomie ohnehin aufgrund allgemeiner, nicht begrifflicher Wertung entwickelt werden müssen, dürfte der Unterscheidung nach §§ 138 Abs. 1 oder 242 BGB freilich keine Bedeutung zukommen.

2. Voraussetzungen der Inhaltskontrolle

Da die richterliche Inhaltskontrolle die privatautonome Vertragsgestaltung vertritt, setzt sie deren Versagen voraus. Die von den Parteien selbst getroffene Vereinbarung bietet idealerweise eine Gewähr für die Richtigkeit des Inhalts der Vereinbarung, weil und soweit davon auszugehen ist, dass beide Parteien im Hinblick auf das gegenseitige Zustimmungserfordernis ihre Interessen in die Vereinbarung im Sinne einer Vertragsparität gleichermaßen einbringen können[431].

Diese Richtigkeitsgewähr fehlt einmal in den - hier ausgeklammerten - Fällen, in denen die Vereinbarung einen Dritten, etwa den Sozialhilfeträger, benachteiligt. Denn der Dritte, der dem Vertrag nicht zugestimmt hat, kann seine Interessen in den Vertragsverhandlungen auch nicht wahrnehmen[432].

Die Richtigkeitsgewähr kann aber auch fehlen, wenn eine Partei tatsächlich in der Vereinbarung ihre Interessen von vornherein nicht durchsetzen kann, weil sie aus bestimmten Gründen der anderen Partei strukturell unterlegen ist[433], die Vertragsparität also gestört ist. In diesem Fall legitimieren die grundrechtliche Gewährleistung der Privatautonomie (Art. 2 Abs. 1 GG) - wohl unter dem Gesichtspunkt der negativen Vertragsfreiheit - sowie das Sozialstaatsprinzip (Art. 20 Abs. 1, Art. 28 Abs. 1 GG) die richterliche Inhaltskontrolle[434]. Allein mit dem Fehlen der Vertragsparität die Richtigkeitsgewähr auszuräumen und damit die Inhaltskontrolle zu legitimieren, würde jedoch den Bestand von Verträgen, den Vertrauensschutz und damit die Rechtssicherheit untergraben. Es muss also ein Maßstab entwickelt werden, anhand dessen die Störung der Vertragsparität zuverlässig und mit dem Gebot der Rechtssicherheit vereinbar festgestellt werden kann. Dafür bieten sich zwei Denkansätze[435] an, die beide an die kausale Verkettung - Störung der Vertragsparität führt zum Fehlen der Richtig-

---

stand im Sinne des § 138 Abs. 1 BGB im Wege einer Gesamtabwägung unter Mitberücksichtirung der Leitbildabweichung festzustellen.

431 Schmidt-Rimpler, AcP 147 (1941), 130, 156f.

432 Vgl. zur gestörten Vertragsparität bei der Drittlastwirkung Hess, FamRZ 1996, 981, 987.

433 So der Anknüpfungspunkt des BVerfG NJW 1994, 2749f. und NJW 1994, 36 = BVerfGE 89, 214, 232; BVerfG, ZIP 1996, 956, 957, hinsichtlich der Bürgschaft vermögensloser Familienangehöriger.

434 BVerfE 89, 214, 232 = BVerfG NJW 1994, 36, 38; ZIP 1996, 956, 957.

435 Nach Zöllner, AcP 176 (1976), 221, 237.

keitsgewähr, die wiederum zum unangemessenen Vertragsinhalt führt - anknüpfen:

Man kann einmal den tatsächlich vereinbarten Vertragsinhalt mit dem vergleichen, was nach einem wie auch immer begründeten Maßstab oder Leitbild angemessen und richtig ist und im Falle einer hiernach festgestellten Unrichtigkeit des Vertragsinhalts auf die gestörte Vertragsparität schließen[436]. Gegen diesen Weg spricht aber, dass sich damit die tatsächlich durchgeführte Inhaltskontrolle selbst legitimiert, die Unangemessenheit des Vertragsinhalts also Voraussetzung und Ergebnis der Inhaltskontrolle zugleich ist[437]. Auf die Unterhaltsverträge angewandt, würde dieser Ansatz etwa dazu führen, dass der Unterhaltsverzicht bei einer Einverdienerehe als typenwidrig die Inhaltskontrolle legitimiert und zugleich die Unwirksamkeit einer derartigen vertraglichen Regelung begründet.

Allein gangbar erscheint daher der zweite Weg, wonach die Selbstbestimmung der Vertragspartner nach einem vorgegebenen Maßstab gemessen werden soll. Die dadurch etwa festgestellte Ungleichgewichtigkeit der Vertragspartner (Vertragsimparität) rechtfertigt die Annahme, dass die Richtigkeitsgewähr fehlt und die vertragliche Regelung nicht mehr auf der durch Art. 2 Abs. 1 GG garantierten Privatautonomie beruht, sondern umgekehrt im Hinblick auf die Fremdbestimmung eines Vertragsteils gegen die negative Vertragsfreiheit verstößt[438]. Um die Rechtssicherheit nicht zu gefährden, muss das Fehlen der Ver-

---

436 Fastrich, Richterliche Inhaltskontrolle, S. 224, 227, für typischerweise benachteiligende Verträge.

437 Gegen die Wirkung einer unbilligen Regelung als Indiz für die fehlende Richtigkeitsgewähr auch Coester-Waltjen, AcP 190 (1990), S. 1, 18; Wolf, Rechtsgeschäftliche Entscheidungsfreiheit und vertraglicher Interessenausgleich, S. 108; Hönn, Kompensation gestörter Vertragsparität, S. 100, unter Hinweis darauf, dass es denkbar sei, dass in Selbstbestimmung die Möglichkeit zum angemessenen Vertragsinhalt nicht wahrgenommen wurde.

438 BVerfGE 81, 242, 255 (Handelsvertreterentscheidung), das weiter ausführte, bei gestörter Vertragsparität, also bei der Fremdbestimmung eines Vertragsteils müssen staatliche Regelungen ausgleichend eingreifen, um den Grundrechtsschutz zu sichern; ebenso Preis, Grundlagen der Vertragsgestaltung im Arbeitsrecht, S. 289; sowie der übereinstimmende Ansatz von Raiser, Hundert Jahre deutsches Rechtsleben, S. 118, und Roscher, ZRP 1972, 111, 112f.: Der Vertrag führe nicht per se zum Interessenausgleich, sondern bringe ihn nur zum Ausdruck, während er in der Sache auf einem vertragsunabhängigen Machtausgleich beruhe und daher ein gewisses Gleichgewicht der Kräfte voraussetze. Nach dieser Lesart erscheint der Vertrag als Beherrschungsmittel, das sich im Sinne der Gerechtigkeit nicht selbst legitimiert, sondern der Rechtfertigung bedarf, die aus der im Einzelfall festgestellten Machtparität gewonnen werden kann.

tragsparität aber generalisierend festgestellt werden[439]. Es kann also nicht danach gefragt werden, ob der unterhaltsberechtigte Ehegatte im Einzelfall gegenüber dem unterhaltsverpflichteten Ehegatten unterlegen war; im Einzelfall greift nur der Schutz gem. § 138 Abs. 1 und 2 BGB[440].

Entscheidende Frage ist daher, wie das Fehlen der Vertragsparität der Ehegatten generalisierend festgestellt werden kann. Die Anknüpfungstatsachen dieser Feststellung müssen ergeben, dass in der betreffenden Fallgruppe der eine Ehegatte allgemein seine Interessen in den Vertrag nicht in dem Maße einbringen kann, dass die Richtigkeitsgewähr, also die Gewähr eines angemessenen, auch gegenläufige Belange berücksichtigenden Interessen-ausgleichs gerechtfertigt ist.

In Betracht kommt zunächst, die Parität zu definieren als die vom positiven Recht den Vertragsparteien eingeräumte Rechtsstellung, wobei dann die Imparität auf eine vertragsbezogene Schutzbedürftigkeit hinweist, die über eine Interpretation des geltenden Rechts zu gewinnen ist[441]. Dieser Maßstab nimmt eine Vertragsimparität nur unter engen Voraussetzungen an. So soll ein natürliches Kräftegleichgewicht nicht ausschlaggebend sein und aus der positiven Norm des § 123 BGB wird hergeleitet, dass die nicht rechtswidrige Drohung nicht zur Vertragsimparität führen könne[442]. Für diese Ansicht spricht zwar unter dem Gesichtspunkt der Einheit der Rechtsordnung, dass derselbe Maßstab - nämlich das geltende Recht - herangezogen wird, um die Imparität der Vertragspartner und die Unangemessenheit des Vertragsinhalts zu klären. Gleichwohl erscheint die positivrechtliche Definition der Imparität jedenfalls für die vorliegende Untersuchung unbrauchbar: Das positive Recht lässt in § 1585c BGB lediglich Unterhaltsvereinbarungen zu, ohne die Rechtsstellung der Vertragspartner und ihre Schutzbedürftigkeit näher zu bestimmen. Auch belegen die weiteren Ausführungen zur positivrechtlichen Definition der Imparität, insbesondere zur Bedeutung wirtschaftlicher Macht infolge Güterknappheit als Stimulans für die Konkurrenten und den Wettbewerb[443], dass sie nicht auf das zwischen Ehegatten bestehende Verhältnis zugeschnitten ist, das sich von Verhältnissen am Wirtschaftsmarkt grundlegend unterscheidet. So sind Ehegatten über die zwischen ihnen beste-

---

439 BVerfGE 89, 214, 232 = NJW 1994, 36, 38; BVerfG, ZIP 1996, 956, 957, (Bürgschaftsfälle), das auf die strukturelle Unterlegegenheit eines Vertragsteils in einer typisierbaren Fallgestaltung abstellt; Lieb, AcP 178 (1978), 196, 203; Fastrich, aaO. (Fn. 436), S. 219.

440 Fastrich, aaO. (Fn. 436), S. 218.

441 Hönn, aaO. (Fn. 437), 99, 101, 107.

442 Ders., aaO. (Fn. 437), 100.

443 Vgl. Hönn, aaO. (Fn. 437), S. 100, sowie Wolf, aaO. (Fn. 437), S. 113, der die empirisch-soziologische Betrachtung ablehnt, weil nach ihr gerade in den dringendsten, eine Zwangslage auslösenden Fällen die „auf dem Institut des Vertrages beruhende Güterverteilung versagen" würde.

hende eheliche Lebensgemeinschaft viel enger an einander gebunden, als dies bei Marktteilnehmern der Fall ist. Auch stehen Vereinbarungen zwischen Ehegatten in einer Wechselwirkung zur Stabilität der ehelichen Lebensgemeinschaft (vgl. o. S. 23). Wegen dieses personenbezogenen Charakters von Unterhaltsvereinbarungen zwischen Ehegatten ist die Überlegung vorzuziehen, eine etwaige Imparität zwischen ihnen überpositiv festzustellen.

Wie oben (S. 24) gezeigt wurde, richtet sich der Entscheidungsprozess zwischen Ehegatten nach der Ressourcentheorie. Derjenige Ehegatte mit den größeren Ressourcen kann seine Interessen gegenüber dem anderen Ehegatten stärker durchsetzen. Bestimmt man im Interesse der bei der Inhaltskontrolle gebotenen generalisierenden Betrachtung und gestützt auf die Ergebnisse empirischer Forschung die Ressourcen eines Ehegatten nach seiner Erwerbstätigkeit, so könnte aus ihrem Umfang auch der Maßstab für die Vertragsimparität gewonnen werden. Die Erforschung der ehelichen Entscheidungsfindung entkräftet auch den gegen eine überpositive Bestimmung der Vertragsimparität vorgebrachten Einwand[444], dass die Machtverhältnisse als komplexes Problem nicht empirisch feststellbar seien und daher keinen geeigneten Maßstab für die Feststellung der Vertragsimparität bilden könnten

Da die Vertragsimparität jedoch allgemein, also unabhängig vom Einzelfall festgestellt werden muss, um den Anwendungsbereich richterlicher Inhaltskontrolle im Einklang mit der Rechtssicherheit festzusetzen, kann die Vertragsimparität nur aus einem unzweifelhaften und erheblichen Ressourcen-überschuss eines Ehegatten gefolgert werden.

Aus diesem Erfordernis ergeben sich vier Hypothesen:

1. Zunächst lässt sich eine Inhaltskontrolle nicht rechtfertigen bei Unterhaltsverträgen, die bei oder im zeitlichen Zusammenhang mit der Heirat geschlossen werden. Dieses Ergebnis folgt zwar noch nicht aus dem Gesichtspunkt, dass es dem unterhaltspflichtigen Ehegatten, der von der Ehe ganz absehen durfte (§ 1297 Abs. 1 BGB, Art. 6 Abs. 1 GG), auch erlaubt sein muss, die Ehe zu schließen, aber unter Begrenzung ihrer Folgen (vgl. o. S. 113 f.). Der Gedanke der Eheschließungsfreiheit steht nur dem Verdikt der Sittenwidrigkeit entgegen, nicht aber der an quantitativ und qualitativ verschiedenen Voraussetzungen geknüpften Inhaltskontrolle: Die Eheschließungsfreiheit lässt den Vorwurf des anstößigen Vorgehens und den für die Nichtigkeit nach § 138 Abs. 1 BGB erforderlichen besonderen Umstand (vgl. o. S. 113) entfallen ; die Inhaltskontrolle ist jedoch von dem Vorliegen derartiger besonderer Um-

---

444 Von Hönn., aaO. (Fn. 437), S. 98, der freilich Vereinbarungen zwischen Ehegatten nicht explizit in seine Untersuchungen einbezog; ablehnend unter Hinweis auf die Schwierigkeiten, eine Ungleichgewichslage zuverlässig festzustellen, auch Medicus, Abschied von der Privatautonomie im Schuldrecht, S. 20f., und Wiedemann, JZ 1990, 695, 697.

stände unabhängig (vgl. o. S. 116ff.). Die Inhaltskontrolle derartiger Unterhaltsverträge scheidet vielmehr aus folgenden Überlegungen aus: Ein Ressourcenüberschuss eines Ehegatten könnte nur unter Einbeziehung auch eheexterner Ressourcen ermittelt werden (Austauschtheorie), die sich hier insbesondere aus Heiratsalternativen ergeben würden, deren Feststellung eine - unzulässige - Einzelfallkontrolle nötig machen würde.

2. Unterhaltsverträge, die nach Trennung der Ehegatten geschlossen wurden, sind einer Inhaltskontrolle ebenfalls mangels wirksamer Ressourcendifferenz nicht zugänglich: Mit der Trennung der Ehegatten entfällt ihre gemeinsame Lebensgestaltung und damit der Anlass eines Ehegatten, im Interesse des Fortbestandes seiner Gemeinschaft mit dem anderen Ehegatten nach Art einer societas leonina dessen an sich unberechtigten Forderungen nachzugeben (vgl. o. S. 22). Vielmehr wird mit dem Bestehen gesetzlicher, also vom Wohlwollen des anderen Ehegatten unabhängiger Unterhaltsansprüche eine Abhängigkeitslage des verzichtenden Ehegatten gerade verhindert. Zudem werden die gegensätzlichen Interessen der Ehegatten mit Scheitern der Ehe jedem von ihnen offenbar, so dass eine Sorglosigkeit gegenüber dem anderen Ehegatten entfallen dürfte[445]. Im übrigen führen selbst Drohungen oder Gewaltätigkeiten im Zusammenhang mit dem Vertragsschluss nicht zum typisierbaren Wegfall der Vertragsparität, sondern lediglich unter Umständen zur Anfechtbarkeit nach § 123 Abs. 1 BGB[446]. Auch eine psychologische Unterlegenheit von Frauen gegenüber Männern in der Verhandlungs-technik[447] lässt von Rechts wegen die Vertragsparität unberührt.

---

445 Rau, MittRhNotK 1988, 187, 192.

446 Anders Schwenzer, AcP 196 (1996), 88, 106 die mwN auf Untersuchungen hinweist, wonach jede dritte Frau Gewalt durch ihren Partner erfährt. Dieser Befund lässt rechtspolitisch in der Tat an der Berechtigung der vom Gesetzgeber in den §§ 1585c BGB, 630 Abs. 1 Nr. 3 ZPO auch für Scheidungsvereinbarungen gewährten Vertragsfreiheit zweifeln, vermag aber deren Gültigkeit de lege lata nicht zu verhindern: Anderenfalls müsste man im Hinblick auf diesen Befund jede - begriffsnotwendig nur zwischen Mann und Frau zu schließende - Scheidungsvereinbarung einer Inhaltskontrolle unterziehen und damit den gesetzgeberischen Willen missachten, der insoweit weder eine notarielle Beratung für nötig hielt (arg § 1410 BGB e contrario), geschweige eine richterliche Kontrolle wünschte (arg § 1587o Abs. 2 S. 3 BGB e contrario).

447 Ebenfalls von Schwenzer, AcP 196 (1996), 88, 107, mwN zur Legitimation der Inhaltskontrolle angeführt. Auch für diesen Gesichtspunkt gilt das in der vorherigen Fußnummer Ausgeführte: Wenn der Gesetzgeber die Vertragsfreiheit für Vereinbarungen gerade zwischen einem Mann und einer Frau als begriffsnotwendige Partner von Unterhalts- und Scheidungsvereinbarungen gewährt, kann de lege lata eine Inhaltskontrolle nicht allein aus der Tatsache legitimiert werden, dass die Vertragspartner verschiedenen Geschlechtes sind. Der umfangreiche Vortrag von Schwenzer, aaO, S. 104-107, zur sozio-ökonomischen und psychologischen Situation von Ehefrauen ist also - um es zu betonen: de lege lata - hinsichtlich der in Rede stehenden

3. Das Erfordernis der einzelfallübergreifend feststellbaren auffälligen Ressourcendifferenz als Kennzeichen einer Abhängigkeitslage[448] ist regelmäßig nur bei der Einverdienerehe erfüllt, so dass auch nur bei ihr eine Inhaltskontrolle in Betracht kommt[449]: Zwar mag auch bei einer Zuverdienerehe mit Rücksicht auf die unterschiedliche Beteiligung der Ehegatten am Erwerbsleben eine Ressourcendifferenz vorliegen. Wegen der bei der Zuverdienerehe besonders naheliegenden Möglichkeit, die Teilzeitbeschäftigung in eine Vollzeitbeschäftigung auszubauen und dadurch die wirtschaftliche Selbständigkeit zu erreichen, ist im Gegensatz zum nicht erwerbstätigen Ehegatten die Abhängigkeit des zuverdienenden Ehegatten unvergleichbar geringer. Im Prozess der ehelichen Entscheidungsfindung hat dieser also nicht ohne weiteres Anlass, sich dem anderen Ehegatten zu beugen. Auch die Diskrepanzehe gibt nicht begriffsnotwendig eine besondere Abhängigkeitsituation wieder.

4. Eine Inhaltskontrolle von notariellen Verträgen scheidet grundsätzlich aus, da sie nicht nur Ausdruck wirtschaftlicher Ungleichgewichtigkeit der Ehegatten sind: Mit der Ressourcentheorie im kulturellen Kontext (S. 28) ist davon auszugehen, dass die Ehegatten bei der Ausgestaltung ihrer Beziehungen nicht nur wirtschaftliche Ressourcen berücksichtigen, sondern auch das, was nach den sozialen Normen billig und gerecht erscheint. In diesem Zusammenhang werden die Ehegatten in ihre Abwägung auch dasjenige einstellen, was ihnen der Notar als ihr unparteiischer Betreuer (§ 14 Abs. 1 S. 2 BNotO) über die gesetzlichen Wertungen beratend mitteilte. Wenn die Ehegatten einer Einverdienerehe gleichwohl einen Unterhaltsverzicht vereinbarten, so lässt sich wegen der Bedeutung sozialer und gesetzlicher Normen als Ressourcen eine erhebliche Ressourcendifferenz nicht mehr feststellen. Zudem wird die Richtig-

---

Inhaltskontrolle solange unerheblich, als er gerade auf jede Vereinbarung im Sinne des § 1585c BGB zutreffen soll, also insoweit keine abgrenzbare und typisierbare Teilgruppe erfasst; selbst die von Schwenzer (aaO., S. 107f., Fn. 77, 82, 83) zugrundegelegte Untersuchung von Bedont, Canadian Family Law Quarterly 1994, S. 21-44, kommt auf S. 44 zu durchaus differenzierenden Ergebnissen je nach der Aufgabenverteilung in der Ehe und dem etwaigen Machtverhältnis zugunsten des Ehemannes, die damit im Ansatz der vorliegenden Arbeit vergleichbar sind. Ebenfalls im Ergebnis gegen die Ausführungen von Schwenzer, aaO., Grzimotz, FamRZ 1997, 585, 589.

448 Bereits Schmidt-Rimpler, AcP 147 (1941), 130, 158 Fn. 34, ging davon aus, dass der Vertrag typischerweise kein geeignetes Ordnungsmittel darstelle, wenn die Freiheit der Entscheidung typischerweise, insbesondere wegen der Abhängigkeit einer Partei von der anderen fehle.

449 So auch - allerdings im Zusammenhang mit § 138 Abs. 1 BGB - Büttner, FamRZ 1998, 1, 7 (strukturelle Unterlegenheit, wenn ein Partner im Interesse des anderen mit dessen Einverständnis die Berufstätigkeit aufgibt).

keitsgewähr bei notariellen Verträgen[450] durch die Einhaltung bestimmter Verfahrensanforderungen bewirkt: So wird der Notar durch seine Amts- und Standespflichten sowie deren standesrechtliche Überwachung und Sanktionierung (§§ 14, 19 BNotO) zur Unparteilichkeit angehalten, so dass er den Ehegatten nur interessen- und damit ehetypengerechte Unterhaltsvereinbarungen vorschlagen wird (vgl. o. S. 107ff.)[451]. Die Abweichung von diesem Vertragsentwurf erfordert die Zustimmung des davon betroffenen Ehegatten[452] und seine Belehrung (§ 17 Abs. 1 und 2 BeurkG) darüber, dass er auf Rechte verzichtet, die ihm nach dem Gesetz zustehen würden[453].

Im Hinblick auf die psychologische Hemmung der Parteien, den ihnen präsentierten vorformulierten notariellen Vertragsentwurf abzuändern, wird zwar die Richtigkeitsgewähr gerade von notariellen Verträgen in Frage gestellt[454]. Diese Bedenken mögen im zivilen Baurecht zutreffen, wo der Notar in umfangreichen Klauselwerken vom dispositiven Recht abweicht und dies von Parteien ohne weiteres hingenommen wird[455]. Die Situation ist jedoch bei Unterhaltsvereinbarungen anders, wo der Notar sich an Ehetypen orientiert (vgl. o. S. 107ff.).

Nur wenn die notarielle Belehrung ihren Zweck, aufzuklären und den freiwilligen Rechtsverzicht deutlich zu machen, verfehlte oder überhaupt nicht erfolgte, kann unter Berufung auf den Bürgschaftsfall des BVerfG[456] auch eine notarielle Vereinbarung einer Inhaltskontrolle unterzogen werden[457].

---

450 Zu den Voraussetzungen notarieller Richtigkeitsgewähr (Sachverhaltsklärung, Rechtsbelehrung, Formulierungshilfe, Fürsorge) Baur, BWNotZ-Sonderheft 1976, 43, 45; Flume, DNotZ-Sonderheft 1969, 30, 33f.

451 Habersack, AcP 189 (1989), 403, 417; dafür, dass die ordnungsgemäße Belehrung zur Annahme der Richtigkeitsgewähr wesentlich, aber auch ausreichend ist, ebenfalls Rau, MittRhNotK 1988, 187, 195.

452 Habersack, AcP 189 (1989), 403, 417.

453 Rau, MittRhNotK 1988, 187, 188, 195, und - allerdings für den Gewährleistungsausschluss - Medicus, Zur gerichtlichen Kontrolle notarieller Verträge, S. 27.

454 Büttner, FamRZ 1998, 1, 8; Kramer, ZHR 146 (1982), 105, 110f., 113 (auch wegen möglicher Parteilichkeit des Notars); Wiedemann, Festgabe für Kummer, 175, 183f.

455 So im Fall des BGH 74, 204, 211, wo auch eine vom Notar stammende Klausel der Inhaltskontrolle nach § 242 BGB unterworfen wurde.

456 BVerfG 89, 214, 235, wo die Bank als Vertragsparter eine Aufklärung der Bürgin gerade vereitelte mit dem Hinweis, dass sie kein Risiko eingehe; ebenfalls für die Einstufung der fehlenden Aufklärung als Faktor struktureller Ungleichgewichtigkeit: Preis/Rolfs, DB 1994, 261, 266.

457 Anders, allerdings ohne Berücksichtigung des späteren Bürgschaftsfalls des BVerfG, Brambring, DNotZ 1988, 296, 298f.; Habersack, AcP 189 (1989), 403, 417, jeweils mit dem Hinweis auf die Notarhaftung bei Belehrungsfehlern nach § 19 BNotO, aus der sich jedoch mE nicht ergibt, dass sie eine Inhaltskontrolle ausschließt, zumal die Notarhaftung subsidiär ist nach §§ 19 Abs. 1 S. 2 HS. 1 BNotO.

Maßstab für die danach zulässige Inhaltskontrolle ist das vorgegebene Leitbild, das aus dem dispositiven Recht zu entnehmen oder rechtsfortbildend zu entwickeln ist[458]. Nach den Ausführungen im zweiten Teil ergibt das nach § 1585c BGB dispositive Recht Leitbilder, die sich aus der Differenzierung nach Alleinverdiener, Zuverdiener- und Doppelverdienerehe zusammensetzen.

Wegen der Rechtssicherheit ist für die Inhaltskontrolle nur eine erhebliche Abweichung vom vorgegebenen Leitbild entscheidend[459]. Auch eine sich etwa aus der Vorschrift des § 1353 Abs. 1 S. 1 BGB ergebende Angemessenheitspflicht[460] der Ehegatten untereinander würde es nicht rechtfertigen, die Inhaltskontrolle engmaschiger durchzuführen und jede Abweichung vom Leitbild zu beanstanden: Nur unter Rückgriff auf den einer etwaigen Angemessenheitspflicht zugrunde liegenden Wertungsgesichtspunkt kann entschieden werden, ob sie sich gegen das Argument der Rechtssicherheit durchsetzen kann. Die zugrundeliegende Wertung wird jedoch nicht ausdrücklich genannt. Beruht die angeführte Angemessenenheitspflicht - wie zu vermuten ist - auf den Besonderheiten der ehelichen Lebensgemeinschaft und ihrem Einfluss auf Unterhaltsvereinbarungen, so ist diesem Befund schon durch die weitgehende Zulassung der Inhaltskontrolle Rechnung getragen (vgl. o. S. 119). Im übrigen ist kein Grund für die Verdrängung des Gebots der Rechtssicherheit ersichtlich.

Im Falle der Feststellung einer erheblichen Abweichung hängt die Wirksamkeit der Vertragsbestimmung von einer Interessenabwägung ab, bei der ausschlaggebend ist, ob die Benachteiligung durch einen sachlichen Grund gerechtfertigt ist[461].

Diese für eine Inhaltskontrolle maßgebenden Wertungsgesichtspunkte sollen nunmehr anhand der einschlägigen Rechtsprechung überprüft und gegebenenfalls ergänzt werden.

---

458 Fastrich, aaO. (Fn. 436), S. 281, 285; aA für den Bereich der Unterhaltsverträge Büttner, FamRZ 1998, 1, 6; Schwenzer, AcP 196 (1996), 88, 112f., die lediglich die Abweichung vom Ausgleich ehebedingter Nachteile zum maßgebenden Kriterium erheben; die Begründung von Schwenzer, dass die Ehetypen zu wenig ausdifferenziert seien, dürfte durch den zweiten Teil der vorliegenden Schrift widerlegt sein.

459 Fastrich, aaO (Fn. 436), S. 299; der Sache nach auch das BVerfGE 89, 214, 232 = NJW 1994, 36, 38, mit dem Erfordernis, dass bei gestörter Vertragsparität die Folgen für den anderen Vertragspartner ungewöhnlich belastend sein müssen.

460 Coester-Waltjen, aaO. (Fn. 437), S. 29, lässt das Bestehen einer Angemessenheitspflicht ausdrücklich offen; Herb, NJW 1987, 1525, 1528, stützt auf die an § 1353 Abs. 1 BGB gebundene Nachwirkung der Ehe unter bestimmten Umständen eine Kontrolle und Korrektur des Ehevertrages bei nachträglicher Bedürftigkeit eines Ehegatten (siehe dazu noch unten S. 130ff.).

461 Fastrich, aaO. (Fn. 436), S. 307, 317.

3. Die Inhaltskontrolle von Unterhaltsverträgen in der Rechtsprechung

Die Rechtsprechung stützt die Inhaltskontrolle von Verträgen über den Geschiedenenunterhalt auf die Vorschrift des § 138 Abs. 1 BGB. Nur soweit es darum geht, die Änderung von Verhältnissen zu berücksichtigen, die dem Unterhaltsvertrag zugrundegelegt wurden, wird die Vorschrift des § 242 BGB herangezogen (dazu sub C). Praktisch hat dies zur Folge, dass Fälle, in denen besondere Umstände das Verdikt der Sittenwidrigkeit (dazu bereits oben B II, S.) rechtfertigen, argumtentativ gleich behandelt werden mit Fällen, in denen die Inhaltskontrolle sich erst legitimiert, weil die für sie spezifischen Voraussetzungen vorliegen:

Ein Fall, in denen eine Inhaltskontrolle ausscheidet, aber die Sittenwidrigkeit iSd. § 138 Abs. 1 BGB gleichwohl aufgrund der für sie maßgebenden besonderen Umstände anzunehmen ist, wurde vom OLG Düsseldorf[462] entschieden.

Nach Inkrafttreten des Unterhaltsänderungsgesetzes 1986 und nach einer Ehedauer von nur 5 Jahren vereinbarte die Ehefrau, die ununterbrochen berufstätig war und keine ehebedingten Nachteile erlitt, mit ihrem Ehemann, dass dieser ihr zeitlich unbegrenzt einen Aufstockungsunterhalt zahlt. An der Vereinbarung wirkte der Rechtsanwalt der Ehefrau mit und nahm dabei die Rolle eines objektiven Beraters für sich in Anspruch.

Der besondere zur Sittenwidrigkeit führende Umstand wurde hier daraus hergeleitet, dass der Rechtsanwalt das Vertrauen des Ehemannes in seine neutrale notarähnliche Rolle objektiv - wenn auch möglicherweise unbewusst - missbrauchte und dadurch den Ehemann einseitig und auffällig benachteiligte[463].

Der Entscheidung ist auch in der Begründung zuzustimmen. Eine auf § 242 BGB gestützte Inhaltskontrolle scheidet mangels erheblicher Ressourcendifferenz aus. Wenn auch der Rechtsanwalt als angeblich objektiver Berater im Verhältnis zwischen den Eheleuten den Inhalt sozialer Normen festlegte und damit der Ehefrau einen Argumentationsvorsprung verschaffte, fehlt es vor dem Hintergrund der höheren finanziellen Ressourcen des Ehemannes jedenfalls an der Evidenz der etwaigen Ressourcendifferenz und damit an der Vertrags-imparität.

Um zu verhindern, dass die engen Voraussetzungen der Inhaltskontrolle umgangen werden, müssen an den besonderen Grund im Sinne der Definition der Sittenwidrigkeit hohe Anforderungen gestellt werden. Nach dem insoweit maßgebenden Gesichtspunkt, ob die Rechtssicherheit durch eine Einzelfallrechtsprechung gefährdet ist, bestehen jedoch keine Bedenken, die Inanspruchnahme und den Missbrauch besonderen Vertrauens durch einen angeblich objektiv Unbeteiligten als Besonderheiten des Einzelfalls anzusehen, die die Annahme einer Sittenwidrigkeit rechtfertigen.

---

462 FamRZ 1989, 635f.

463 OLG Düsseldorf, FamRZ 1989, 635f.

Ebenfalls durch die Besonderheiten des Einzelfalls gerechtfertigt ist die Annahme des OLG Karlsruhe, dass der Ehemann die Zwangslage seiner in Rumänien verbliebenen und bei ihrer beabsichtigten Umsiedlung nach Deutschland auf seine Mitwirkung angewiesenen Ehefrau sittenwidrig ausnutzte, indem er von ihr für seine Mitwirkung einen Unterhaltsverzicht verlangte[464].

Wenn besondere Umstände im Sinne des § 138 Abs. 1 BGB fehlen, kann noch unter dem Gesichtspunkt der Inhaltskontrolle Anlass bestehen, den jeweils abgeschlossenen Unterhaltsverzicht zu überprüfen.

Die Fälle der Oberlandesgerichte Zweibrücken[465] und Köln[466] bestätigen, dass die für eine Inhaltskontrolle maßgebenden Wertungen einen von § 138 Abs. 1 BGB verschiedenen Bezugspunkt aufweisen, der sie als qualitativ eigenständig kennzeichnet:

Im Fall des OLG Zweibrücken heirateten die Ehegatten 1954; die Ehefrau hatte keinen Schulabschluss und keine Berufsausbildung. Seit 1961 war sie als Reinigungskraft teilzeitbeschäftigt. Der Ehemann war Schreinermeister. Im Rahmen einer Ehekrise - der Ehemann behauptete einen Ehebruch der Ehefrau - vereinbarten die Parteien 1984 auf Verlangen des Ehemannes, der die Fortführung der Ehe davon abhängig machte, in notarieller Urkunde die Gütertrennung und verzichteten gegenseitig auf Versorgungsausgleich und Geschiedenenunterhalt. 1991 wurden die Eheleute geschieden.

Das OLG Zweibrücken hielt den Unterhaltsverzicht wegen Sittenwidrigkeit nach § 138 Abs. 1 BGB für nichtig und verwies zur Begründung auf den Umgang der Gesamtverzichtsvereinbarung und die bedrängte Lage der Ehefrau, die mit der Vereinbarung ihre wirtschaftliche Existenz preis gegeben habe[467].

Wenn der Ehemann den von ihm ernsthaft behaupteten Ehebruch der Ehefrau zum Anlass nimmt, von ihr - in Annäherung an die gesetzliche Lage (§ 1579 Nr. 6 BGB)[468] einen Unterhaltsverzicht zu verlangen, liegt darin zwar kein besonderer Umstand, der das Sittenwidrigkeitsverdikt rechtfertigt. Im Ergebnis ist dem OLG gleichwohl unter dem Gesichtspunkt einer Inhaltskontrolle beizupflichten.

Von einer Vertragsimparität der Eheleute ist auszugehen. Dem steht zunächst nicht entgegen, dass die Ehefrau im Sinne einer Zuverdienerehe teilzeitbeschäftigt war. Denn ihre Tätigkeit als teilzeitbeschäftigte Reinigungskraft milderte ihre Abhängigkeit vom Ehemann und damit die zwischen beiden Eheleuten bestehende erhebliche Ressourcendifferenz allenfalls geringfügig, kann also vernachlässigt werden. Diese Ressourcendifferenz wurde zugunsten der Ehefrau auch nicht durch den Einfluss sozialer Normen in der Weise ausgeglichen, dass

---

464 OLG Karlsruhe, FamRZ 1983, 174f.

465 FamRZ 1996, 869.

466 DNotZ 1981, 444.

467 OLG Zweibrücken, FamRZ 1996, 869, 870.

468 Vgl. zum Ehebruch als Anwendungsfall des § 1579 Nr. 6 BGB Palandt/Brudermüller, BGB, § 1570 Rn. 27 mwN.

der Notar die Eheleute beriet: Im Hinblick auf den zwischen den Parteien streitigen Ehebruch konnte der Notar nur darauf hinweisen, dass je nach Beweisbarkeit in der Tat ein Unterhaltsausschluss in Betracht kommt.

In diesem Zusammenhang ist noch ein Hinweis des OLG Zweibrücken in der Sache bedeutsam, wonach die Verhältnisse zwischen Ehegatten, die nach langer Ehezeit - hier nach 30 Jahren - einen solchen Vertrag schließen, sich grundlegend von den Verhältnissen vor oder kurz nach der Heirat unterscheiden: Nach langer Ehedauer wird durch einen solchen Verzichtsvertrag in gefestigte eheliche Lebensverhältnisse eingegriffen[469], die - wie noch zu ergänzen ist - auch durch eine ehebedingte Abhängigkeitssituation geprägt sind. Da darüber hinaus noch zu berücksichtigen ist, dass Vereinbarungen zwischen Eheleuten über Scheidungsfolgen im Falle einer langen Ehedauer in Ehephasen zustande kommen, die durch Pressionen und sachfremde Emotionen gekennzeichnet sind[470], können an die Vertragsimparität keine höheren Anforderungen gestellt werden als die, die im vorliegenden Fall jedenfalls erfüllt waren. Unter austauschtheoretischen Gesichtspunkten (vgl. o. S. 23) war es geradezu zu erwarten, dass die Ehefrau sich dem vom Ehemann gewünschten Unterhaltsverzicht unterwirft, um so dann in Annäherung an eine societas leonina die eheliche Lebensgemeinschaft im Einverständnis mit ihm wieder aufzunehmen. Diente aber der Unterhaltsverzicht allein dazu, erzwungener-maßen und aus ehepsychologischen Gründen die Bereitschaft zur Gefolgschaft unter Beweis zu stellen, so kann von einer rechtsgeschäftlich bestimmten Vertragsparität nicht mehr ausgegangen werden.

Das Ergebnis der danach zulässigen Inhaltskontrolle hängt davon ab, ob die Eheverfehlungen der Ehefrau tatsächlich einen Unterhaltsausschluss rechtfertigen oder sie verglichen mit der gesetzlichen Lage ohne sachlichen Grund erheblich benachteiligt wurde.

Ähnliche Erwägungen treffen auch auf einen Fall des OLG Köln[471] zu.

Die Parteien heirateten 1959. Nach Eheschwierigkeiten verzichtete die Ehefrau 1977 in einem Notarvertrag umfassend auf Unterhalt, Zugewinn und Versorgungsausgleich. Die Ehefrau war zur Zeit des Verzichts noch berufstätig, musste aber damals bereits mit ihrer - später auch tatsächlich eingetretenen - Erwerbsunfähigkeit rechnen. Nach der im Jahre 1979 erfolgten Trennung wurden die Parteien 1980 geschieden. Auch hier behauptete der Ehemann im Zusammenhang mit dem Verzicht, dass die Ehefrau sich vorher ehefeindlich verhalten habe.

Im Ergebnis bejahte das OLG Köln die Nichtigkeit des Verzichtsvertrages (nach § 138 Abs. 1 BGB). Gegen die Sittenwidrigkeit sprächen zwar das vom Ehemann behauptete ehefeindliche Verhalten der Ehefrau und die umfassende notarielle

469 OLG Zweibrücken, FamRZ 1996, 869, 870f.

470 Frey, S. 84.

471 DNotZ 1981, 444.

Beratung[472], für sie sei aber entscheidend anzuführen, dass die Ehefrau zur Zeit des Verzichts bereits mit ihrer Erwerbsunfähigkeit rechnete, sie für den Verzicht keine Gegenleistung erhielt und das ihr zur Last gelegte ehefeindliche Verhalten allenfalls zur Zeit der Entfremdung erfolgte sowie ferner die Ehe 20 Jahre hielt[473].

Diese Begründung scheint die besonderen zur Sittenwidrigkeit führenden Umstände aufgrund einer offenen Abwägung zu ermitteln, die damit auch ohne weiteres hätte anders ausfallen können[474].

Der hier vorgeschlagene Ansatz hat demgegenüber den Vorteil, die richterliche Entscheidung berechenbar zu machen:

Eine Sittenwidrigkeit entfällt mangels eines besonderen Grundes, da der Ehemann aus seiner Sicht Anlass hatte, einen Unterhaltsverzicht zu verlangen.

Dagegen rechtfertigt sich die Inhaltskontrolle aus dem von der Sittenwidrigkeit verschiedenen Gesichtspunkt der Vertragsimparität: Die Voll-zeitbeschäftigung der Ehefrau zur Zeit der Vereinbarung des Verzichts steht der Annahme erheblicher Ressourcendifferenz, bedingt durch eine Abhängigkeit der Ehefrau, nicht entgegen, wenn schon damals ihre spätere Erwerbsunfähigkeit vorherzusehen war. Auch die Funktion der notariellen Beratung, gegenüber den Ehegatten rechtliche und damit auch soziale Normen zur Geltung zu bringen, wurde verfehlt, wenn zwischen den Ehegatten die auch rechtliche entscheidende Frage einer Eheverfehlung gerade streitig war.

Hinsichtlich der Eheverfehlung genau anders war ein Fall des BGH gelagert, in dem der Ehemann sein außereheliches Verhältnis nach vier Jahren Ehe zum Anlass nahm von seiner damals 31jährigen Ehefrau, die ein zweijähriges gemeinschaftliches Kind betreute und vorher als kaufmännische Angestellte tätig war, in einem Ehevertrag unter anderem einen Unterhaltsverzicht zu verlangen[475]. Hier kann zwar die Sittenwidrigkeit des Vertrages nicht mit der Begründung abgelehnt werden, dass die Ehefrau nach nur vier Jahren Ehe nicht auf wesentliches Vermögen verzichtete[476]. Der Umgang des Verzichts erscheint kaum als zuverlässiger Maßstab. Vielmehr dürfte eine Übervorteilung der Ehefrau iSd. § 138 Abs. 1 BGB bereits durch die notarielle Beratung verhindert worden sein, da ihr keine Eheverfehlung vorgeworfen wurde und sie somit bewusst auf ihre

---

472 OLG Köln, DNotZ 1981, 444, 446.

473 OLG Köln, ebd. (Fn. 472), S. 447.

474 Vgl. das andere Abwägungsergebnis bei von Hornhardt, Anm. zum OLG Köln, aaO. (Fn. 472), S. 448ff: Der Verzicht sei wirksam, da insbesondere ein grobes Missverhältnis nur unter den Voraussetzungen des § 138 Abs. 2 BGB bedeutsam sei (S. 448), auch würde bereits die Eheverfehlung der Ehefrau den Unterhaltsausschluss rechtfertigen (S. 451).

475 BGH, FamRZ 1997, 156.

476 Anders der BGH, FamRZ 1997, 156, 158.

Rechte verzichtete. Aus diesem Grund und wegen der nur vorübergehenden Aufgabe ihrer beruflichen Selbständigkeit[477] im Hinblick auf die Kinderbetreuung scheidet auch eine Inhaltskontrolle mangels erheblichen Ressourcenüberschusses des Ehemannes aus.

4. Ergebnis

1. Der Widerspruch zwischen Ehetyp und Unterhaltsvereinbarung führt nicht per se zur Unwirksamkeit der Vereinbarung nach § 138 BGB oder zur Zulässigkeit der richterlichen Inhaltskontrolle.
2. Eine Ausstrahlungswirkung von Ehetypen auf Unterhaltsvereinbarungen ist nur insoweit anzuerkennen, als es um die Durchführung einer - bei Vorliegen spezieller Voraussetzungen - zulässigen Inhaltskontrolle geht: Hier stellen Ehetypen als Leitbilder einen wesentlichen Kontrollmaßstab dar.
3. Die richterliche Inhaltskontrolle hat neben der Überprüfung eines Unterhaltsvertrages auf einen Verstoß gegen die guten Sitten (§ 138 Abs. 1 BGB) hin einen eigenständigen Anwendungsbereich. Der Maßstab des § 138 Abs. 1 BGB will die Vereinbarkeit eines Unterhaltsvertrages mit der Sittenordnung sicherstellen und erfasst daher nur durch besondere Umstände gekennzeichnete Einzelfälle. Die auf § 242 BGB gestützte Inhaltskontrolle stellt demgegenüber die Frage, ob die Geltung eines auf der Grundlage des Privatautonomie (§ 1585c BGB) geschlossenen Unterhaltsvertrages von ihren Voraussetzungen her zu rechtfertigen ist oder ob ein Fall der Vertragsimparität vorliegt. Dementsprechend kann eine Inhaltskontrolle im Regelfall nur im Rahmen einer Einverdienerehe in Fällen durchgeführt werden, in denen der Vertrag nicht notariell beurkundet worden ist. Wie jedoch mit dem Verweis auf den Regelfall bereits zum Ausdruck gebracht werden soll und durch die Fälle der Oberlandesgerichte Zweibrücken und Köln (vgl. o. S. 125 und 126) bestätigt wurde, kommt es nicht darauf an, ob begrifflich die Anknüpfungspunkte einer Inhaltskontrolle vorliegen. Entscheidend ist vielmehr, ob die in diesen Anknüpfungspunkten liegende Wertung auf den Einzelfall - evident - zutrifft.

   Für die auf erheblicher Ressourcendifferenz beruhende Vertragsimparität der Ehegatten und damit für eine Inhaltskontrolle der Unterhaltsvereinbarungen ist also insbesondere ausschlaggebend:

   - der Umfang der Erwerbstätigkeit der Ehegatten,
   - die Ehedauer,
   - Bestehen der ehelichen Lebensgemeinschaft zur Zeit des Abschlusses des Unterhaltsvertrages,

---

[477] Auf die auch der BGH, FamRZ 1997, 156, 158, abstellt.

- ob die etwaige notarielle Beratung ihre Funktion erfüllen konnte, den Entscheidungsprozess der Ehegatten an rechtlichen und sozialen Normen auszurichten, und
- die Evidenz der zuvor festgestellten Ressourcendifferenz.

C. Der Einfluss geänderter Verhältnisse auf den Fortbestand des Unterhaltsvertrages

I. Darstellung und Diskussion der im Vordergrund stehenden Wertungen

Nach den bisherigen Ergebnissen strahlen die Ehetypen in ihrer Funktion als Leitbilder auf Vereinbarungen über den Geschiedenenunterhalt in zweifacher Hinsicht aus. Zum einen orientiert sich die professionelle Vertragsgestaltung an den Ehetypen. Zum anderen beeinflussen die Ehetypen auch das Ergebnis einer Inhaltskontrolle, über deren Zulässigkeit freilich ohne den Gedanken der Ehetypenbildung zu entscheiden ist.

Zu erörtern bleibt noch, wie sich der Wechsel eines Ehetyps auswirkt, der zur Zeit der Vereinbarung über den Geschiedenenunterhalt bestand. Ein solcher Typuswechsel könnte zur Anpassung der Unterhaltsvereinbarung an die geänderten Verhältnisse führen, und zwar entweder[478] unter dem Gesichtspunkt der einschränkenden oder ergänzenden Vertragsauslegung, des Wegfalls der Geschäftsgrundlage oder des Verbots der unzulässigen Rechtsausübung durch Berufung auf den Unterhaltsvertrag. Dabei wird unterschieden zwischen einer Vereinbarung, die einen bestimmten Unterhaltsbetrag festlegt, und einem Unterhaltsverzicht.

Im ersten Fall kann der Unterhaltsbetrag vorbehaltlich abweichender Regelungen bei Änderungen in der Bedarfslage und der Leistungsfähigkeit nach den Grundsätzen des Wegfalls der Geschäftsgrundlage und des Vertrauensschutzes angepasst werden[479].

Im zweiten Fall, bei einem Unterhaltsverzicht, wird gegen eine Anpassungsmöglichkeit geltend gemacht, dass eine einfache[480] oder ergänzende Vertragsauslegung ausscheide, da mit dem Unterhaltsverzicht die Risiken eindeutig, nämlich zu Lasten des Unterhaltsberechtigten verteilt seien und auch die für die ergänzende Vertragsauslegung erforderliche Regelungslücke fehle[481]; die Rege-

---

478 Dazu, dass mangels Schenkungscharakters der Unterhaltsverzicht nicht etwa bereits nach § 528 Abs. 1 S. 1 BGB iVm. 818 Abs. 3 BGB im Fall der Not des bedürftigen Ehegatten kondiziert werden kann, siehe Reinhardt, Die Zulässigkeit des Verzichts auf den nach Scheidung der Ehe gegebenen Unterhaltsanspruch, S. 52; Hampel FamRZ 1960, 421, 425; Werthauer, JR 1950, 113, jeweils mwN zur früheren Gegenansicht des Hauptsozialamtes von Groß-Berlin.

479 Vgl. hierzu und allgemein zur Unterhaltsvereinbarung, Geßele, aaO. (Fn. 397), Rz. 1025.

480 Für eine einfache Auslegung des Unterhaltsverzichts dahin, dass er im Allgemeinen nicht für den Fall der Not gilt, aber Wiethaup, MDR 1954, 9, 10.

481 Herb, Der Verzicht auf nachehelichen Unterhalt - insbesondere zu Lasten der Sozialhilfeträger, S. 71.

lungslücke fehle auch dann, wenn der Unterhaltsverzicht ohne den - ohnehin nur klarstellenden - Zusatz eines Verzichts auch für den Fall der Not vereinbart sei[482]. Eine Anpassung nach den Grundsätzen des Wegfalls der Geschäftsgrundlage komme nicht in Betracht, da mit dem Unterhaltsverzicht zugleich auch das Stammrecht des Unterhalts und damit die unterhaltsrechtliche Sonderbeziehung als Grundlage einer Anpassung erloschen sei[483].

Die Rechtsprechung geht im Falle eines Verzichts ebenfalls vom Wegfall des Unterhaltsstammrechts aus und hält damit die Grundsätze über den Wegfall der Geschäftsgrundlage für nicht anwendbar[484]. Sie prüft im Gegensatz zum Schrifttum jedoch außerdem, ob der Wechsel des Ehetyps dazu führt, dass die Berufung auf einen unter anderen Verhältnissen geschlossenen Unterhaltsvertrag gegen Treu und Glauben (§ 242 BGB)[485] verstößt. Diese Betrachtungsweise ermöglicht eine Anpassung von Unterhaltsverträgen in einem größerem Umfang, als nach der Lehre vom Wegfall der Geschäftsgrundlage zulässig wäre. Während die Lehre vom Wegfall der Geschäftsgrundlage eine Anpassung grundsätzlich nur ermöglicht, wenn die eingetretene Entwicklung unvorhersehbar war, kann auch bei einer vorhersehbaren Änderung der Verhältnisse die Berufung auf einen Unterhaltsvertrag treuwidrig sein[486].

Bevor die für die einzelnen Ansichten sprechenden Wertungsgesichtspunkte erörtert werden, soll zunächst die Linie der Rechtsprechung schärfer konturiert werden. In der Rechtsprechung ist der Berufung auf den Unterhaltsverzicht der Einwand der unzulässigen Rechtsausübung unter anderem in folgenden Fällen entgegengehalten worden:

---

482 Herb, NJW 1987, 1525, 1526.

483 Borth/Schwab, Handbuch des Scheidungsrechts, Teil IV, Rz. 905; Hampel, FamRZ 1960, 421, 426f.; Rau, MittRhNotK 1988, 187, 192, 197; BayObLG (Strafsen.), NJW 1967, 1287f.; im Ergebnis zustimmmend unter Hinweis auf den Verfügungscharakter des Verzichts und die Risikoverteilung Gernhuber/Coester-Waltjen, Lehrbuch des Familienrechts, S. 457f.; Soergel/Gaul, BGB, § 1408 Rz. 8 (zum Ausschluss des Versorgungsausgleichs).

484 Anders das OLG Frankfurt a.M., FamRZ 1983, 176, 177, das einen Fall des Unterhaltsverzichts nach den Grundsätzen des Wegfalls der Geschäftsgrundlage löst.

485 In der Sache ebenso Schwenzer, AcP 196 (1996), 88, 112, die diese Fälle aber dem Anwendungsbereich einer nach § 242 BGB zulässigen und auch Elemente des Wegfalls der Geschäftsgrundlage umfassenden Inhaltskontrolle zuordnet.

486 BGH, NJW 1992, 3164, 3165; anders noch das OLG Celle, FamRZ 1989, 64, 65; das bei einer vorhersehbaren Entwicklung - die Geburt eines Kindes wurde bereits erwartet - einen Wegfall der Geschäftsgrundlage verneinte und, allerdings ohne eine unzulässige Rechtsausübung anzusprechen, den Unterhaltsverzicht auch für die Zeit der Kindesbetreuung für wirksam hielt.

1. der Verzicht wurde zu einem Zeitpunkt erklärt, wo die Ehe kinderlos war und mit Geburt des Kindes die Ehefrau als Betreuungsperson an einer Erwerbstätigkeit gehindert wurde[487];
2. nach der Scheidung wurde die elterliche Sorge zunächst vom Ehemann ausgeübt, sodann aber auf die Ehefrau übertragen, die durch die Kinderbetreuung an einer Erwerbstätigkeit gehindert wurde[488];
3. die Ehefrau sollte nach einer Scheidung ihren Unterhaltsbedarf und den Bedarf des gemeinschaftlichen Kindes statt durch eine Erwerbstätigkeit durch den Erlös des Verkaufs von Immobilienvermögen der Ehegatten decken, die Immobiliengeschäfte wurden jedoch mit Verlust abgeschlossen[489] oder die Ehefrau erhielt zur Deckung ihres Unterhaltsbedarfs im Rahmen einer gesellschaftsrechtlichen Auseinandersetzung einen ausgegliederten, aber eigenständig nicht lebensfähigen Unternehmensteil, der später liquidiert werden musste[490];
4. in einer 1951 geschlossenen Ehe verzichtete die Ehefrau 1970 auf den Geschiedenenunterhalt, um damit eine Ehekrise zu bewältigen. 12 Jahre später - die Chancen der Ehefrau auf dem Arbeitsmarkt hatten sich altersbedingt verschlechtert - wurde die Ehe geschieden[491].

In all diesen vier Fällen wurde der Unterhaltsverzicht im Ergebnis nach § 242 BGB für unwirksam gehalten.

Soweit die Rechtsprechung in den Fällen der Nr. 1 und 2 dafür allerdings auf den Schutzzweck des Betreuungsunterhalts (§ 1570 BGB) abstellte[492], ist dieser Gesichtspunkt für die Abgrenzung der unzulässigen Rechtsausübung

---

487 BGH, NJW 1992, 3164, 3166; FamRZ 1985, 787, 788.

488 OLG Zweibrücken, FamRZ 1986, 907; OLG Frankfurt a.M, FamRZ 1983, 176, das freilich nicht die Unzulässigkeit der Rechtsausübung anspricht, sondern nur den Wegfall der Geschäftsgrundlage prüft.

489 BGH, JR 1987, 112f.; ähnlich OLG Stuttgart, HEZ 2, 187, 189: der der Ehefrau im Rahmen der Scheidung übertragene Nießbrauch am Haus wurde durch dessen Zerstörung im Rahmen eines Luftangriffs gegenstandslos; dieser Fall wurde vom OLG Stuttgart allerdings durch eine Gleichstellung des Nießbrauchs mit einem Unterhaltssurrogat gelöst, so dass die Lehre von der Änderung der Geschäftsgrundlage anwendbar war.

490 OLG München, FamRZ 1985, 1264f.

491 BGH, FamRZ 1987, 691, und als vom BGH bestätigte Vorinstanz OLG Hamm, FamRZ 1986, 471.

492 BGH, NJW 1992, 3164f.; FamRZ 1985, 787, 788, unter Hinweis auf BVerfG 57, 361, 381ff., wonach das gemeinschaftliche Kind gem. Art. 6 Abs. 2 S. 2 und Art. 2 Abs. 1 GG auch gegen den Vater einen verfassungsrechtlichen Anspruch auf Sicherstellung seiner Betreuung habe.

unergiebig, weil er allein auf den Besonderheiten des § 1570 BGB beruht und insofern nur Bedeutung hat für den in die Generationsphase mündenden Wandel der Ehetypen.

Soweit die Fälle 1 und 2 jedoch nicht bereits mit Blick auf den Sondercharakter des § 1570 BGB entschieden wurden[493] oder die Ehefrau schon vor der Kindesgeburt nicht erwerbstätig war[494], lag eine weitere selbständig tragende Erwägung jedoch auch in dem Umstand, dass die Parteien davon ausgingen, dass die Ehefrau für sich selbst aufkommen könne, ohne durch Kinderbetreuung daran gehindert zu sein[495]. Für die vorliegende Untersuchung ist von Bedeutung, dass der Fall Nr. 1 auf einem Wechsel des Ehetyps beruht, während der Fall Nr. 2 die Situation bereits geschiedener Eheleute ins Auge fasst. Wegen der ehebedingten Rollenänderung der Ehefrau - von der Berufstätigkeit zur Kinderbetreuung - kann dieser Fall jedoch für die vorliegende Untersuchung einem Typenwechsel wertungsmäßig gleichgestellt werden.

Dem Gedanken, dass der Unterhaltsverzicht nur insoweit gelten sollte, als die Bedürftigkeit der Ehefrau nicht gerade auf der von beiden Parteien ins Auge gefassten Ausgestaltung und Abwicklung der beiderseitigen Rechtsbeziehungen beruht, kommt auch in den Fällen 3 und 4 eine tragende Bedeutung zu. In den Fällen zu 3 war der Abrede der Ehegatten nicht zu entnehmen, dass die Ehefrau nunmehr allein das Risiko tragen sollte, dass die ihr einverständlich übertragenen Vermögensgegenstände zur Befriedigung des Unterhaltsbedarfs ausreichen[496].

Für den Fall zu 4 war ebenfalls ausschlaggebend, dass die Ehefrau das Risiko ihrer Bedürftigkeit nur in beschränktem Umfang übernommen hat: Die Ehefrau konnte davon ausgehen, dass der noch vor Inkrafttreten des 1. EheRG vereinbarter Unterhaltsverzicht bedeutungslos ist, solange sie keine schwere Eheverfehlung beging oder die Scheidungsklage erhob; auch betraf der Unterhaltsverzicht nach den Gesamtumständen nur das sich aus der konkreten Ehekrise ergebende Unterhaltsrisiko und verlor deshalb mit Bewältigung dieser Ehekrise und einer sich daran anschließenden weiteren Ehedauer von 12 Jahren seinen Bezugspunkt[497]. Entscheidend war weiterhin, dass sich im Lauf dieser 12 Jahre

---

493 So im Fall des BGH, NJW 1992, 3166.

494 So ebenfalls im Fall des BGH, NJW 1992, 3164, 3166.

495 BGH, FamRZ 1985, 787f. zum Fall 1; OLG Frankfurt aM, FamRZ 1983, 176f.; OLG Zweibrücken, FamRZ 1986, 907f., zum Fall 2.

496 BGH, JR 1987, 112, 113; OLG München, FamRZ 1985, 1264, 1266, unter ausdrücklichem Hinweis darauf, dass die Ehefrau mit der Übernahme des Betriebsteiles nur ein begrenztes, den Sanierungsfall gerade nicht erfassendes Risiko übernommen habe.

497 BGH, FamRZ 1987, 691, 692.

das Unterhaltsrisiko der nicht berufstätigen Ehefrau entsprechend den Bedingungen am Arbeitsmarkt kontinuierlich erhöhte[498].

Fasst man die Ergebnisse der Rechtsprechung zusammen, so wird das Bemühen deutlich, das mit dem Unterhaltsverzicht von einer Seite übernommene Risiko auf den Umfang zu begrenzen, der sich zur Zeit der Vereinbarung aus dem jeweiligen Ehetyp ohne Berücksichtigung eines Typenwechsels (Fall 1 und 2) ergibt oder der der Situation nach den Vorstellungen beider Parteien entspricht (Fall 3 und 4). Diese Judikate engen den Wirkungsbereich von Unterhaltsverzichten und -vereinbarungen im Gegensatz zum Schrifttum stark ein und erfordern daher eine Erörterung.

In der Sache versagt die Rechtsprechung dem Unterhaltsschuldner beim Wechsel des Ehetyps (Fälle 1 und 2) die Berufung auf einen zuvor geschlossenen Unterhaltsvertrag als treuwidrig. Zum gleichen Ergebnis führt jedoch die der Anwendung von § 242 BGB vorgreifliche Überlegung, ob der Unterhaltsvertrag nicht von vornherein so ausgelegt (§§ 157, 133 BGB) werden kann, dass er nur auf den Ehetyp bezogen ist, der zur Zeit des Abschlusses der Vereinbarung bestand. Die - im Ergebnis - einschränkende Auslegung würde im Falle ihrer Berechtigung dem in der Vereinbarung zum Ausdruck gekommenen Parteiwillen am besten Rechnung tragen und daher der Anwendung der Grundsätze über den Wegfall der Geschäftsgrundlage und den Rechtsmissbrauch (§ 242 BGB) vorgehen.

Gegen eine solche - einschränkende - Auslegung wird geltend gemacht, dass ein Verzicht erst dann bedeutsam werde, wenn infolge der Änderung der Verhältnisse Bedürftigkeit oder Not eintrete[499] und dass er - bei Suspendierung gerade in diesen Fällen - gegenstandslos sei[500]. Weiter soll gegen jegliche Einschränkung seines Geltungsbereichs sprechen, dass durch einen Verzicht die Rechtsbeziehungen zwischen den Ehegatten in unterhaltsrechtlicher Hinsicht endgültig gelöst werden sollen[501].

Diese Argumente vermögen jedoch nicht zu überzeugen. Die einschränkende Auslegung macht den Verzicht nicht gegenstandslos. Er behält auch bei einschränkender Auslegung eine wesentliche Bedeutung insofern, als er im Rahmen des von den Ehegatten bereits konkret verwirklichten Ehetyps die Unterhaltsrisiken eindeutig verteilt: Der Unterhaltsgläubiger trägt dann das Risiko seiner Bedürftigkeit insoweit allein, als dieses Risiko nicht dadurch erhöht wird, dass die Ehegatten die Ausgestaltung der ehelichen Lebensgemeinschaft ändern. So trägt der Unterhaltsgläubiger in einer Doppelverdienerehe, in deren Rahmen ein Unterhaltsverzicht vereinbart wurde, das Risiko, aus nicht ehebedingten

---

498 OLG Hamm, FamRZ 1986, 471, als Vorinstanz zum BGH, ebd. (Fn. 497).

499 Herb, NJW 1987, 1525, 1527.

500 Gernhuber/Coester-Waltjen, Familienrecht, S. 459.

501 Hampel, FamRZ 1960, 421, 427.

Gründen krank, alt oder arbeitslos und jeweils dadurch bedürftig zu werden[502]. Er trägt aber nicht das Risiko, das sich aus der Änderung der ehelichen Aufgabenverteilung ergibt, etwa weil zwischenzeitlich Kinder geboren und zu betreuen sind[503] oder weil ein Pflegefall in der Familie auftritt. Gegen eine Zuweisung derartiger Risiken an den verzichtenden Ehegatten, der ehebedingt beruflich aussetzt, spricht bereits, dass dieses Risiko vom unterhaltspflichtigen Ehegatten wesentlich beherrscht wird, da nach der Ressourcentheorie der unterhaltspflichtige Ehegatte als Inhaber größerer finanzieller Ressourcen über die Berufsplanung des anderen Ehegatten tatsächlich mitbestimmt (vgl. o. S. 28)[504].

Weiter ist für eine einschränkende, also ehetypenbezogene Auslegung gerade eines Unterhaltsverzichts anführen, dass sonst ein Wertungswiderspruch zu dem Fall einer Zuverdienerehe auftritt, in deren Rahmen die Zahlung eines Restunterhalts vereinbart wird, dessen Umfang dann nach den Grundsätzen des Wegfalls der Geschäftsgrundlage und des Vertrauensschutzes erhöht werden kann, wenn der - nicht eheprägende - Zuverdienst wegfällt[505]. Warum dagegen bei einer Doppelverdienerehe, in deren Rahmen ein Unterhaltsverzicht vereinbart wurde, eine Anpassung von vornherein ausscheiden soll, wenn der Doppelverdienst wegfällt, ist nicht ersichtlich. Dieser Widerspruch zwischen Doppel- und Zuverdienstehe würde auch zu wertungsindifferenten Zufallsergebnissen führen: Wenn kein Unterhalt vereinbart worden ist, soll eine Anpassung ausscheiden, anders aber bei Vereinbarung eines noch so geringfügigen Ergänzungsunterhalts. Dieser Befund kann auch nicht mit Blick darauf erklärt werden, dass der Verzicht seiner Funktion nach die Rechtsbeziehungen zwischen den Parteien in unterhaltsrechtlicher Hinsicht endgültig lösen soll: Bereits bei der Darstellung der kautelarjuristischen Praxis wurde im Ergebnis (vgl. o. S. 110) festgehalten, dass gerade im Interesse der Rechtssicherheit auch rein deklaratorische Verzichte formuliert werden und dadurch als Mittel zur Streitvermeidung ihren Sinn behalten.

---

502 Insoweit geht das Auslegungsergebnis von Wiethaup, aaO. (Fn. 480), in der Tat zu weit und würde den Unterhaltsverzicht sinnlos machen.

503 Herb, Der Verzicht auf nachehelichen Unterhalt - insbesondere zu Lasten der Sozialhilfeträger, S. 203, der insoweit wegen der Verantwortung des anderen Ehegatten die Vorschrift des § 242 BGB in seiner Kontroll- und Korrekturfunktion bemüht.

504 Im Ergebnis ebenso Büttner, FamRZ 1998, 1, 7, wenn eine neue Lebensgestaltung eintritt, die bei Abschluss des Ehevertrages nicht absehbar oder vollzogen war und auf eine gemeinsame Entscheidung der Ehegatten zurückzuführen ist.

505 Thomas/Putzo, ZPO, § 323 Rz. 19; Schwab/Maurer, Handbuch des Scheidungsrechts, Teil I, Rz. 1029.

II. Ergebnis

Die Möglichkeit einer Unterhaltsanpassung kann nicht von der formalen Frage abhängen, ob der Unterhaltsverzicht zum Wegfall des Unterhaltsstammrechts führt[506] oder ein Verfügungsgeschäft darstellt[507] und damit jeweils die Anwendung der Grundsätze über den Wegfall der Geschäftsgrundlage sperrt. Entscheidend können vielmehr nur die sich in der Begriffskonstruktion zum Unterhaltsstammrecht verbergenden Wertungsgesichtspunkte sein.

Mit einer Unterhaltsvereinbarung und mit speziell mit einem Unterhaltsverzicht übernimmt der Unterhaltsgläubiger spezielle Risiken. Der Umfang dieser Risiken ist durch Auslegung zu ermitteln. Dabei muss die Möglichkeit eines deklaratorischen Verzichts genauso in Betracht gezogen werden wie der Bezug einer Unterhaltsvereinbarung auf nur einen Ehetyp. Im Ergebnis ist daher der Rechtsprechung zu folgen, die beim Wechsel der Ehetypen (Fälle 1 und 2) und bei einer wesentlichen Risikoerhöhung (Fälle 3 und 4) dem Unterhaltsschuldner die Berufung auf die Unterhaltsvereinbarung als treuwidrig (§ 242 BGB) versagt, ohne freilich mit dem Erkenntnis, dass die Unterhaltsvereinbarung auf diese Fälle nicht zutrifft, also auch zu Lasten des Unterhaltsgläubigers keine Regelung enthält, den einfacheren und vorzuziehenden Weg der schlichten Auslegung zu beschreiten. Unter Umständen kann jedoch dem damit wieder auflebenden gesetzlichen Unterhaltsanspruch die Schranke des § 1577 Abs. 4 BGB entgegenstehen, was insbesondere in Fällen zu oben 3 in Betracht kommt.

---

506 Buschendorf, Die Grenzen der Vertragsfreiheit im Ehevermögensrecht, S. 148.

507 Gernhuber/Coester-Waltjen, aaO. (Fn. 483), S. 457f.

Vierter Teil: Die Begrenzung des Geschiedenenunterhalts in gesetzgebungstechnischer Hinsicht

Die gesetzgebungstechnische Abfassung der Vorschriften über die Begrenzung des Geschiedenenunterhalts kann durch zwei Faktoren bestimmt werden: durch die Ergebnisse rechtsdogmatischer Überlegung sowie durch die spezifischen seitens der Gesetzgebungslehre aufgestellten Erfordernisse.

A. Die Bedeutung der Rechtsdogmatik für die Gesetzgebungstechnik

I. Die Funktion der Rechtsdogmatik für die Gesetzgebungstechnik

Versteht man die Aufgabe der Rechtsdogmatik lediglich deskriptiv als Erläuterung der bestehenden Rechtsordnung, so hätte die Rechtsdogmatik keinen Einfluss auf die gesetzgeberischen Entscheidungen zur Begrenzung des Geschiedenenunterhalts. Der vom Gesetzestext abweichenden Rechtsdogmatik käme dann keine wissenschaftliche, sondern allenfalls eine rechtspolitische Legitimation zu.

Eine Gesetzgebung ohne dogmatisches Konzept ist jedoch unmöglich, da erst die Rechtsdogmatik dem Gesetzgeber die Möglichkeiten und Grenzen aufzeigt, die zu beachten sind, damit das Regelungsvorhaben in sich widerspruchsfrei gefasst und in die geltende Rechtsordnung eingepasst werden kann[508]. Der Gesetzgeber ist darauf angewiesen, dass die Rechtsdogmatik schon im Gesetzgebungsverfahren sicherstellt, dass Widersprüche im Gesetz vermieden und wertungsmäßig vergleichbare Fälle auch tatsächlich gleichbehandelt werden[509]. In dieser rechtsordnungs-, nicht nur entscheidungsbezogenen[510] Funktion überdauert die Rechtsdogmatik den geltenden Gesetzestext. Mithin steht die Funktion der Rechtsdogmatik ihrer Heranziehung als Prüfungsmaßstab für die Gesetzgebungstechnik nicht entgegen.

508 Henckel, in Gesetzgebung und Dogmatik, S. 104.

509 Herberger, in Gesetzgebung und Dogmatik, S. 70 und 75.

510 Behrends, in Gesetzgebung und Dogmatik, S. 14f.

II. Einschränkung der Funktion der Rechtsdogmatik im Hinblick auf den Gesetzgebungsspielraum

Zu erwägen wäre noch, ob es nicht mit der Volkssouveränität, die im Gesetz zum Ausdruck kommt, unvereinbar ist, ein Gesetz über seine Verfassungsmäßigkeit[511] hinaus auch noch auf seine rechtsdogmatische Schlüssigkeit zu überprüfen. Die angedeutete Gefahr für den gesetzgeberischen Spielraum besteht jedoch aus zwei Gründen nicht.

Zum einen darf die Rechtdogmatik zwar in der Tat nicht zur Korrektur parlamentarischer Kompromisse und Entscheidungen führen und die politische Auseinandersetzung mit anderen Mitteln fortführen; diesem Verbot wird aber bereits dadurch Rechnung getragen, dass die Rechtsdogmatik an die gesetzgeberischen Wertungen - soweit erkennbar - gebunden ist und gerade diesen Wertungen zum möglichst vollkommenen Ausdruck verhelfen soll[512].

Zum anderen mindern rechtsdogmatische Unklarheiten und Widersprüche im Gesetz nicht seine Geltungskraft, sondern rechtfertigen nur einen Appell an den Gesetzgeber zur Nachbesserung de lege ferenda.

B. Die gesetzgebungstechnische Umsetzung des rechtsdogmatischen Konzepts

Als rechtsdogmatische Erkenntnis wurde im zweiten Teil herausgearbeitet, dass für die Begrenzung des Geschiedenenunterhalts erheblich ist einerseits die Differenzierung nach bestimmten Ehetypen und andererseits die punktuelle sowie eheverlaufsbezogene Feststellung der übrigen Umstände des Einzelfalls (vgl. o. S. 104). Die folgenden Überlegungen beschäftigen sich mit der Frage, ob die Niederlegung dieses rechtsdogmatischen Konzepts in den §§ 1573 Abs. 5, 1578 Abs. 1 S. 2 und § 1579 Nr. 1 und 7 BGB in gesetzgebungstechnischer Hinsicht verbesserungsfähig ist.

I. Bestandsaufnahme de lege lata

Hinsichtlich der Fallgruppe der kurzen Ehe bediente sich der Gesetzgeber der Technik des (im Fall des § 1579 Nr. 1 BGB benannten und im Fall des § 1579 Nr. 7 BGB unbenannten) Regelbeispiels zur Erläuterung des unbestimmten Rechtsbegriffs der groben Unbilligkeit.

---

511 Siehe dazu oben, 1. Teil, S. 11ff.

512 So zur Gesetzgebungsmethodik allgemein, ohne ihr die Rechtsdogmatik explizit zuzurechnen, Morand, in Gesetzgebungstheorie und Rechtspolitik, S. 13.

Im übrigen regelte er die Begrenzung (§ 1578 Abs. 1 S. 2 BGB) und die Befristung (§ 1573 Abs. 5 BGB) des Geschiedenenunterhalts durch eine Generalklausel, der er mit vier Abwägungsgesichtspunkten (Dauer der Ehe, Gestaltung von Haushaltsführung und Erwerbstätigkeit und Kinderbetreuung) Halt geben wollte.

II. Zur gesetzgebungstechnischen Fassung de lege ferenda

Im Hinblick auf die rechtsdogmatische Gliederung nach den Ehetypen (vgl. o. S. 88) wird teilweise auch eine entsprechende Typisierung in der Gesetzgebungstechnik befürwortet[513]. Zur Begründung wird darauf verwiesen, dass der Gesetzgeber durch die Einheitslösung seine Aufgaben an die Richter und die Wissenschaft delegiere[514]; auch könne der Verzicht auf die Typenlösung die Ehegatten dazu veranlassen, eine privatautonome Lösung, also einen Unterhaltsvertrag ohne Richtigkeitsgewähr zu wählen[515]. Letztlich richtet sich diese Kritik also gegen die Verwendung von Generalklauseln anstelle einer wie auch immer auszugestaltenden Kasuistik.

Ob diese Kritik berechtigt ist, hängt von der Funktion der Generalklausel in der Gesetzgebungstechnik ab.

1. Die Funktion der Generalklausel in der Gesetzgebungstechnik

Die Gesetzgebungstechnik ist auf optimale Realisierung des Rechtsstaatsprinzips ausgerichtet, dessen wesentliches Element die Erkennbarkeit und Überschaubarkeit der Rechtsordnung[516], also letztlich die Rechtssicherheit ist. Aus dem Gebot der Überschaubarkeit der Rechtsordnung wird das ökonomische Prinzip abgeleitet, nach dem Umfang und Zahl der Gesetze zu vermindern und jede unnötige Kasuistik zu vermeiden sind[517]. Aus dem ökonomischen Prinzip folgt, dass unter

---

513 So insbesondere von Dieckmann, Festschrift für Bosch, S. 131; Gernhuber, Eherecht und Ehetypen, S. 7, 18; ders., FamRZ 1979, 193, 194; und - lediglich für die Berufstätigen- und Haushaltsführungsehe - Ramm, Familienrecht, S. 271; ders., JZ 1975, 505, 512; ders., Grundgesetz und Eherecht, S. 45; aA etwa Koch, Diss., S. 28; Langenfeld, FamRZ 1987, 9, 11; ders., DNotZ-Sonderheft 1985, 167; Schwenzer, AcP 191 (1991), S. 88, 111.

514 So für die Zeit vor Erlass des UÄndG: Gernhuber, Eherecht und Ehetypen, S. 18, und Ramm, JZ 1970, 753, 758.

515 Ramm, Grundgesetz und Eherecht, S. 44 (für die Zeit vor Erlass des UÄndG); Wilutzki, ZfJ 1985, 7; auf diese Gefahr weist auch Schwenzer, AcP 191 (1991), S. 88, 110, hin, ohne allerdings daraus die Notwendigkeit einer Kasuistik herzuleiten.

516 Adamovich, in: Gesetzgebung, S. 205.

517 Bender, Rationalisierung der Gesetzgebung, S. 51, unter Hinweis darauf, dass bei niedrigem Abstraktionsniveau einer Norm zum Nachteil ihrer Verständlichkeit die

Umständen die Generalklausel mit der Rechtssicherheit durchaus vereinbar, wenn nicht sogar von ihr gefordert sein kann und somit eine wie folgt zu beschreibenden legitime Aufgabe hat:

1. einen komplexen Sachverhalt zu regeln, bei dem eine gesetzliche Regelung zu ausführlich und unübersichtlich geraten oder sonst nicht möglich wäre[518]; dieser Gesichtspunkt ist hier insoweit zu beachten, als zwar eine auf die Doppel- und die Einverdienerehe abstellende Kasuistik möglich wäre[519], aber damit noch keine Lösung gefunden wäre für Ehen, in denen sich der Typ der Ehe im Laufe ihres Bestehens geändert hat[520]; auch würde eine verlaufsbezogene Betrachtung der Ehe (vgl. o. S. 89ff.) vernachlässigt werden.

2. eine zur Entscheidung durch den Gesetzgeber noch nicht reife Rechtsfrage offen zu lassen und der Lehre und Rechtsprechung zur weiteren Klärung zu überlassen[521]. Diese wäre etwa die hier angesprochene rechtssoziologische Frage, ob der unterhaltsverpflichtete Ehegatten tatsächlich die Verantwortung für den anderen trägt (vgl. o. S. 28).

3. eine Resttypisierung von Sachverhalten zu erlauben, die zum Zeitpunkt des Erlasses nicht vollständig vorhersehbar waren[522]. Insoweit ist etwa an die eigenständige Bedeutung der Zuverdienerehe zu denken (vgl. o. S. 70).

4. sie ermöglichen eine Anpassung an geänderte, sozioökonomische Verhältnisse[523]. So wird der Ehegattenunterhalt in ökonomischer Hinsicht durch die Verhältnisse des Arbeitsmarktes geprägt, zum Beispiel bei der Bemessung der Übergangsfrist nach der zur beruflichen Reintegration erforderlichen Zeit (vgl o. S. 54), und in soziologischer Hinsicht durch die sozialen Wertungen, die es der Ehefrau bereits während der Ehe erlauben oder erleichtern, eine Erwerbstätigkeit aufzunehmen oder auszubauen (vgl. o. S. 95).

5. sie ermöglichen eine Regelung des Einzelfalls unter Beachtung seiner Besonderheiten[524] (vgl. dazu o. S. 61).

Zahl der Randbedingungen zunimmt, unter denen die Norm nur gelten soll; Krüger, Der Adressat des Rechtsgesetzes, S. 88; Walter, ÖJZ 1963, 85f.

518 Diederichsen, Die Flucht des Gesetzgebers aus der politischen Verantwortung im Zivilrecht, S. 25.

519 Vgl. den Gesetzesentwurf bei Knöpfel, AcP 1991 (191), S. 107; im übrigen wird die Möglichkeit einer Kasuistik verneint u. a. von Langenfeld, DNotZ-Sonderheft 1985, 167; Schwenzer, AcP 196 (1996), S. 88.

520 Koch, Sittenwidrigkeit von Unterhaltsverzichten, S. 28.

521 Freischmidt, Studien zu einer Theorie der Gesetzgebung, S. 425.

522 Hugger, Gesetze - Ihre Vorbereitung, Abfassung und Prüfung, S. 284.

523 Ders., ebd. (Fn. 522), S. 285.

524 Hedemann, Die Flucht in die Generalklauseln, S. 61; Kubes, Theorie der Gesetzgebung, S. 282; Peschel-Gutzeit, FamRZ 1996, 1446, 1452.

Sprechen somit die spezifischen Vorteile einer Generalklausel für ihren Einbezug in die Regelungen zur Begrenzung des Geschiedenenunterhalts, so ist weiter zu entscheiden, ob die Nachteile ihrer Verwendung entgegenstehen oder ob die Nachteile zumindest durch besondere gesetzgebungstechnische Gestaltungsmöglichkeiten vermindert werden können.

2. Die Nachteile der Generalklausel

Als Nachteile einer Generalklausel werden genannt die Rechtsunsicherheit[525], die sie hervorbringt, und die Verlagerung der Verantwortung vom Gesetzgeber auf den Richter[526].

a) Der Nachteil der Rechtsunsicherheit

Zum Grundsatz der Rechtssicherheit gehört auch die Vorhersehbarkeit und Berechenbarkeit von rechtlichen Pflichten[527]. Es wurde bereits oben ausgeführt, dass diesem Postulat im Hinblick auf das ökonomische Prinzip nicht notwendig eine kasuistische Regelung entspricht[528]. Entscheidend ist vielmehr, ob

1. eine kasuistische Regelung möglich ist,
2. ob der mit ihr für die Rechtstechnik und -anwendung verbundene Aufwand sinnvoll ist, was nur zu bejahen sein dürfte, wenn die Rechtsfolgen, die sich aus der Einordnung eines Falles in die Kasuistik ergeben, unterschiedlich sind[529],

---

525 Hedemann, Die Flucht in die Generalklausel, S. 69; Hugger, Gesetze - Ihre Vorbereitung, Abfassung und Prüfung, S. 286; Kubes, Theorie der Gesetzgebung, S. 282; Willutzki, ZfJ 1985, 7.

526 Bosch, FamRZ 1984, 1165, 1167 („Richterermächtigungsgesetz", bezogen auf den früheren Entwurf des § 1575 Abs. 5 BGB, der nur die Ehedauer als Abgrenzungskriterium nannte, vgl. BT-Drs. 10/2888, 5, 12, 17f.); Diederichsen, Die Flucht des Gesetzgebers aus der politischen Verantwortung im Zivilrecht, S. 61; Hedemann, Die Flucht in die Generalklauseln, S. 58 („Stück offengelassener Gesetzgebung"); Kramer, Studien zu einer Theorie der Gesetzgebung, S. 726 („Ermächtigungen an den Richter").

527 Herzog, in Maunz/Dürig, Art. 20 GG VII Rz. 62; Schnapp in v. Münch/Kunig (Hrsg.), GG, Art. 20 Rdnr. 23f.

528 Dabei handelt es sich - wie bereits betont - nur um eine Frage der Gesetzgebungstechnik, nicht um eine solche der Verfassungsmäßigkeit: Den Widerstreit zwischen Rechtssicherheit und Einzelfallgerechtigkeit darf von Verfassungs wegen der Gesetzgeber lösen, Schnapp in v. Münch/Kunig (Hrsg.), GG, Art. 20 Rz. 26.

529 Noll, Gesetzgebungslehre, S. 281.

3. ein Prävisionsinteresse im Sinne der rechtsstaatlichen Garantie einer Voraussehbarkeit von Rechtspflichten besteht[530].

Da es jedenfalls nicht möglich ist, mit einer Kasuistik auch verlaufsbezogene Besonderheiten einer Ehe aufzufangen (Punkt 1), wären diese Gesichtspunkte auf jeden Fall mittels einer Generalklausel zu erfassen. Daher würde sich der mit der Kasuistik verbundene Aufwand nur lohnen, wenn sie derart wesentlich die Begrenzung des Geschiedenenunterhalts beeinflussen würde und es insoweit einer Generalklausel nur für Ausnahmefälle bedürfte (Punkt 2). Wenn jedoch auch auf die mit der Kasuistik verbundenen Regelfälle zusätzlich noch eine Generalklausel anzuwenden wäre, würde sich die Rechtsunsicherheit nicht vermindern, sondern verdoppeln, da zu den Schwierigkeiten, die Kasuistik anzuwenden (etwa Abgrenzungsschwierigkeiten[531]), noch solche hinzutreten würden, die sich aus der Generalklausel ergeben. Da oben (S. 97) gezeigt wurde, dass nicht nur der Ehetyp rechtsfolgenrelevant ist, sondern gleichermaßen und ergänzend noch das Kompensations- und Vertrauensprinzip in ihrem Einfluss auf den Verlauf der Ehe, wäre insoweit die Generalklausel auch bei Entwicklung einer ehetypenbezogenen Kasuistik nicht überflüssig. Mithin würde eine Kasuistik der Rechtssicherheit nicht dienen.

Hinzukommt mit Blick auf Punkt 3), dass das Prävisionsinteresse als Maßstab, welchem Gewicht der Rechtssicherheit bei der Gesetzestechnik zukommt, bei präventiven, insbesondere verhaltenssteuernden Gesetzen größer ist als bei Reparationsgesetzen[532]. Da die Begrenzung des Geschiedenen-unterhalts nicht den Zweck hat, das Verhalten der Eheleute zu steuern und etwa eine lange Ehe im Hinblick auf den dann unbegrenzbaren Geschiedenenunterhalt zu vermeiden[533], handelt es sich nicht um ein präventives Gesetz. Die durch die Generalklausel implizierte Rechtsunsicherheit bezieht sich daher nur auf die retrospektive Betrachtung der Ehe und ihres Verlaufs durch das Gericht und ist daher mit Reparationsgesetzen zu vergleichen, bei denen Prävisionsinteresse gering zu veranschlagen ist. Ist das Prävisionsinteresse mithin - wie hier - gering und das Bedürfnis nach individualisierender Gerechtigkeit dagegen stark, kann die differenzierende Behandlung durch unbestimmte Rechtsbegriffe der rechtsanwendenden Instanz überlassen werden[534]. Das somit entscheidende Bedürfnis nach individualisierender Gerechtigkeit, das das Ehegattenunter-haltsrecht tatsächlich prägt[535], findet seine dogmatische Berechtigung in dem Erfordernis, in einer verlaufsbezogenen Betrachtung der Ehe das Kriterium der Kompensation und des Vertrauensschutzes auf den Einzelfall anzuwenden (vgl. o. S. 97).

---

530 Noll, ebd. (Fn. 529), S. 282.

531 Auf die Langenfeld, FamRZ 1987, 9, 11, und Koch, Diss., S. 28; hinweisen.

532 Noll, aaO. (Fn. 529), 282.

533 Krause, Die zeitliche Begrenzung des Unterhalts nach der Scheidung, S. 212.

534 Noll, aaO. (Fn. 529), 282; Krause aaO. (Fn. 533), S. 212.

535 Peschel-Gutzeit, FamRZ 1996, 1446, 1452.

Mithin steht die Rechtsunsicherheit als Nachteil der Verwendung von Generalklauseln nicht grundsätzlich entgegen.

b) Der Nachteil der Verlagerung der Verantwortung auf das Gericht

Mit der Gefahr einer Rechtsunsicherheit hängt zusammen die Gefahr einer Verlagerung der Verantwortung des Gesetzgebers auf das Gericht, die dann vorliegt, wenn die für die Entscheidung eines Interessenkonflikts maßgebenden Wertungsgesichtspunkte nicht vom Gesetzgeber vorgegeben, sondern vom Richter originär entwickelt werden[536]. Dieser Gefahr kann jedoch dadurch begegnet werden, dass der Generalklausel durch Aufzählung von einigen Anwendungsfällen Halt gegeben wird[537]. Dies hat der Gesetzgeber in den §§ 1573 Abs. 5, 1578 Abs. 1 S. 2 BGB getan, indem er mit den Kriterien der Erwerbstätigkeit und Haushaltsführung, der Dauer der Ehe sowie der Betreuung gemeinschaftlicher Kinder die wesentlichen Wertungsgesichtspunkte für die entscheidende Instanz verbindlich gemacht hat.

Man könnte allenfalls noch erwägen, die Generalklausel in den §§ 1573 Abs. 5, 1578 Abs. 1 S. 2 BGB durch Regelbeispiele zu ergänzen, etwa mit dem Inhalt, dass in der Regel bei einer Einverdienerehe von einer Begrenzung des Unterhalts abzusehen ist usw. Indessen gilt für Regelbeispiele das bereits zur Kasuistik Ausgeführte (vgl. o. S. 142). Insbesondere lohnt sich der mit der Ausdifferenzierung verbundene Aufwand unter Inkaufnahme von Abgrenzungsschwierigkeiten nicht, wenn sich die Rechtsfolgen, die sich aus einem bestimmten Regelbeispiel ergeben, unbestimmt bleiben[538], also wie hier eine weitere Billigkeitsprüfung erfordern würden.

Bei der Ausdifferenzierung der groben Unbilligkeit nach § 1579 HS. 1 durch die Regelbeispiele der kurzen Ehe (§ 1579 Nr. 1 und 7 BGB) stellt sich dieses Problem nicht, weil sich an die Feststellung der kurzen Ehe im Rechtssinne (vgl. o. S. 84) hinsichtlich des „ob" der Begrenzung keine weitere Billigkeitsprüfung anschließt und insbesondere der Verlauf der Ehe gerade wegen ihrer Kürze keine besondere Billigkeitsprüfung erfordert. Eine kurze Ehe spricht also indizweise gegen die Rechtfertigung des Geschiedenenunterhalts, und zwar in einer Deutlichkeit, die sonst keinem Ehetyp, auch nicht der Doppelverdienerehe eigen ist. Während sich aus dem Verlauf einer Doppelverdienerehe ergeben kann, dass zum Beispiele ein Ehegatte während der Ehe oder im Hinblick auf sie auf Karrierechancen verzichtet und damit die Rechtfertigung des Geschiedenenunterhalts begründet hat, legt eine kurze Ehe das Entschließungsermessen hinsichtlich der Begrenzung fest und eröffnet nur das Auswahlermessen hinsichtlich

---

[536] Diederichsen, Die Flucht des Gesetzgebers aus der politischen Verantwortung, S. 61.

[537] Joachim, Diss., S. 116; Schneider, Gesetzgebung, Rz. 68.

[538] Noll, Gesetzgebungslehre, S. 268.

der Art und Weise der Begrenzung und der Berücksichtigung der Belange gemeinschaftlichen Kinder.

Mithin hat der Gesetzgeber die Nachteile aus der Generalklausel in den §§ 1573 Abs. 5, 1578 Abs. 1 S. 2 BGB und den § 1579 Nr. 1 und 2 BGB auf die jeweils geeignete Weise eingeschränkt[539].

3. Zu den weiteren Einwänden gegen die §§ 1573 Abs. 5, 1578 Abs. 1 S. 2 BGB

Teilweise wird noch kritisiert, dass die Befristungsmöglichkeit des § 1573 Abs. 5 BGB nur den Unterhaltsanspruch aus § 1573 Abs. 1 und 2 BGB (Erwerbslosen- und Aufstockungsunterhalt) und nicht auch die anderen Unterhaltsansprüche erfasst[540]. Hinsichtlich der anderen Unterhaltstatbestände ist der Gesetzgeber von der Erwägung ausgegangen, dass die Privatisierung des allgemeinen und durch die wirtschaftliche Lage verstärkten Risikos der (Langzeit-) Arbeitslosigkeit zu Lasten des Unterhaltsschuldners unzumutbar sei[541]. Eine (unausgesprochene) Rolle dürfte ferner spielen, dass sich der aus § 1573 Abs. 1, 2 BGB berechtigte Unterhaltsgläubiger durch Aufnahme iSd. § 1574 Abs. 2 BGB, nicht aber iSd. Sozialrechts unzumutbarer Arbeit sich grundsätzlich selbst unterhalten kann (§ 1569 BGB) und deshalb - anders als der kranke, alte oder kindesbetreuende Ehegatte (§§ 1570-1572 BGB) - weniger auf die nacheheliche Solidarität des anderen Ehegatten angewiesen ist[542]. Ob diese Erwägungen uneingeschränkt zutreffen, kann dahinstehen, da die Zwecksetzung Aufgabe des Gesetzgebers und nicht der Rechtsdogmatik, auch nicht der Gesetzgebungslehre ist[543].

Weiterhin wird noch gegen die gesetzgebungstechnische Konzeption der §§ 1573 Abs. 5, 1578 Abs. 1 S. 2 BGB angeführt, dass nach beiden Vorschriften eine Unterhaltsbegrenzung erst nach einer Schonfrist zulässig sei, selbst wenn dafür kein Grund ersichtlich ist[544]. Auch dieser Einwand trifft jedoch nicht zu, da der Gesetzgeber durchaus davon ausgehen konnte, dass bei einer von den § 1579 Nr. 1 und 7 BGB nicht erfassten, also nicht kurzen Ehe zumindest das Vertrau-

539 So zu § 1573 Abs. 5 BGB auch MünchKomm/Richter, BGB, § 1573 Rz. 7, der auf die Konkretisierung des § 1573 Abs. 5 BGB durch Anführung weiterer Abwägungsgesichtspunkte und die viel unbestimmtere Fassung der §§ 60, 61 Abs. 2 EheG aF. hinweist.

540 Knöpfel, AcP 191 (1991), 107, 126.

541 So das Votum des Rechtsausschusses (BT-Drs. 10/4514, S. 21), auf dem der endgültige Gesetzestext beruht.

542 Auf die entsprechenden herrschenden ethischen Vorstellungen verweist auch MünchKomm/Richter, BGB, §§ 1571, 1572, jeweils Rz. 1; zum Kindesbetreuungsunterhalt vgl. o. 15f.

543 Morand, in Gesetzgebungstheorie und Rechtspolitik, S. 9, 13.

544 Knöpfel, aaO. (Fn. 540), S. 126; Korenke, Nachehelicher Unterhalt, S. 113, 128 (zu § 1578 Abs. 1 S. 2 BGB).

ensprinzip einer sofortigen Unterhaltsversagung entgegensteht. Etwaige Ausnahmen insoweit durfte der Gesetzgeber mit Rücksicht auf seine ökonomische Pflicht zur Generalisierung[545] im Interesse der Rechtssicherheit übergehen.

Die Frage schließlich, ob der Gesetzgeber die Freiheit Unterhaltsvereinbarungen zu treffen (§ 1585c BGB) durch die Anordnung notarieller Form[546] oder eine richterliche Kontrolle[547] beschränken sollte, stellt sich allenfalls in rechtspolitischer, nicht aber in rechtstechnischer Hinsicht: Insoweit ist kein gesetzgeberisches Prinzip erkennbar, das verletzt sein könnte. Wenn der Gesetzgeber trotz der Abhängigkeiten der Ehegatten voneinander sich im Interesse der Privatautonomie und der Scheidungsökonomie für die Vertragsfreiheit entschied, so hielt er sich innerhalb seiner Zwecksetzungs-prärogative. Auch die Ausführungen der vorliegenden Schrift zur Inhaltskontrolle ergeben nichts anderes, sondern halten sich im Rahmen der rechtsgebietsübergreifenden Einschränkung der Vertragsfreiheit bei ausnahms-weiser Vertragsimparität.

C. Ergebnis zur Gesetzgebungstechnik

Die gesetzgeberische Konzeption der Begrenzung des Geschiedenenunterhalts verstößt nicht gegen die bisher von der Gesetzgebungslehre entwickelten Anforderungen.

---

545 Vgl. zum ökonomischen Prinzip o. S. 139.

546 Unterhaltsrecht/Langenfeld, 15. Kap., Rz. 21; Johannsen/Henrich/Büttner, Eherecht, § 1585c Rz. 4.

547 Gernhuber, Eherecht und Ehetypen, S. 19; bereits de lege lata für eine allgemeine Inhaltskontrolle wegen allgemeiner Überlegenheit des Ehemannes in sozioökonomischer und psychologischer Hinsicht: Schwenzer, AcP 196 (1996), 88, 111.

Fünfter Teil: Der Geschiedenenunterhalt im Vergleich zu den übrigen Ausgleichssystemen des Familienrechts

A. Zugewinn- und Versorgungsausgleich

Soweit sich der Anspruch auf Geschiedenenunterhalt aus dem Vertrauensschutz und dem Kompensationsprinzip rechtfertigt, ist er unabhängig von der Höhe des während der Ehe erwirtschafteten Vermögens. Damit steht der Geschiedenenunterhalt im Gegensatz zum am Teilhabeprinzip orientierten Zugewinn- und Versorgungsausgleich (vgl. § 1373ff., 1378 sowie 1587 BGB).

Zugewinn- und Versorgungsausgleich wirken sich in zweifacher Hinsicht auf den Geschiedenenunterhalt aus. Zum einen bedarfsdeckend (§ 1577 Abs. 1 BGB) in der Weise, dass die auf dem Versorgungsausgleich beruhende Altersrente auf den Unterhaltsanspruch anzurechnen ist[548]. Gleiches gilt für den Zugewinnausgleich, der zinsbringend und damit bedarfsmindernd angelegt werden muss[549]. Zum anderen verwirklichen Zugewinn- und Versorgungsausgleich das Teilhabeprinzip, so dass im Umfang der Durchführung dieses Ausgleichs der Geschiedenenunterhalt auf das Teilhabeprinzip nicht mehr gestützt werden kann. Das Teilhabeprinzip rechtfertigt daher den Unterhalt in erster Linie in einer Studentenehe und zielt auf den Ausgleich des vom Zugewinn nicht erfassten - Wertes einer während der Ehe erlangten Berufsausbildung (vgl. dazu o. S. 15) ab. Dieser Ausgleich kann auch durch den Ausschluss eines an sich gebotenen Versorgungsausgleichs zu Lasten des Unterhaltsberechtigten nach § 1587c Nr. 1 BGB erfolgen (vgl. o. S. 103).

B. Die übrigen Ansprüche im Rahmen der Auseinandersetzung der ehelichen Lebensgemeinschaft

Als weitere Ansprüche im Hinblick auf die eheliche Aufgabenverteilung[550] kommen insbesondere noch in Betracht:

---

548 BGH, FamRZ 1989, 159, 161; einschränkend OLG Koblenz, NJW-RR 1989, 1482; vgl. näher o. S. 103; zur Anrechnung einer Kapitalabfindung für den Versorgungsausgleich auf den Unterhaltsanspruch vgl. Udsching, Versorgung und Unterhalt nach Scheidung..., S. 112f.

549 BGH, FamRZ 1995, 540f.; FamRZ 1988, 145, 149 (allgemein zur Obliegenheit des Unterhaltsgläubigers zur zinsgünstigen Vermögensanlage).

550 Ansprüche wegen gegenständlicher Zuwendungen stehen in keinem unmittelbaren Zusammenhang zur ehelichen Aufgabenverteilung und bleiben daher ausgeklammert.

1. ein Anspruch nach § 734 BGB wegen Auseinandersetzung einer BGB-Innengesellschaft zwischen den Ehegatten[551],
2. bereicherungsrechtliche Ansprüche[552],
3. ein Anspruch auf Vergütung aufgrund stillschweigenden Arbeitsvertrages[553] oder faktischen Arbeitsverhältnisses[554].

Da die ersten drei Ansprüche Ausdruck des Teilhabeprinzips sind, gelten für sie die Ausführungen zum Zugewinn- und Versorgungsausgleich entsprechend.

Der zuletzt genannte, allerdings überwiegend abgelehnte Anspruch auf Vergütung im (faktischen) Arbeitsverhältnis beruht nicht notwendig auf dem Teilhabeprinzip, weil er kein plus im Vermögen des Unterhaltsverpflichteten voraussetzt. Dieser Anspruch würde vielmehr einen Vertrauensschutz und eine Kompensation sicherstellen und damit dem Unterhaltsanspruch insoweit die Berechtigung nehmen.

C. Ergebnis

Der Zweck des Geschiedenenunterhalts, wie er oben (S. 14ff.) allgemein umrissen wurde, kann sich mit anderen Ansprüchen im Rahmen der Auseinandersetzung der ehelichen Lebensgemeinschaft überschneiden. Diese Ansprüche müssen bei der Festlegung des Geschiedenenunterhalts berücksichtigt werden, um den doppelten Ansatz desselben Wertungsgesichtspunktes zu vermeiden.

---

551 BGHZ 8, 249, 255; 31, 197, 202; BGH FamRZ 1960, 104, 107; 1967, 320, 323; siehe hierzu Hepting, Ehevereinbarungen, S. 125ff.; Lieb, Ehegattenmitarbeit ..., S. 185ff.

552 So zu § 812 Abs. 1 S. 2 Alt. 2 BGB der BGH, FamRZ 1966, 25f., und 492, 494; vgl. hierzu Hepting, aaO. (Fn. 551), S. 155ff.; Lieb, aaO. (Fn. 551), S. 110ff.

553 BGH, FamRZ 1961, 212, 214; 1966, 492, 494; ablehnend BGHZ 8, 249, 253; vgl. hierzu Hepting, aaO. (Fn. 551), S. 139ff. mwN.; Lieb, aaO. (Fn. 551), S. 71ff.

554 BAG, FamRZ 1960, 361f., vgl. hierzu mwN Hepting, aaO. (Fn. 551), S. 139ff.; Lieb, aaO. (Fn. 551), S. 71ff.

Sechster Teil: Der Geschiedenenunterhalt in rechtsvergleichender Hinsicht

Im Wege der Rechtsvergleichung soll untersucht werden, wie sich in den einzelnen Vergleichsländern der soziologische Befund, wie wirtschaftliche Unabhängigkeit der Ehefrauen, staatliche Unterstützung während der Generationsphase und soziale Wertvorstellungen, verhält zu den jeweiligen Regelungen des Geschiedenenunterhalts. Aus diesem Vergleich ergeben sich unter Umständen Hinweise für die Behandlung soziologisch vergleichbarer Einzelfälle in der Bundesrepublik. Ein weiterer Aspekt der Rechtsvergleichung, der Gesichtspunkt der lex ferenda, soll im Interesse der Themeneingrenzung nicht verfolgt werden.

Als Vergleichsländer wurden Griechenland, Frankreich, die USA und Schweden ausgewählt, um einen Bogen von einer eher patriarchalischen zu einer fortschrittlichen, am Gleichberechtigungsgedanken orientierten Gesellschaft zu spannen. In diesem Zusammenhang wird ferner das Unterhaltsrecht der früheren DDR zu Zwecken der Rechtsvergleichung und wegen seiner teilweisen Fortgeltung nach dem Einigungsvertrag dargestellt.

A. Darstellung des Vergleichsmaßstabes

Die individuellen Rechte der Ehegatten können im Gegensatz stehen zum Schutz der Ehe als Institut und den damit für die Ehegatten selbst verbundenen, auch ökonomischen Vorteilen (vgl. o. S. 36). Je mehr Individualpositionen betont werden, desto eher wären folgende Ergebnisse zu erwarten:

1. Die Ehe selbst ist partnerschaftlich ausgestaltet als die am Gleichberechtigungsgedanken ausgerichtete Verbindung zweier wirtschaftlich unabhängiger Individuen[555].
2. Der Staat ermöglicht während der Generationsphase und für die Zeit danach den Erhalt der beruflichen Unabhängigkeit jedes Ehegatten.
3. Die Ehe ist einseitig kündbar; auf Verschulden kommt es nicht an[556].
4. Der Geschiedenenunterhalt ist am Unabhängigkeitsstreben orientiert, indem er einen „clean break" fördert und daher allenfalls für kurze Zeit nach der Scheidung vorgesehen ist[557].

---

555 Fine/Fine, Journal of Marriage and the Family 1994, S. 249, 259.

556 Fine/Fine, ebd. (Fn. 555), S. 249, 259.

Da sich diese Ergebnisse gegenseitig bedingen, wäre eine entsprechende Konsistenz in den verglichenen Rechtsordnungen zu vermuten. Dem soll im Folgenden nachgegangen werden.

[557] Fine/Fine, aaO. (Fn. 555), S. 249, 259; an die Stelle des Unterhalts können staatliche Unterstützungszahlungen treten, vor allem an sorgeberechtigte Elternteile, vgl. Fine/Fine, aaO. (Fn. 555), S. S. 249, 260.

B. Durchführung der Rechtsvergleichung

I. Griechenland

1. Soziale Lage

Die Erwerbstätigenquote von Frauen liegt mit 42%[558] für das Jahr 1990 auf dem niedrigsten Stand der Vergleichsländer und wird in ihrer Bedeutung noch durch den hohen Anteil (34% im Jahre 1989) in der Landwirtschaft tätiger Frauen gemindert[559]. Der Teilzeitarbeit von Frauen kommt dagegen mit 10%[560] aller erwerbstätigen Frauen in den Jahren 1988-1990 nur geringfügige Bedeutung zu. In dieser niedrigen Quote der Erwerbstätigkeit und Teilzeitarbeit kommt zum Ausdruck, dass weder ein öffentliches Betreuungssystem noch der Arbeitsmarkt auf erwerbstätige Mütter ausgerichtet sind[561]. So waren 1980, allerdings mit steigender Tendenz, nur für 10% der Kinder im Alter von 2½ bis 5 Jahren Kindergartenplätze vorhanden[562]. Für Kinder unter 3 Jahren waren im Jahre 1989 Krippen nur in 4-5% der Fälle vorhanden[563]. Ein Erziehungsurlaub wird lediglich für sechs Monate und unbezahlt gewährt[564]. Die Berufstätigkeit von Müttern mit jungen Kindern hängt daher wesentlich davon ab, ob die Großeltern - wie das auch vielfach der Fall ist - die Kinderbetreuung übernehmen[565].

Diese für Ehefrauen wirtschaftlich ungünstigen Faktoren werden noch verstärkt durch eine patriarchalische Struktur der Gesellschaft, also durch ein starkes mittels sozialer Normen bewirktes Machtgefälle zugunsten des Ehemannes[566], das selbst gegenüber erwerbstätigen Ehefrauen nur unwesentlich gemin-

---

558 Pfau-Effinger, Familie der Zukunft, S. 184; für 1989 wird die Erwerbsquote etwas höher, nämlich mit 43,3% beziffert, vgl. Schunter/Kleemann, Wohlfahrtsstaat und Patriarchat, S. 208.

559 Zahlenangabe nach Schunter/Kleemann, Wohlfahrtsstaat und Patriarchat, S. 208.

560 Pfau-Effinger, Familie der Zukunft, S. 184.

561 Kastanidou, Die Veränderungen der Familie und der Familienerziehung in Griechenland..., S. 107.

562 Kastanidou, aaO. (Fn. 561), S. 148.

563 Schunter-Kleemann, Wohlfahrtsstaat und Patriarachat, S. 209.

564 Schunter-Kleemann, ebd. (Fn. 563), S. 209.

565 Kastanidou, aaO. (Fn. 561), S. 133; Rothschild, Journal of Marriage and the Family 1967, S. 345, 346.

566 Kastanidou, aaO. (Fn. 561), S. 102; Rodman, Journal of Comparative Family Studies 1972, S. 50, 60; Rothschild, Journal of Marriage and the Family 1967, S. 345, 347.

dert wird[567]. Der Einfluss des Ehemannes nimmt dagegen infolge des kulturellen Kontextes ab (vgl. o. S. 23), je höher Einkommen, Beruf und Ausbildung sind[568].

2. Die Regelung des Geschiedenenunterhalts[569]

Entsprechend der Ablösung des Verschuldensprinzips durch das Zerrüttungsprinzip im Bereich der Ehescheidung[570] wird auch der Geschiedenenunterhalt grundsätzlich unabhängig vom Scheidungsverschulden gewährt. Wie im deutschen Recht müssen neben der Leistungsfähigkeit auf der einen Seite und Bedürftigkeit auf der anderen bestimmte Voraussetzungen noch bestimmte Voraussetzungen erfüllt sein, wie Unmöglichkeit zur Sicherstellung des eigenen Unterhalts durch Erwerbstätigkeit infolge Alters oder schlechter Gesundheit oder Kindesbetreuung (Art. 1442 ZGB)[571]. Dieser Unterhalt kann nur bei wichtigem Grund, insbesondere bei kurzer Ehedauer beschränkt oder ausgeschlossen werden (Art. 1444 ZGB). Der Unterhalt wegen Erwerbslosigkeit oder der Notwendigkeit einer beruflichen Ausbildung ist dagegen von vornherein auf einen Zeitraum von drei Jahren beschränkt[572]. Diese Begrenzung erscheint wegen der fehlenden Berücksichtigung des Einzelfalls viel rigider als die nach deutschen Recht mögliche Begrenzung nach dem UÄndG.

Zusätzlich zum Geschiedenenunterhalt kommt noch ein Anspruch auf Ausgleich des Zugewinns in Betracht, dessen Umfang jedoch von der tatsächlichen Mitwirkung des Ehegatten an der Zugewinnsteigerung abhängig ist. Gesetzlich vermutet wird jedoch eine Mitwirkung insoweit, dass dem Ehegatten mit dem geringeren Zugewinn ein Drittel des Zugewinnüberschusses des anderen Ehegatten zusteht, 1400 Abs. 1 S. 2 ZGB[573].

---

567 Rothschild, Journal of Marriage and the Family 1967, S. 345, 347.

568 Rodman, Journal of Comparative Family Studies 1972, S. 50, 57, 58; Rothschild, Journal of Marriage and the Family 1967, S. 345, 347, 348.

569 Zu den Fundstellen der gesetzlichen Normen des griechischen ZGB siehe Riek /Buchner-Baucewich in Bergmann/Ferid, Griechenland, S. 25 (82. Lieferung 1984).

570 Vgl. im Einzelnen Art. 1439, 1441 ZGB und dazu näher Chiotellis, IPPrax 1983, 302, 303; Koumantos, Das Standesamt 1984, S. 271, 275f.; Stamatiadis, Die Ehescheidung im deutsch-griechischen Rechtsverkehr, S. 34-41.

571 Chiotellis, IPPrax 1983, S. 302, 304; Koumantos, Das Standesamt 1984, S. 271, 276; Stamatiadis, aaO. (Fn. 570), S. 70f.

572 Art. 1442 Nr. 3, S. 2 ZGB; Koumantos, Das Standesamt 1984, S. 271, 276; Stamatiadis, aaO. (Fn. 570), S. 73f. unter Hinweis darauf, dass die Arbeitslosigkeit nicht sofort im Anschluss an die Scheidung eintreten muss, sondern es für Art. 1442 Nr. 3 S. 1 ZGB genügt, wenn der unterhaltsbedürftige Ehegatte innerhalb von 3 Jahre nach der Scheidung arbeitslos wird.

573 Chiotellis, IPPrax 1983, S. 302, 303; Stamatiadis, aaO (Fn. 570), S. 120.

3. Würdigung

Während die gesellschaftlichen Faktoren wie Erwerbsquote von Frauen, Betreuungsmöglichkeiten für Kinder und patriarchalische Struktur unter Kompensations- und Vertrauensgesichtspunkten für den Regelfall einen langfristigen, wenn nicht sogar lebenslangen Unterhalt erwarten ließen, sieht das griechische ZGB für den Regelfall des Erwerbslosen- und Ausbildungsunterhalts eine Befristung von nur drei Jahren vor und verfehlt damit den zugrunde liegenden Gesellschaftstyp[574].

II. Frankreich

1. Soziale Lage

Die Erwerbsquote von Frauen lag im Jahre 1990 bei 57%[575]. Die Teilzeitquote betrug in den Jahren 1988-1990 lediglich 24%[576]; sie dürfte sich aber mit Inkrafttreten einer Neuregelung am 3.1.1991 erhöhen, wonach Teilzeitarbeit auf Wunsch in Anspruch genommen werden kann[577]. Tagesmütter für die Betreuung von Kindern unter zwei Jahren, Krippen und Kindertagesplätze sind trotz hohen Fehlbestandes im höheren Maße vorhanden als in der Bundesrepublik[578].

In der ehelichen Entscheidungsfindung scheint der Mann zu dominieren; sein Einfluss steigt mit zunehmendem Einkommen und Berufsprestige und auch mit der Geburt von Kindern[579]. Der Unterschied zu Griechenland wird damit erklärt, dass mit Wegfall sozialer, insbesondere patriarchalischer Normen sich im Sinne der Ressourcentheorie wirtschaftliche Abhängigkeiten auf die eheliche Entscheidungsfindung ungehindert auswirken[580].

---

574 Kastanidou, aaO. (Fn. 561), S. 156 (unter Hinweis darauf, dass sich der griechische Gesetzgeber an das deutsche Recht orientierte, ohne die besondere griechische Gesellschaftsstruktur zu berücksichtigen).

575 Pfau-Effinger, Familie der Zukunft, S. 184; Schunter-Kleemann, aaO. (Fn. 563), S. 198.

576 Pfau-Effinger, Familie der Zukunft, S. 184.

577 Schunter-Kleemann, Wohlfahrtsstaat und Patriarchat, S. 199.

578 Schunter-Kleemann, aaO. (Fn. 563), S. 204.

579 Rothschild, Journal of Marriage and the Family 1967, S. 345, 348.

580 Rodman, Journal of Comparative Family Studies 1972, S. 50, 60.

2. Regelung des Geschiedenenunterhalts[581]

Der Geschiedenenunterhalt bestimmt sich nach der zugrunde liegenden Scheidung. Als Scheidungsarten sind vorgesehen die Scheidung wegen Bruchs der ehelichen Lebensgemeinschaft, insbesondere nach 6jährigen Getrenntleben (Art. 237ff. C. civ.), sowie die gemeinsam oder einseitig, aber mit nachträglicher Zustimmung beantragte Scheidung (Art. 230, 233f. C. civ.) und die Scheidung bei alleinigem Verschulden einer Partei (Art. 242 C. civ)[582].

Eine zeitlich unbegrenzte Unterhaltspflicht kommt in Betracht bei der - nicht vom Unterhaltsgläubiger beantragten[583] - Scheidung wegen Bruchs der ehelichen Lebensgemeinschaft; hier folgt der unbegrenzte auf die Wahrung der ehelichen Lebensverhältnissen gerichtete Unterhaltsanspruch aus dem Fortbestehen der ehelichen Beistandspflicht (Art. 281, 282 C.civ.)[584]. Dementsprechend gilt auch nicht der Selbstversorgungsgedanke, so dass den Unterhaltsgläubiger keine Erwerbsobliegenheit trifft[585].

Im Gegensatz dazu wird in den übrigen Scheidungsfällen das Ziel des clean break verfolgt: Im Grundsatz soll durch eine einmalige Ausgleichsleistung (prestation compensatoire) beiden Ehegatten ein Neuanfang ermöglicht werden und die durch die Zerreißung der Ehe entstandene wirtschaftliche Ungleichheit ausgeglichen werden[586]. Wegen der mit dem Kapitalaufwand verbundenen Schwierigkeiten wird die Ausgleichsleistung entsprechend der subsidiären Regelung in Art. 276 C. civ. häufig durch eine Rente erbracht[587]. Aber auch bei der Rente kommt der Charakter einer endgültigen Ausgleichsleistung dadurch zum Ausdruck, dass diese Unterhaltsrente fast immer zeitlich begrenzt wird und

581 Zu den Fundstellen des französischen Code Civile siehe Riek, in Bergmann/Ferid, Frankreich, S. 53 (122. Lieferung 1995).

582 Rieg, ZfRV 1981, 100, 103, 105; Todtenhaupt Puttfarken, Unterhaltrecht in Europa, S. 377f.

583 Bei der Scheidung wegen Bruchs der ehelichen Lebensgemeinschaft steht dem die Scheidung verlangenden Ehegatten kein Unterhaltsanspruch zu, da das Gesetz diesen als alleinschuldig behandelt, vgl. Art. 281 C. civ. und Carbonnier, Droit Civil, S. 217 Nr. 70.

584 Ferid, Das französische Zivilrecht, Rz. 4 B 541, 4 B 619; Ferrand, Familiäre Solidarität, S. 95; Furkel, Unterhalt nach Ehescheidung, S. 29; Martiny, Unterhaltsrecht in Europa, S. 630; Todtenhaupt Puttfarken, Unterhaltrecht in Europa, S. 414, 456.

585 Todtenhaupt Puttfarken, ebd. (Fn. 585), S. 422.

586 Carbonnier, Droit Civil, S. 214; Massip, La Réforme du Divorce, S. 218 Nr. 178; Todtenhaupt Puttfarken, aaO. (Fn. 585), S. 413; wegen des Charakters eines endgültigen Ausgleichs ist die prestation compensatoire nicht anwendbar auf die Scheidung wegen Bruchs der ehelichen Lebensgemeinschaft, vgl. Massip, La Réforme du Divorce, S. 218 Nr. 177; diese Ausgleichsleistung ersetzt zugleich den im französischen Recht nicht vorgesehenen Zugewinnausgleich.

587 Todtenhaupt Puttfarken, aaO. (Fn. 585), S. 421, 455.

grundsätzlich[588] nicht abänderbar ist[589]. Die zeitliche Begrenzung richtet sich dann nach der zur Anpassung des Berechtigten an die neue Situation erforderlichen Zeit[590]. Bei der gemeinsam beantragten Scheidung ist eine Einigung der Parteien über die Ausgleichsleistung erforderlich, die der inhaltlichen Kontrolle des Gerichts unterliegt (Art. 232 Abs. 1, 2 C. civ.)[591].

Bei einer Scheidung aus alleinigem Verschulden steht dem nicht schuldigen Ehegatten noch ein Schadensersatzanspruch in Kapital oder Rente zu (Art. 266 C. civ.)[592]. Ersatzfähige materielle und immaterielle Schäden sind solche, die über die von der Ausgleichsleistung erfassten wirtschaftlichen Ungleichheit hinausgehen, zum Beispiel entgangene Berufschancen, aber auch seelische Schäden[593]. Im übrigen hat die Verschuldensscheidung noch die Bedeutung, dass zugunsten des allein schuldigen Ehegatten keine Ausgleichsleistung in Betracht kommt (Art. 280 - 1 Abs. 1 C. civ.)[594] und dass bei beiderseitigem Verschulden der Ehegatten das Verschulden wichtig ist für die Höhe der Ausgleichsleistung bzw. der subsidiären Unterhaltsrente[595].

Im gesetzlichen Güterstand der Errungenschaftsgemeinschaft wird der Unterhaltsanspruch ergänzt durch die hälftige Beteiligung am Gesamtgut[596].

3. Würdigung

Die prestation compensatoire - auch in ihrer Renten-Form - trägt stark individualistische Züge und orientiert sich an den Gedanken der Selbstversorgung. Im Gegensatz dazu stehen die am Schuldprinzip orientierten Ansprüche auf Unterhalt gegen den die Scheidung beantragenden Ehegatten wegen Bruchs der eheli-

---

588 Zu Ausnahmen vgl. Art. 273 C. civ.

589 Massip, La Réforme du Divorce, S. 225 Nr. 182; Todtenhaupt Puttfarken, aaO. (Fn. 585), S. 419, 421.

590 Bénabent, Recueil Dalloz 1981, Chronique, S. 33, 35; Ferid, Das französische Zivilrecht, Rz. 4 B 615 (je nach Erwerbsfähigkeit unter Umständen auch Rente auf Lebenszeit); Furkel, Unterhalt nach Ehescheidung, S. 24; Massip, La Réforme du Divorce, S. 224 Nr. 182 (je nach beruflicher Wiedereingliederung oder Kinderbetreuung); Schwenzer, Vom Status zur Realbeziehung, S. 77.

591 Ferid, Das französische Zivilrecht, Rz. 4 B 597; Massip, La Réforme du Divorce, S. 227 Nr. 184; Todtenhaupt Puttfarken, aaO. (Fn. 585), S. 378.

592 Todtenhaupt Puttfarken, , aaO. (Fn. 585), S. 426.

593 Todtenhaupt Puttfarken, , aaO. (Fn. 585), S. 425f.

594 Zur ausnahmsweisen Zahlung einer Entschädigung siehe Art. 280 - 1 Abs. 2 C. civ. und näher Massip, La Réforme du Divorce, S. 216f. Nr. 175; Todtenhaupt Puttfarken, aaO. (Fn. 585), S. 424, 457.

595 Todtenhaupt Puttfarken, aaO. (Fn. 585), S. 424.

596 Vgl. näher Ferid, Das französische Zivilrecht, Rz. 4 B 248ff., insbesondere 4 B 307.

chen Lebensgemeinschaft, da hier der Unterhaltsgläubiger von der Erwerbsobliegenheit freigestellt wird und Befristungsmöglichkeiten fehlen.

Die Besonderheit des französischen Unterhaltsrechts liegt darin, dass sein individualistischer Teil nicht je nach individualistischer Ausgestaltung der ehelichen Lebensgemeinschaft anwendbar ist, sondern je nach Scheidungs-verschulden.

III. USA

1. Soziale Lage

Im Jahre 1987 waren 68% der verheirateten Frauen erwerbstätig; die Erwerbsquote aller Frauen lag sogar bei 80%[597] und erreicht somit den -nach Schweden (81%)[598] - zweithöchsten Stand der Vergleichsländer. Zwei Drittel der verheirateten Frauen mit Kindern unter 6 Jahren waren im Jahre 1989 erwerbstätig; davon 36% in Teilzeitbeschäftigung[599]. Die Gesellschaft ist ausgehend von der Identität sämtlicher Individuen liberalistisch und individualistisch ausgestaltet. Frauen und Männer müssen sich gegen die Risiken im Erwerbsverlauf privat versichern; eine Mutterschutzgesetzgebung, insbe-sondere ein gesetzlicher Anspruch auf Freistellung von der Arbeit für die Zeit vor oder nach der Geburt besteht nicht[600]. Für die Betreuung noch nicht schulpflichtiger Kinder sind die Eltern auf die zahlenmäßig bei weitem nicht ausreichenden staatlichen Kinderbetreuungseinrichtungen[601] oder auf die Mithil-fe von Verwandten angewiesen. Die Unterstützung der Familien wird in den USA eher als private Angelegenheit angesehen[602].

Da auch die sozialen Normen individualistisch sind, also keinem Ehegatten von vornherein einen Machtüberschuss zuschreiben, wirken im Rahmen der ehelichen Entscheidungsfindung wirtschaftliche Ressourcen ungehindert. Vor dem Hintergrund einer fehlenden staatlichen Unterstützung von Familien in der

---

597 Oldham, California Law Review 1992, S. 1091, 1106.

598 Vgl. u. S. 159.

599 Oldham, California Law Review 1992, 1091, S. 1107.

600 Langan/Oster, Kritische Justiz 1991, S. 302, 314f.

601 Beckmeier, Vergleich der Familienpolitik in den Vereinigten Staaten und der Bundesrepublik Deutschland, S. 208f.

602 Fine/Fine, aaO. (Fn. 555), S. 249, 260; Glendon, The Transformation of Family Law, S. 237; zur residualen Familienpolitik in den USA vgl. näher Beckmeier, Vergleich der Familienpolitik in den Vereinigten Staaten und der Bundesrepublik Deutschland, S. 176ff., 185ff., 203ff.

Generationsphase nehmen insoweit jedoch vielfach Frauen ehebedingte und damit wirtschaftliche Nachteile auf sich mit der Folge eines Ressourcenüberschusses des Ehemannes[603].

2. Regelung des Geschiedenenunterhalts

Das Familienrecht ist in den USA einzelstaatliches Recht (state law)[604], so dass insoweit nur einzelstaatenübergreifende Tendenzen den gesellschaftlichen Verhältnissen gegenübergestellt werden können.

Alle Staaten außer Süd-Dakota kennen verschuldensunabhängige Scheidungsgründe[605], so dass der an der Zerrüttung unschuldige Ehegatte seine Zustimmung zur Scheidung bzw. zur Darstellung eines Schuldgrundes nicht mehr von einem Unterhaltsversprechen abhängig machen kann (vgl. dazu o. S. 35, Fn. 142)[606].

Einen Geschiedenenunterhalt sehen bis auf Texas alle Staaten vor[607]. Die meisten Staaten machen die Gewährung und die Dauer des Geschiedenenunterhalts dabei von einer Vielzahl wirtschaftlicher Gesichtspunkte abhängig, zum Beispiel der Länge der Ehe, dem Alter, Gesundheit und den Bedürfnissen der Parteien, Kinderbetreuung und dem Anteil des haushaltsführenden Ehegatten am beruflichen Erfolg des anderen[608]. Der wichtigste Gesichtspunkt ist dabei die Fähigkeit, sich durch eigenes Einkommen selbst zu unterhalten[609]. Ob die dem

---

603 Rodman, Journal of Comparative Family Studies 1972, S. 50, 64.

604 Fine/Fine, aaO. (Fn. 555), S. 249, 250; Rieck in Bergmann/Ferid, Ehe- und Kindschaftsrecht, 119. Lfg. 1994, S. 2; vgl. die Wiedergabe des Gesetzeswortlauts bei Bergmann/Ferid, USA, Teil D (Lfg. 129-133), zu Alabama, Alaska, Arizona, Californien, Colorado, Columbia, Connecticut und Delaware. Im übrigen musste mangels Verfügbarkeit der Gesetzesquellen auf die Darstellung anderer Autoren zurückgegriffen werden.

605 Weitzman, The Divorce Revolution, S. 41.

606 Eine Ausnahme bilden hierbei die Staaten New York und Mississipi, wonach die Zustimmung beider Ehegatten zur Zerrüttungsscheidung nötig ist, siehe Scott, Virginia Law Review 1990, S. 9, 17 Fn. 23.

607 Oldham, California Law Review 1992, S. 1091, 1095; Weitzman, The Divorce Revolution, S. 45, 147; Reimann, Einführung in das US-amerikanische Privatrecht, § 46, 5b, S. 175, Fn. 22.

608 Weitzman, The Divorce Revolution, S. 45, 125; vgl. näher die Rechtsprechungsübersicht bei Walker/Elrod, Family Law Quarterly 1993, S. 319, 365-377; und die Aufstellung bei Bergmann/Ferid (Bearbeiter nicht benannt) zu Arizona (USA, Teil D) sowie 4.3. Sec. 46b-82 General Statutes of Connecticut, revidiert bis 1.1.1995, zitiert bei A. Albuquerque-Pinto und Rieck in Bergmann/Ferid, USA, Teil D, 133. Lfg. Nov. 1998, S. 13f.

609 Jakob, Silent Revolution, S. 3, 56; so auch das Gesetz zur Rechtsvereinheitlichung in den USA, der Uniform Marriage and Divorce Act § 308a, zitiert bei Oldham, Cali-

unterhaltsbedürftigen Ehegatten zugemutete Berufstätigkeit dem ehelichen Lebensstandard entspricht, ist grundsätzlich unbeachtlich[610].

An dem Grundsatz der Selbstversorgung ist auch die Dauer des Geschiedenenunterhalts orientiert, für die die Zeit maßgebend ist, die der unterhaltsberechtigte Ehegatte benötigt, um sich einer ausreichende Berufsausbildung zu unterziehen oder eine passende Arbeitsstelle zu finden[611]. Unabhängig davon sehen einige Staaten sogar eine Befristung des Unterhalts vor, so

- New Hampshire (3 Jahre, wenn keine minderjährigen Kinder vorhanden sind; unter Umständen jedoch verlängerbar)[612],
- Delaware (2 Jahre, außer Ehefrau ist geistig krank oder die Ehe dauerte 20 Jahre)[613] und
- Kansas (1 Jahr; unter Umständen jedoch verlängerbar)[614].

Abgesehen vom Unterhalt sehen fast alle Staaten eine im Einzelnen unterschiedliche Aufteilung des Vermögens der Ehegatten vor, teilweise jedoch beschränkt auf das gemeinschaftliche oder während der Ehe erworbene Vermögen[615]. Teilhabeaspekte bezogen auf den beruflichen Erfolg des anderen Ehegatten können dabei in 22 Einzelstaaten je nach state law entweder im Rahmen des Unterhalts oder des Vermögensausgleichs[616] oder in beiden Bereichen verwirklicht werden[617].

---

fornia Law Review 1992, S. 1091, 1095; sowie bei Rieck in Bergmann/Ferid, USA, S. 157 f. (119. Lieferung 1994) und Reimann, aaO (Fn. 607), § 46, 5b, S. 175.

610 Henrich, Unterhalt nach Ehescheidung, S. 91.

611 Reimann, aaO (Fn. 607), § 46, 5b, S. 175 (Geschiedenenunterhalt als Zwischenlösung bis zur Selbstversorgung).

612 Weitzman, The Divorce Revolution, S. 45.

613 § 1512a Abs. 3 Delaware Code Annotated 1974, mit Ergänzung per 31.12.1993 (1994 Supplement), zitiert bei Bergmann/Ferid, USA, Teil D, Delaware (Bearbeiter nicht benannt), S. 11.

614 Weitzman, The Divorce Revolution, S. 45.

615 Glendon, Transformation of Family Law, S. 228; Jakob, Silent Revolution, S. 2; Oldham, California Law Review 1992, S. 1091, 1093f.; vgl. zu den Einzelheiten die Aufstellung bei Freed/Walker, Family Law Quarterly 1987, S. 439, 472f. sowie die Rechtsprechungsübersicht bei Walker/Elrod, Family Law Quarterly 1993, 319, 346-365.

616 Siehe hierzu die Übersicht (case law oder statute law) bei Walker/Elrod, Family Law Quarterly 1993, S. 319, 351.

617 Weitzman, The Divorce Revolution, S. 129 mit tabellarischer Übersicht auf S. 426f.

3. Würdigung

Dem individualistischen Geschiedenenunterhalt der USA würde nur eine ununterbrochene und vollzeitige Erwerbstätigkeit jedes Ehegatten entsprechen. Schon eine Teilzeittätigkeit oder eine kurze Familienpause kann zu „career damages" führen, die im auf Selbstversorgung ausgerichteten Recht kaum berücksichtigt werden können.

Indessen setzt eine derartige wirtschaftliche und individualistische Unabhängigkeit jedes Ehegatten eine staatliche Förderung voraus, insbesondere hinsichtlich der Kindesbetreuung, die die residuale Familienpolitik der USA gerade versagt.

IV. Schweden

1. Soziale Lage

Die Erwerbsquote der Frauen in Schweden liegt mit 81%[618] an der Spitze der Vergleichsländer. Die hohe Erwerbsquote ist auf eine Vielzahl von Faktoren zurückzuführen, insbesondere auf:

- ein gut ausgebildetes Netz von Ganztagseinrichtungen der Kinderversorgung[619],
- einen gesetzlichen Anspruch auf 15monatigen Elternurlaub nach der Geburt[620],
- das vom Lohnersatzprinzip geprägte, also eine vorherige Erwerbstätigkeit voraussetzende Elterngeld während der ersten 12 Monate des Elternurlaubs[621],
- die Individualbesteuerung von Ehegatten (im Gegensatz zur progressiven Besteuerung mit Splittingeffekt, die die Haushaltsführungsehe begünstigt)[622].

---

618 Pfau-Effinger, Familie der Zukunft, S. 184; Petterson, WSI-Mitteilungen 1991, S. 115, nennt sogar ohne Jahresangabe 84%.

619 Kurpjoweit, Gleichstellung in Schweden, S. 183; Petterson, WSI-Mitteilungen 1991, S. 115.

620 Petterson, WSI-Mitteilungen 1991, S. 115, 116; Schunter-Kleemann, Herrenhaus Europa, S. 275.

621 Langan/Ostner, Kritische Justiz 1991, S. 302, 307; Kuwalik, WSI-Mitteilungen 1992, S. 226, 228; Petterson, WSI-Mitteilungen 1991, S. 115, 116.

622 Langan/Ostner, Kritische Justiz 1991, S. 302, 307; Kulawik, WSI-Mitteilungen 1992, S. 226, 228; Schunter-Kleemann, Herrenhaus Europa, S. 277.

- in der Ehe erworbene Versorgungsanwartschaften werden nicht wie in Bundesrepublik am Ende der Ehe ausgeglichen, sondern bleiben individualistisch demjenigen Ehegatten zugeordnet, der sie erarbeitet hat[623].
- kostenlose Umschulungs- und Fortbildungskurse, insbesondere nach einer Scheidung[624].

Die individualistische Ausgestaltung der ehelichen Lebensgemeinschaft spiegelt sich wieder im Entscheidungsprozess während der Ehe. Nach einer nicht veröffentlichten Untersuchung[625] sollen 90% aller Entscheidungen der Ehegatten gemeinsam gemacht werden.

2. Regelung des Geschiedenenunterhalts[626]

Die Regelung des Geschiedenenunterhalts beruht auf der individualistischen Erwartung, dass die Ehe die wirtschaftliche Unabhängigkeit jedes Ehegatten unberührt lässt[627]. Sollte ein Ehegatte während der Ehe nicht (vollzeitig) erwerbstätig gewesen sein, so wird ihm im Hinblick auf die kostenlosen Berufsausbildungs- und Umschulungskurse zur Obliegenheit gemacht, letztlich eine eigene Erwerbstätigkeit aufzunehmen[628]. Daher ist bereits für die Frage, ob überhaupt Unterhalt zu gewähren ist, lediglich maßgebend, ob eine - nicht notwendig dem Ehestandard entsprechende[629] - Erwerbstätigkeit des unterhaltsbedürftigen Ehegatten möglich ist; Verschuldensgesichtspunkte spielen keine Rolle[630]. Ein Geschiedenenunterhalt kommt daher insbesondere in Betracht, wenn ausnahmsweise Alter, Krankheit, Berufsausbildung oder die Kinderbetreuung einen Ehegatten an der Erwerbstätigkeit hindert[631].

---

623 Glendon, The Transformation of Family Law, S. 225; Fine/Fine, Journal of Marriage and the Family 1994, S. 249, 257.

624 Henrich, Unterhalt nach der Scheidung, S. 78; Saldeen, Unterhaltsrecht in Europa, S. 126.

625 Von Jan Trost aus dem Jahre 1969, zitiert bei Safilios-Rothschild, Journal of Marriage and the Family 1970, S. 539, 547.

626 Siehe zu den Fundstellen des einschlägigen schwedischen 3. Ehegesetzes Korkisch in Bergmann/Ferid, Schweden, S. 10 (110. Lieferung 1991).

627 Henrich, Unterhalt nach Scheidung, S. 85.

628 Agell, Familiäre Solidarität, S. 166; Martiny, Unterhaltsrecht in Europa, S. 630; Saldeen, Unterhaltsrecht in Europa, S. 126f.

629 Saldeen, Unterhaltsrecht in Europa, S. 127.

630 Martiny, Unterhaltsrecht in Europa, S. 633; Saldeen, Unterhaltsrecht in Europa, S. 122f.

631 Martiny, Unterhaltsrecht in Europa, S. 628, 637; Saldeen, Unterhaltsrecht in Europa, S. 123.

Wenn keine besonderen dauerhaften Erwerbshindernisse wie Krankheit oder Alter vorliegen, wird der Unterhalt regelmäßig auf ein bis zwei Jahre befristet (3. EheG, 3. Abschn., 6. Kap., § 7 Abs. 2, 3)[632].

Dem Geschiedenenunterhalt kommt also in Schweden nach der rechtlichen Regelung sowie nach der Rechtspraxis nur eine marginale Bedeutung zu[633]. Wichtiger erscheint für die Ehegatten dagegen, dass am Ende der Ehe das beiderseitige Vermögen unabhängig von seiner Herkunft grundsätzlich (nicht also zum Beispiel bei kurzer Ehe) zu gleichen Teilen an die Ehegatten verteilt wird[634].

3. Würdigung

Die individualistische Ausgestaltung der ehelichen Lebensgemeinschaft auf der Grundlage einer intensiven staatlichen Förderung stimmt überein mit der ebenfalls individualistischen Regelung des Geschiedenenunterhalts. Das Fami-lienmodell in Schweden erscheint daher schlüssig.

V. Die Vorschriften des FGB[635] der früheren DDR

1. Soziale Lage

Die Erwerbsquote der Frauen in der früheren DDR war im Jahre 1989, also vor dem Beitritt, mit 91%[636] auffallend hoch und übertraf insoweit sogar die schwedischen Verhältnisse; die Gesellschaft der DDR war also durch die beiderseitige

---

632 Agell, Familiäre Solidarität, S. 166; Henrich, Unterhalt nach Scheidung, S. 78; Martiny, Unterhaltsrecht in Europa, S. 639; Saldeen, Unterhaltsrecht in Europa, S. 124.

633 Agell, Entwicklungen im Recht der Familie, S. 104f.; Glendon, The Transformation of Family Law, S. 224; dies., Abortion and Divorce in Western Law, S. 85; Trost, Changing Position of Women in Family and Society, S. 231, 241.

634 3. EheG, 3. Abschn., 11 Kap., § 3; hierzu: Agell, Social Security and Family Law..., S. 152; Glendon, The Transformation of Family Law, S. 224f.; Müller-Freienfels, American Journal of Comparative Law, 1985, S. 739.

635 Familiengesetzbuch der DDR vom 20. Dezember 1965, GBl.-DDR I 1966, S. 1; geändert durch das Einführungsgesetz zum Zivilgesetz vom 19. Juni 1975, GBl.-DDR I, S. 517; zur letzten Änderung kurz vor dem Beitritt durch das 1. Familienrechtsänderungsgesetz vgl. u. S. 163.

636 Diemer, Qualifikationsprozesse und Arbeitssituation von Frauen in der Bundesrepublik Deutschland und in der DDR, S. 130; Nickel, Soziale Lage und Arbeit von Frauen in der DDR, S. 3.

Erwerbstätigkeit der Ehegatten während der Ehe gekennzeichnet[637]. Eine strukturell bedingte Arbeitslosigkeit wurde durch staatliche Arbeitsbeschaffungsmaßnahmen begrenzt, um die verfassungsrechtliche Arbeitsplatzgarantie (Art. 24 Verfassung der DDR[638]) einzulösen. Über die Arbeitsplatzbeschaffung hinaus wurde die Vollzeitbeschäftigung von Frauen staatlich gefördert durch den Ausbau von Kindergärten, Krippen und Schulhorten einschließlich Verpflegung sowie durch den Schwangerschaftsurlaub und im Anschluss hieran durch die je nach Betreuungsmöglichkeit ein- bis dreijährige Freistellung vom Arbeitsplatz[639]. Dem Verfassungsgebot der beruflichen Förderung der Frauen (Art. 20 Abs. 2 Verfassung der DDR) sollten staatliche Qualifizierungsmaßnahmen dienen[640].

Mit dem Beitritt entfiel weitgehend die staatliche Arbeitsbeschaffung und die spezifische Frauenförderung; entsprechend betrug die Erwerbsquote der 15-65jährigen Frauen im April 1991 nur noch 77,2% und fiel kontinuierlich auf 73% im April 1999[641].

2. Regelung des Geschiedenenunterhalts

a) Vor dem 3. Oktober 1990

Für die Ehescheidung gilt nach § 24 FGB das Zerrüttungsprinzip[642]. Die Ehe konnte also bei Vorliegen bestimmter Tatsachen gegen den Willen eines Ehegatten geschieden werden, ohne dass es auf ein Verschulden ankam[643]. Insoweit war das Recht des FGB vergleichbar mit dem heutigen BGB.

---

637 Dieckmann, Festschrift für Lange, S. 805, 810.

638 vom 6. April 1968, GBl. - DDR I S. 199, in der Fassung vom 7. Oktober 1974 (GBl. - S. 425).

639 Eberhardt, FamRZ 1990, 917 Fn. 3; Koch/Knöbel, Familienpolitik der DDR im Spannungsfeld zwischen Familie und Berufstätigkeit von Frauen, S. 63, 67f.; trotz dieser Maßnahmen waren ein Drittel der Frauen lediglich teilzeitbeschäftigt, vgl. Diemer, Qualifikationsprozesse und Arbeitssituation von Frauen in der Bundesrepublik Deutschland und in der DDR, S. 130.

640 Koch/Knöbel, Familienpolitik der DDR im Spannungsfeld zwischen Familie und Berufstätigkeit von Frauen, S. 66, 71ff., mit statistischem Material.

641 Statistisches Bundesamt, Fachserie 1, Reihe 4.1.1, S. 349.

642 Familienrecht, Autorenkollektiv unter der Leitung von A. Grandke, VIII, 3.2., S. 272; Kommentar zum FGB, herausgegeben vom Ministerium der Justiz, § 24 Nr. 2.1.

643 Familienrecht, Autorenkollektiv unter der Leitung von A. Grandke, VIII, 3.2., S. 272.

Der nacheheliche Unterhalt des FGB wurde dagegen zurückhaltend geregelt[644]. Der Unterhalt war wie im schwedischen Recht grundsätzlich auf eine Übergangszeit von nicht mehr als 2 Jahren ab Rechtskraft der Scheidung begrenzt (§ 29 Abs. 1 FGB). Der Antrag auf Unterhalt konnte ferner grundsätzlich nur im Rahmen des Scheidungsverfahrens und auf keinen Fall später als zwei Jahre nach Rechtskraft der Scheidung gestellt werden (§ 29 Abs. 3 FGB). Das Scheidungsmodell der DDR entsprach damit dem „clean-break"-Ansatz und dem Grundsatz der Eigenverantwortlichkeit der Ehe[645].

Das Recht des Geschiedenenunterhalts nach dem FBG wurde durch das 1. Familienrechtsänderungsgesetz[646] vom 20.7.1990 mit Wirkung ab dem 1.10.1990 ohne grundsätzliche Änderung präzisiert[647].

Als weitere Scheidungsfolge ist die Teilung des gemeinschaftlichen Eigentums und Vermögens (§ 39 FGB) hervorzuheben, das insbesondere das durch Arbeit erworbene Vermögen der Ehegatten erfasst (§ 13 FGB). Durch diese Teilung wird die wirtschaftliche Selbständigkeit des unterhaltsbedürftigen Ehegatten verstärkt.

b) Nach dem 3. Oktober 1990

Nach Art. 234 § 1 EGBGB gilt das Familienrecht des BGB im Beitrittsgebiet für familienrechtliche Verhältnisse, die am 3.10.1990 bestanden. Das BGB gilt daher insbesondere für Ehen, die im Beitrittsgebiet vor dem Beitritt geschlossen, aber bis zum 3.10.1990 noch nicht geschieden wurden, und selbstredend für alle Ehen, die nach dem Beitritt geschlossen wurden (Art. 230 Abs. 2 EGBGB).

Allerdings bleibt nach Art. 234 § 5 S. 1 EGBGB das "bisherige Recht" maßgebend, wenn die Ehe vor dem 3.10.1990 geschieden wurde[648]. Ob das

---

644 Dieckmann, Festschrift für Lange, S. 805, 810 („karg"); Adlerstein/Wagenitz, FamRZ 1990, 1300, 1301; nach Eberhardt, FamRZ 1990, 917, 919, wurde in der DDR ein Geschiedenenunterhalt nur in 2%-5% der jährlichen Scheidungsverfahren geltend gemacht.

645 Dieckmann, Festschrift für Lange, S. 805, 810; Kommentar zum FGB, herausgegeben vom Ministerium der Justiz, § 29 Nr. 1, S. 129; Familienrecht, Autorenkollektiv unter der Leitung von A. Grandke, VIII, 3.4.2., S. 288; MünchKomm-Richter, BGB, Erg.-Bd., Art. 234 § 5 Rz. 8 EGBGB.

646 GBl. DDR I Nr. 52, S. 1038; der Text ist auch im MünchKomm-Richter, BGB, Erg.-Bd., Art. 234 § 5 Rz. 5 EGBGB, abgedruckt; Erläuterung der Regelungen bei Maurer, DtZ 1993, 130, 131f.

647 Adlerstein/Wagenitz, FamRZ 1990, 1300, 1303; aA (erhebliche Verschärfung der Unterhaltslast, insbesondere im Hinblick auf die Erweiterung der Einsatzzeitpunkte für den Unterhalt und den Anschlussunterhalt) Dieckmann, Festschrift für Lange, S. 805, 815; zu den Änderungen des FGB und den damit zusammenhängenden Problemen vgl. MünchKomm-Richter, BGB, Erg.-Bd., Art. 234 § 5 Rz. 6ff. EGBGB, und Dieckmann, Festschrift für Lange, S. 805, 811-815.

„bisherige Recht" dem BGB oder dem FGB[649] zu entnehmen ist, bestimmt sich nach dem innerdeutschen Kollisionsrecht des EGBGB, das nach Art. 8 EinigungsV[650] auch im Beitrittsgebiet gilt[651]. Das innerdeutsche Kollisionsrecht ist aus einer Analogie zu § 18 Abs. 4, 5 EGBGB zu gewinnen[652]: Die Folgen einer vor dem 3.10.1990 im Beitrittsgebiet ausgesprochenen Scheidung bestimmen sich nach dem BGB lediglich dann, wenn der Unterhaltsverpflichtete bereits vor dem 3.10.1990[653] seinen gewöhnlichen Aufenthalt in der alten Bundesrepublik nahm (vgl. § 18 Abs. 5 EGBGB)[654].

3. Würdigung

Bezogen auf die Zeit vor dem Beitritt stimmte die Regelung des auf zwei Jahre des befristeten Unterhalts mit der Gesellschaftsordnung überein. Die mit der befristeten Unterhaltsgewährung vorausgesetzte wirtschaftliche Unabhängigkeit der Ehefrauen wurde insbesondere durch die staatliche Arbeitsplatzgarantie und ein umfangreiches Kinderbetreuungsangebot sichergestellt.

---

648 Maßgebend ist nach dem Wortlaut des Art. 234 § 5 S. 1 EGBGB der Zeitpunkt des Ausspruchs der Scheidung, nicht ihre Rechtskraft (arg Art. 234 § 7 Abs. 3 EGBGB e contrario), vgl. Adlerstein/Wagenitz, FamRZ 1990, 1300, 1303.

649 Bei Anwendbarkeit des FGB ist seine Neufassung durch das 1. Familienrechtsänderungsgesetz vom 20.7.1990 (o. Fn. 646) zu beachten, soweit Unterhaltsansprüche am 1.10.1990 oder danach fällig geworden sind, vgl. MünchKomm-Richter, BGB, Erg.-Bd., Art. 234 § 5 EGBGB Rz. 6.

650 vom 31. August 1990, BGBl. II S. 889.

651 BGH, NJW 1995, 1345, 1346; BGH, FamRZ 1994, 562, 563; Brudermüller, FamRZ 1994, 1022, 1024.

652 BGH, FamRZ 1994, 160, 161f. und FamRZ 1994, 1582, 1583; MünchKomm-Richter, BGB, Erg-Bd., Art. 234 § 5 EGBGB Rz. 4; aA Siehr, IPRax 1994, 360, 362, nach dem im Hinblick auf Art. 15 Haager Übereinkommen über das auf Unterhaltspflichten anwendbare Recht - Hübk - Art. 18 Abs. 5 EGBGB nicht im innerdeutschen Kollisionsrecht gelte.

653 Ein Aufenthaltswechsel nach dem Beitritt ist dagegen ohne Belang, vgl. Adlerstein/Wagenitz, FamRZ 1990, 1300, 1301f.; Dieckmann, Festschrift für Lange, S. 805, 823.

654 BGH, NJW 1995, 1345, 1346; BGHZ 124, 57, 62f.; Brudermüller, FamRZ 1994, 1022f.

Soweit jedoch das FGB nach dem Beitritt fortgilt[655] und damit auf eine neue Gesellschaftsordnung angewendet wird, die weder durch Arbeitsplatzsicherheit[656] noch durch ein vollständiges Kinderbetreuungsprogramm[657] gekennzeichnet ist, verfehlt die gesetzliche Regelung die gesellschaftlichen Verhältnisse[658].

---

655 Also bei einer Scheidung im Beitrittsgebiet vor dem Beitritt (Art. 234 § 5 S. 1 EGBGB), sofern der Aufenthaltsort des Unterhaltspflichtigen vor dem Beitritt in dem Beitrittsgebiet lag (Art. 18 Abs. 4, 5 EGBGB analog).

656 Eberhardt, FamRZ 1990, 917, 919; Nickel, Soziale Lage und Arbeit von Frauen in der DDR, weist darauf hin, dass mit Entfalten der sozialen Marktwirtschaft in den neuen Bundesländern vor allem Frauen wegen ihrer schlechteren Ausbildung der Gefahr der Arbeitslosigkeit ausgesetzt sind.

657 Eberhardt, FamRZ 1990, 917, 919.

658 Palandt/Brudermüller, BGB, Art. 234 § 5 Rz. 4 EGBGB; vgl. auch BGH, NJW 1995, 1345, 1347f.; (einschränkende Auslegung des Erhöhungsverbots beim Vergleich [§ 33 FGB] im Hinblick auf die durch den Beitritt geänderten wirtschaftlichen Verhältnisse).

C. Ergebnis

Der These, dass nur der individualistischen Ausgestaltung der ehelichen Lebensgemeinschaft auch eine individualistische Regelung des Geschiedenenunterhalts entspreche, folgt nur das Familienmodell in Schweden und das überkommenene Gesellschaftsmodell der DDR. Die anderen Vergleichsländer weisen insoweit mehr oder weniger widersprüchliche Regelungen auf:

Am deutlichsten wird dies in Griechenland, das die geringste Frauenerwerbsquote, nur eine sehr begrenzte staatliche Förderung der Familien sowie eine patriarchalische Struktur aufweist, und trotzdem den Unterhaltsanspruch wegen Erwerbslosigkeit befristet.

Auch die Konsequenz des Ehemodells in den USA bleibt hinter Schweden zurück. Zwar entsprechen sich beide Länder in der Regelung des Geschiedenenunterhalts und auch annähernd in der Erwerbsquote der Frauen. Aber die fehlende staatliche Familienförderung in den USA lässt hier das individualistische Modell zweifelhaft sein.

Eine im Vergleich zu Schweden gegensätzliche Familienpolitik weist dagegen Frankreich auf. Da sich dieser Gegensatz zu Schweden sowohl auf die Ausgestaltung der ehelichen Lebensgemeinschaft als auch auf die Regelung des Geschiedenenunterhalts bezieht, ist das Ehemodell in Frankreich in vielen Bereichen auch schlüssig: Der geringen Erwerbsquote der Frauen und der verglichen mit Schweden geringen staatlichen Familienförderung wird eine grundsätzlich höhere Last des Geschiedenenunterhalts zugeordnet, soweit die Scheidung wegen Verschuldens des unterhaltsverpflichteten Ehegatten oder wegen Bruchs der ehelichen Lebensgemeinschaft betroffen ist. Die alternativ vorgesehene einmalige Ausgleichszahlung (prestation compensatoire) verkennt dagegen - auch in ihrer Rentenform-, dass für ein „clean break"-Modell die wirtschaftliche Grundlage fehlt.

In der Bundesrepublik Deutschland bleibt die staatliche Förderung der wirtschaftlichen Unabhängigkeit der Ehefrauen (insbesondere durch Kinderbetreuungseinrichtungen) zwar hinter Frankreich und Schweden zurück, während sie Griechenland und die USA übertrifft. Die Regelung des Geschiedenenunterhalts stimmt dagegen mit keinem Vergleichsland auch nur annähernd überein, da nach dem UÄndG sowohl eine streng befristeter Geschiedenenunterhalt (wie in Schweden und den USA) als auch ein lebenslanger Unterhalt (wie teilweise in Frankreich) möglich ist.

Aus diesem Rechtsvergleich ergibt sich die Frage, ob der Geschiedenenunterhalt in der Bundesrepublik Deutschland ebenfalls nach dem einschlägigen Gesellschaftsmodell - jedenfalls für Regelfälle - auszurichten ist. Dagegen spricht jedoch, dass sich die gesellschaftlichen Verhältnisse auf die Ausgestaltung der ehelichen Lebensgemeinschaft unterschiedlich auswirken. Der Mangel an Kinderbetreuungseinrichtungen ist zum Beispiel ohne Einfluss auf

- Ehefrauen, die mangels beruflicher Qualifikation ohnehin nicht erwerbstätig sein wollen oder können,
- Ehegatten ohne gemeinschaftliche Kinder oder
- Ehegatten einer Doppelverdienerehe, die trotz des Mangels einen Kinderbetreuungsplatz erhalten haben oder das Kind durch eine angestellte Haushaltshilfe betreuen lassen.

Zudem ist die Kinderbetreuung und die staatliche Förderung der wirtschaftlichen Unabhängigkeit jedes Ehegatten durch Erziehungsurlaub etc. nur ein Gesichtspunkt.

Ein weiteres Kriterium stellt darauf ab, ob ein Ehegatte seine Ausbildungs- und Berufschancen im Interesse des anderen und der ehelichen Lebensgemeinschaft beeinträchtigt (vgl. o. S. 36). Allein ein Gesellschaftsmodell oder die staatliche Familienpolitik geben also den Geschiedenenunterhalt nicht zwingend vor. Somit scheiden nicht nur der Ehetyp (dazu o. S. 104), sondern auch der Gesellschaftstyp und die staatliche Familienpolitik als allein maßgebender Indikator für den Geschiedenenunterhalt aus. Diesem Befund trägt das hinsichtlich der Rechtsfolgen grundsätzlich offene und am Einzelfall orientierte Recht der Bundesrepublik Deutschland nach dem UÄndG am besten Rechnung.

Zusammenfassung der Ergebnisse

1. Ob und inwieweit der Geschiedenenunterhalt zu begrenzen ist, hängt davon ab, wie die Ehegatten die eheliche Lebensgemeinschaft ausgestaltet haben. Auf diese Ausgestaltung wirken drei Faktoren ein, die sich gegenseitig bedingen und beeinflussen:

   - die Mechanismen der ehelichen Entscheidungsfindung (insbesondere die Ressourcentheorie),
   - das wirtschaftliche Vernunftdenken der Eheleute im Sinne der ökonomischen Analyse und
   - die gesellschaftlichen Verhältnisse, insbesondere die Erwerbsmöglichkeiten für Ehefrauen und die Kinderbetreuungsmöglichkeiten.

2. Die eheliche Lebensgemeinschaft kann auf Dauer nur Bestand haben auf der Grundlage beiderseitiger und auf die Gemeinschaft bezogener Investitionen der Ehegatten. Zu diesen Investitionen gehören auch Maßnahmen, die die wirtschaftliche Unabhängigkeit eines Ehegatten berühren, zum Beispiel die örtliche, inhaltliche und zeitliche Ausbildungs- und Arbeitsplatzwahl oder die Übernahme der Kinderbetreuung. Welcher Ehegatte derartige Investitionen macht, ist abhängig von der ehelichen Entscheidungsfindung, die sich sowohl nach den Ressourcen der Ehegatten als auch danach richtet, was für die eheliche Lebensgemeinschaft wirtschaftlich sinnvoll erscheint. Beide Ge-sichtspunkte führen in der Regel zu dem Ergebnis, dass derjenige Ehegatte die für ihn nachteilige Investition trifft, der weniger verdient als der andere.

   Um derartige Investitionen zumutbar zu machen und damit den Bestand der ehelichen Lebensgemeinschaft zu sichern, ist es unter Vertrauensschutz- und Kompensationsgesichtspunkten notwendig, dass im Rahmen der Scheidung die Nachteile aus diesen Investitionen ausgeglichen werden. Ein darüber hinausgehender Vertrauensschutz kann erforderlich sein, weil die ehebedingten Nachteile nicht immer eindeutig abgrenzbar sind.

3. Die Funktion des Geschiedenenunterhalts besteht also in der Stabilisierung der ehelichen Lebensgemeinschaft durch Förderung entsprechender Investitionen im Wege der Vertrauensschutzes und der Inaussichtstellung einer Kompensation.

4. Diese Funktionen des Geschiedenenunterhalts treten zurück, soweit durch andere Ansprüche im Rahmen der Auseinandersetzung der ehelichen Lebensgemeinschaft, insbesondere den Zugewinn- oder den Versorgungs-ausgleich, ein Vertrauensschutz oder eine Kompensation verwirklicht werden.

5. Mit Abnahme der individualistische Förderung der Ehegatten seitens des Staates im Einzelfall gilt Folgendes:

    - die Schutzwürdigkeit der auf Aufgabe oder Beeinträchtigung seiner wirtschaftlichen Unabhängigkeit gerichteten Investition eines Ehegatten nimmt unter Vertrauensschutzaspekten zu;

    - diese Investition eines Ehegatten kann dem anderen Ehegatten auch unter Kompensationsgesichtspunkten eher zugerechnet werden;

    - beide Gesichtspunkte sprechen zunehmend gegen eine Begrenzung des Geschiedenenunterhalts.

    - Die Entwicklung eines ehetypenabhängigen oder gesellschaftsspezifischen Rechts ist nicht möglich wegen der Vielzahl der zu berücksichtigen Einflüsse bzw. wegen der unterschiedlichen Auswirkung der soziologischen Lage auf die eheliche Lebensge-meinschaft im Einzelfall.

6. Das UÄndG nimmt diesen Befund gesetzgebungstechnisch zutreffend auf, indem es ein am konkreten Sachverhalt orientiertes Recht unter Anführung von Berücksichtigungsgeboten und Regelbeispielen geschaffen hat.

7. Wegen der Rückwirkung der ehelichen Lebensgemeinschaft und wegen der dort maßgebenden Gestaltungsfaktoren können Verträge über den Geschiedenenunterhalt nach § 242 BGB einer Inhaltskontrolle wegen gestörter Vertragsparität unterliegen.

Literaturverzeichnis

Adamovich, Ludwig, Probleme einer modernen Gesetzestechnik, in: Gesetzgebung: kritische Überlegungen zur Gesetzgebungslehre und zur Gesetzgebungstechnik; Gesamtredaktion: Günther Winkler; Bernd Wilcher. Mit Beiträgen von L. Adamovich ..., Wien und New York 1981, S. 204-210.

Adlerstein, Wolfgang / Wagenitz, Thomas, Nachehelicher Unterhalt und Versorgungsausgleich in den neuen Bundesländern, FanmRZ 1990, 1300-1306.

Agell, Anders, Die vermögensrechtlichen Wirkungen der Ehe in Schweden, in: Uwe Blaurock (Hrsg.), Entwicklungen im Recht der Familie: Referate des deutsch-schwedischen Juristentreffens in Heidelberg vom 13. - 17. September 1988, Frankfurt am Main 1989, S. 83-115.

ders., Die Begründung und die Grenzen der Unterhaltspflicht unter erwachsenen Verwandten in Schweden, in: Familiäre Solidarität: die Begründung und die Grenzen der Unterhaltspflicht unter Verwandten im europäischen Vergleich, hrsg. v. Dieter Schwab, Bielefeld 1997, S. 163-173.

ders., Sweden, in Social Security and Family Law with special reference to the one-parent family: a comparative survey, hrsg. v. Alec Samuels, London 1979, S. 149-185.

Alafi, Sabine, Erste Ergebnisse des Mikrozensus 1997, Wirtschaft und Statistik, Bd. 8, 1998, 653, 654.

Arbeitsgemeinschaft der katholischen deutschen Frauen, Zum Ehescheidungsrecht,

Entschließung der Arbeitsgemeinschaft der katholischen deutschen Frauen, FamRZ 1970,76.

Bahr, J. Stephen, Exchange and controle in married life, in: Family Relationships: Rewards and Costs, hrsg. v. F. Ivan Nye, Beverly Hills u.a. 1982, S. 81-95.

Baur, Fritz, Sinn und Funktion der notariellen Beurkundung, BWNotZ-Sonderheft 1976, S. 43-49.

Becker, Gary S.,A Treatise on the Family, Cambridge und London, erw. Aufl. 1993.

Becker, Gary S. / Landes, Elisabeth M. / Michael, Robert T., An economic analysis of marital instability, Journal of Political Economy 1977 (Bd. 85), S. 1141-1187.

Beckmeier, Carola, Vergleich der Familienpolitik in den Vereinigten Staaten und der Bundesrepublik, Heidelberg, zugl. Diss. phil, Univ. Heidelberg 1984.

Bedont, Barbara C., Gender differences in negotiations and the doctrine of unconscionability in domestic contracts, Canadian Family Law Quarterly 1994 (Bd. 12), S. 21-44.

Behrends, Okko, Das Bündnis zwischen Gesetz und Dogmatik und die Frage der dogmatischen Rangstufen, in: Gesetzgebung und Dogmatik, hrsg. v. Okko Behrends und Wolfram Henckel, Göttingen 1989, S. 9-36.

Bénabent, Alain , Bilan de cinq ans d'application de la réforme du divorce, Recueil Dalloz 1981, Chronique, S. 33-40.

Bender, Rolf, Die Sprache des Gesetzes, ein Problem der Verständlichkeit und der Regelungstechnik, als Kurzbeitrag in: Rationalisierung der Gesetzgebung, Jürgen Rödig Gedächtnissymposium, hrsg. v. Heinz Schäffer und Otto Triffterer, Wien 1984, S. 45-57.

Bergmann/Ferid, Internationales Ehe- und Kindschaftsrecht, begr. v. Alexander Bergmann, fortgeführt von Murad Ferid, 4. Aufl., Frankfurt am Main 1969 (Bearbeiter und Stand der Ergänzungslieferung sind jeweils angegeben).

Blau, Peter M., Exchange and Power in Social Life, New York, London und Sydney 1964.

Bleckmann, Albert, Europäische Kommission für Menschenrechte - Rechtsprechungsbericht 1981 Nr. 85-106, EuGRZ 1983, S. 16-19.

Blood, Jr. Robert O., The effect of wife's employment on the family power structure, in: Social Forces, 1958 (Bd. 36), S. 347-352.

Blood, Jr. Robert O. / Wolfe, Donald H., Husbands and Wives: The Dynamics of Married Living, New York 1960.

Bonner Kommentar zum Grundgesetz, hrsg. v. Rudolf Dolzer und Klaus Vogel, Heidelberg 93. Lfg. Dezember 1999.

Bosch, Friedrich Wilhelm, Neues Ehegatten-Unterhaltsrecht in der Bundesrepublik Deutschland?, FamRZ 1984, 1165-1171.

ders., Unterhaltsverzichtsvereinbarungen. Kritische Anmerkungen insbesondere zu § 1585c BGB und zur Anwendung dieser Norm in Rechtsprechung und Schrifttum, in: Festschrift für Walter J. Habscheid, Bielefeld 1989, S. 23-45.

Brambring, Günter, Anmerkung zu BGH, Urt. v. 17.9.1987, DNotZ 1988, 292ff., in: DNotZ 1988, 296-300.

ders., Ehevertrag und Vermögenszuordnung unter Ehegatten, 3. Aufl., München 1997.

Brudermüller, Gerd, Anmerkung zu BGH, Urt. v. 10.11.1993 - XII ZR 127/92 (KG) -, FamRZ 1994, 1022-1026.

ders., Zeitliche Begrenzung des Unterhaltsanspruchs (§§ 1573 V, 1578 I 2 BGB), FamRZ 1998, 649-660.

Buschendorf, Axel, Die Grenzen der Vertragsfreiheit im Ehevermögensrecht: unter besonderer Berücksichtigung des Ehegüterrechts, Frankfurt am Main u.a. 1987.

Büttner, Helmut, Grenzen ehevertraglicher Gestaltungsmöglichkeiten, FamRZ 1998, 1-8.

Bydlinski, Franz, Juristische Methodenlehre und Rechtsbegriff, 2. Aufl., Wien/New York 1991.

Canaris, Claus-Wilhelm, Die Vertrauenshaftung im deutschen Privatrecht, München 1971.

Carbonnier, Jean, Droit Civil, Band 2, La Famille, les Incapacités, 11. Aufl., Paris 1979.

Centers, Richard / Raven, Bertram H. / Rodrigues, Aroldo, Conjugal power structur: a re-examination, in: American Sociological Review 1971 (Bd. 36), S. 264-278.

Chiotellis, Aristide, Zur Reform des griechischen Familienrechts: ein Überblick, IPPrax 1983, S. 302-304.

Coester, Michael, Die vermögensrechtlichen Wirkungen der Ehe in der Bundesrepublikc Deutschland, in: Entwicklungen im Recht der Familie und der außerehelichen Lebensgemeinschaften: Referate des deutsch-schwedischen Juristentreffens in Heidelberg vom 13. - 17. September 1988, hrsg. v. Uwe Blaurock, Frankfurt am Main 1989, 83-115.

Coester-Waltjen, Dagmar, Die Inhaltskontrolle von Verträgen außerhalb des AGBG, AcP 190 (1990), 1-33.

Cornelsen, Carsten, Erste Ergebnisse des Mikrozensus 1994, in: Wirtschaft und Statistik 1995, S. 279-286.

Cromwell, Ronald E. / Olson, David H., Multidisciplinary perspectives of power, in: Power in Families, hrsg. v. Ronald E. Cromwell und David H. Olson, New York u.a. 1975, S. 15-37.

Deubner, Karl G., Der Weg in die Unterhaltsknechtschaft, ZRP 1972, 153-155.

Deutscher Familiengerichtstag, Empfehlungen des 4. Deutschen Familiengerichtstages, FamRZ 1981, 1204-1207.

ders., Empfehlungen des 7. Deutschen Familiengerichtstages, FamRZ 1988, 468-471; und des 11. Deutschen Familiengerichtstages, FamRZ 1996, 337-340.

ders., Empfehlungen des 12. Deutschen Familiengerichtstages, FamRZ 1998, 473-476.

Dieckmann Albrecht, Unterhalts- und versorgungsrechtliche Betrachtungen zur Reform des Scheidungsrechts, in: Festschrift für Friedrich Wilhelm Bosch, Bielefeld 1976, S. 119 - 144.

ders., Rückkehr zum Verschuldensprinzip im nachehelichen Unterhaltsrecht?, FamRZ 1984, 946-954.

ders., Die Unterhaltsansprüche geschiedener und getrenntlebender Ehegatten nach dem *1. EheRG vom 14. Juni 1976, FamRZ 1977, 81-105 und 161-172.*

ders., Zur Einschränkung des nachehelichen Unterhaltsanspruchs nach dem UÄndG für „Berufstätigenehen" - Zugleich eine Besprechung von BGH, IV b ZS, Urteil vom 11.2.1987 (IV b ZR 15/86) -, FamRZ 1987, S. 981-990.

ders., Fragwürdigkeiten bei der Überleitung des nachehelichen Unterhaltsrechts durch den Einigungsvertrag und das Erste Familienrechtsänderungsgesetz der (ehemaligen) DDR, Festschrift für Hermann Lange, Stuttgart u. a. 1992, S. 805-828.

Diederichsen, Uwe, Ehegattenunterhalt im Anschluß an die Ehescheidung nach dem 1. EheRG, NJW 1977, 353-363.

ders., Teilhabegerechtigkeit in der Ehe, FamRZ 1992, 1-12.

ders. „„Richtiges" Familienrecht, in: 2. Festschrift für Karl Larenz, München 1983.

ders., Geschiedenenunterhalt - Überforderung nachehelicher Solidarität, NJW 1993, 2265-2275.

ders., Die allgemeinen Ehewirkungen nach dem 1. EheRG und Ehevereinbarungen, NJW 1977, 217-223.

ders., Die Flucht des Gesetzgebers aus der politischen Verantwortung im Zivilrecht, Karlsruhe 1974.

ders., Die Ehedauer als Begrenzungskriterium für den nachehelichen Unterhalt, in Festschrift für Wolfram Müller-Freienfels, Baden-Baden 1986, S. 99-112.

Diemer, Susanne, Weibliche Erwerbstätigkeit in der DDR - eine Betrachtung der Dokumentarliteratur, in: Qualifikationsprozesse und Arbeitssituation von Frauen in der Bundesrepublik Deutschland und in der DDR, (Schriftenreihe der Gesellschaft für Deutschlandforschung; Bd. 27), Berlin 1989, S. 129-158.

Eberhardt, Karl-Heinz, Die Novellierung des Familiengesetzbuchs der DDR, FamRZ 1990, 917-922.

Ellmann, Ira M., The theory of alimony, California Law Review 1989 (Bd. 77), S. 1-81.

Ericksen, Julia A. / Yancey, William L. / Ericksen, Eugene P. ,The division of family roles, in: Journal of Marriage and the Family 1979 (Bd. 41), S. 301-313.

Erman/Bearbeiter, Handkommentar zum Bürgerlichen Gesetzbuch, hrsg. v. Harm Peter Westermann, Bd. 1, 10. Aufl., Münster 2000.

Fahrenhorst, Irene, Familienrecht und Europäische Menschenrechtskonvention: das Ehe- und Familienrecht der Bundesrepublik Deutschland und seine Vereinbarkeit mit der Europäischen Konvention zum Schutz der Menschenrechte und Grundfreiheiten - dargestellt anhand von ausgewählten Beispielen, Paderborn u.a.1994.

Familie und Arbeitswelt, Familie und Arbeitswelt: Gutachten des wissenschaftlichen Beirats für Familienfragen beim Bundesministerium für Jugend, Familie und Gesundheit (Schriftenreihe des Bundesministers für Jugend, Familie und Gesundheit, Bd. 143), Stuttgart 1984.

Familienrecht: Lehrbuch, Autorenkollektiv unter Leitung von Anita Grandke, 3. Aufl., Berlin 1976.

Farcas, George, Education, wage rates, and the division of labour between husband and wife, in: Journal of Marriage and the Family, 1976 (Bd. Bd. 38), S. 437-483.

Fastrich, Lorenz, Richterliche Inhaltskontrolle im Privatrecht, München 1992.

Ferid, Murad, Das Französische Zivilrecht, Bd. 3, Familienrecht, Erbrecht, 2. Aufl. Heidelberg 1987.

Ferrand, Frédérique, Familiäre Solidarität, in: Familiäre Solidarität - Die Begründung und die Grenzen der Unterhaltspflicht unter Verwandten im europäischen Vergleich, hrsg. v. Dieter Schwab und Dieter Henrich, Bielefeld 1997, S. 83-104.

Feser, Herbert / Müller-Daehn, Sigrid / Schmitz, Uta, Familienfrauen im mittleren Alter: Lebenssituation und Zukunftsperspektiven, Bd. 1: Forschungsbericht, Schriftenreihe des Bundesministers für Jugend, Familie, Frauen und Gesundheit (Bd. 247.1), Stuttgart 1989.

Fiebinger, Hilde, Zeitverwendung erwerbstätiger Ehepartner: Unterschiede zwischen den neuen Ländern und Berlin-Ost sowie dem früheren Bundesgebiet, in: Wirtschaft und Statistik 1995, S. 770-776.

Fine, Mark A. / Fine, David R., An examination and evaluation of recent changes in divorce laws in five Western Countries: the critical role of values, Journal of Marriage and the Family 1994 (Bd. 56), S. 249-263.

Finger, Peter, Familienrecht: mit familiensoziologischen und familienpolitischen Schwerpunkten, Königstein/Taunus 1979.

Flume, Werner , Die Vertragsfreiheit - Möglichkeiten und Grenzen - aus der Sicht der Kautelarjurisprudenz, DNotZ-Sonderheft 1969, S. 30-50.

Forschungsstelle für empirische Sozialökonomik, Haushalt und Familie in den neuen Bundesländern: Ergebnisse einer Längsschnittuntersuchung (1990-1993), Projektbearbeiter: Antonius Schröder, Reihe „Stiftung der Private Haushalt“, Bd. 21, Frankfurt am Main 1994.

Freed, Doris Jonas / Walker, Timothy B. , Family Law in the Fifty States: an Overview, Family Law Quarterly 1987 (Bd. 20), S. 439-587.

Freimuth / Jansen / Kurtenbach / Siekmann / Wolf (ohne Angabe von Vornamen), Der Diskussionsentwurf eines Gesetzes über die Neuregelung des Rechts der Ehescheidung und der Scheidungsfolgen, FamRZ 1970, 431-444.

Freischmidt, Dieter, Aspekte des Lückenproblems in der Gesetzgebungstheorie, in: Studien zu einer Theorie der Gesetzgebung, hrsg. v. Jürgen Rödig, Berlin u.a. 1976, S. 421-429.

Frey, Oliver, Der Verzicht auf nachehelichen Unterhalt, Bielefeld 1988, zugl. Diss. jur. Göttingen 1987.

Fuchs, Maximilian, 60. Deutscher Juristentag 1994: Welche Maßnahmen empfehlen sich, um die Vereinbarkeit von Berufstätigkeit und Familie zu verbessern, (Thesen der Gutachter der Abteilung Arbeits- und Sozialrecht), FPR 1995, 17-18.

Furkel, Françoise, L'obligation d'entretien aprés divorce en droit français, in: Unterhalt nach Ehescheidung, Betrag, Dauer, Billigkeit: Verhandlungen der Fachgruppe für Zivilrechtsvergleichung auf der Tagung für Rechtsvergleichung in Göppingen von 1985, hrsg. v. Hans-Leo Weyers, Frankfurt am Main 1986, S. 9-35.

Gerhardt, Peter, Zeitliche Begrenzung des Verwandtenunterhalts nach § 1573 V BGB und die Begrenzung des Unterhalts auf den angemessenen Bedarf nach § 1578 Abs. 1 S. 2 BGB, FuR 1997, 249-253.

Gernhuber, Joachim, Die geordnete Ehe, FamRZ 1979, 193-204.

ders., Eherecht und Ehetypen, Schriftenreihe der Juristischen Gesellschaft e.V., Berlin und New York 1981.

Gernhuber, Joachim / Coester-Waltjen, Dagmar, Lehrbuch des Familienrechts, 4. Aufl., München 1994.

Giesen, Dieter, Ehe, Familie und Erwerbsleben: Überlegungen zum Schutz von Ehe und Familie und zur Gleichberechtigung der Geschlechter im Erwerbsleben im Spannungsverhältnis zwischen Verfassungsanspruch und sozialer Wirklichkeit, Rechts- und Staatswissenschaftliche Veröffentlichungen der Görres-Gesellschaft, hrsg. v. Alexander Hollerbach, Hans Maier und Paul Mikat, Neue Folge, Heft 27), Paderborn 1977.

ders.,Einzelfallgerechtigkeit als Problem - zur Entwicklung des Scheidungs- und Scheidungsfolgenrechts in Deutschland -, FamRZ 1984, 1188-1197.

Giesing, Günther, Bemessung des Erwerbslosen- und Aufstockungsunterhalts bei zeitlicher Begrenzung nach §§ 1578 I 2, 3 und § 1573 V BGB, FamRZ 1986, 937-940.

Glendon, Mary Anne, Abortion and Divorce in Western Law, Cambridge und London 1987.

Glendon, Mary Anne, The Transformation of Family Law: State, Law, and Family in the United States and Western Law, Chicago und London 1989.

Göppinger/Wax u.a., Unterhaltsrecht, begr. v. Günter Brühl. Fortgef. v. Horst Göppinger, 6. Aufl. völlig neu bearbeitet v. Peter Wax ..., Bielefeld 1994.

Grizwotz, Herbert, Das Ende der Vertragsfreiheit im Ehevermögens- und Scheidungsfolgenrecht, FamRZ 1997, 585-589.

Häberle, Otmar, Die Erweiterung der negativen Härteklausel (§ 1579 BGB) durch das Unterhaltsänderungsgesetz, FamRZ 1986, 311-317.

Habersack, Mathias, Richtigkeitsgewähr notariell beurkundeter Verträge, AcP 189 (1989), 403-424.

Hahne, Meo Micaela, Zur Auslegung der §§ 1578 Abs. 1 Satz 2 und 3 und § 1573 Abs. 5 BGB i.d.F. des Unterhaltsänderungsgesetzes vom 20. Februar 1986, FamRZ 1986, 305-310.

Hampel, Herbert, Unterhaltsverzicht unter Ehegatten bei bestehender oder später eintretender Hilfsbedürftigkeit der Frau, FamRZ 1960, 421-428.

Handbuch der notariellen Vertragsgestaltung, siehe Christoph Reithmann, Ludwid Röll und Bruno Geßele

Handbuch des Scheidungsrechts, hrsg. v. Dieter Schwab, bearbeitet von Helmut Borth u.a., 2. Aufl., München 1989.

Hedemann, Justus Wilhelm, Die Flucht in die Generalklauseln: eine Gefahr für Recht und Staat, Tübingen 1933.

Heer, David M, The measurement and bases of family power: an overview, in: Marriage and Family Living, 1963 (Bd. 25), S. 133- 139.

ders., Dominance and the working wife, in: Social Forces, 1958 (Bd. 36), S. 341-347.

Held, Thomas, Soziologie der ehelichen Machtverhältnisse, Darmstadt und Neuwied 1978.

Henckel, Wolfram, Rechtsdogmatik und Gesetzgebung in der Gegenwart - Zivilrecht -, in: Gesetzgebung und Dogmatik, hrsg. v. Okko Behrends und Wolfram Henckel, Göttingen 1989, S. 93-105.

Henrich, Dieter, Familienrecht, 5. Aufl., Berlin/New York 1995.

ders., Unterhalt nach der Scheidung, Betrag - Dauer - Billigkeit, in: Unterhalt nach Ehescheidung, Betrag, Dauer, Billigkeit: Verhandlungen der Fachgruppe für Zivilrechtsvergleichung auf der Tagung für Rechtsvergleichung in Göppingen von 1985, hrsg. v. Hans-Leo Weyers, Frankfurt am Main 1986, S. 71-91.

Hepting, Reinhard, Ehevereinbarungen: die autonome Ausgestaltung der ehelichen Lebensgemeinschaft im Verhältnis zu Eherecht, Rechtsgeschäftslehre und Schuldrecht, München 1984.

Herb, Wolfgang, Der Verzicht auf nachehelichen Unterhalt - insbesondere zu Lasten der Sozialhilfeträger, jur. Diss., Tübingen 1988.

ders., Unzulässige Rechtsausübung durch Berufung auf einen nachehelichen Unterhaltsverzicht, NJW 1987, 1525-1529.

Herberger, Maximilian, Rangstufen der Rechtsdogmatik im Hinblick auf deren Bedeutung für die Gesetzgebung, in: Gesetzgebung und Dogmatik, hrsg. v. Okko Behrends und Wolfram Henckel, Göttingen 1989, S. 67-79.

Hess, Burkhard, Nachehelicher Unterhalt zwischen Vertragsfreiheit und sozialrechtlichem Allgemeinvorbehalt, FamRZ 1996, 981-988.

Hönn, Günther, Kompensation gestörter Vertragsparität: ein Beitrag zum inneren System des Vertragsrechts, München 1982.

Hornhardt, Rudolf von , Anmerkung zu OLG Köln, DNotZ 1981, 444-447, ebd. S. 447-451.

Hugger, Werner, Gesetze - Ihre Vorbereitung, Abfassung und Prüfung: ein Handbuch für Praxis und Studium. Mit einer Einführung von Carl Böhret, Baden-Baden 1983.

Jacob, Herbert, Silent Revolution: the Transformation of Divorce Law in the United States, Chicago and London 1988.

Joachim, Willi, Anwendungsbereiche, Argumentationsstrukturen und Inhalte der Billigkeit im deutschen Privatrecht, Diss. jur., Bielefeld 1984.

Johannsen, Kurt H. / Henrich, Dieter, Eherecht: Scheidung, Trennung, Folgen, mitbegr. v. Kurt H. Johannsen, hrsg. v. Dieter Henrich, 3. Aufl., München 1998 (zitiert: Johannsen/Henrich/Bearbeiter, Eherecht).

Jost, Fritz, Soziologische Feststellungen in der Rechtsprechung des Bundesgerichtshofs in Zivilsachen, (Schriften zur Rechtstheorie, Heft 84), Berlin 1979.

Kalthoener, Elmar / Büttner, Helmut, Die Rechtsprechung zur Höhe des Unterhalts, 5. Aufl., München 1993.

Kanzleiter, Rainer / Wegmann, Bernd, Vereinbarungen unter Ehegatten, 5. Aufl., Köln 1997.

Kastanidou, Sofia, Die Veränderungen der Familie und der Familienerziehung in Griechenland seit dem Ende des zweiten Weltkrieges - Im Vergleich zu denen in der Bundesrepublik Deutschland, Diss. phil, Univ. Göttingen 1994.

Kaufmann, Franz-Xaver, Zukunft der Familie im vereinten Deutschland: gesellschaftliche und politische Bedingungen, München 1995.

Klingelhöffer, Hans, Die Ehescheidung des Unternehmers: spezifische vermögensrechtliche Probleme bei der Scheidung von Kaufleuten, Freiberuflern und Gesellschaftern, Heidelberg 1992.

Knöpfel, Gottfried, Gerechtigkeit und nachehelicher Unterhalt - eine ungelöste Frage, AcP 191 (1991), 107-137.

Koch, Hans-Joachim / Rüßmann, Helmut, Juristische Begründungslehre, München 1982.

Koch, Matthias, Sittenwidrigkeit von Unterhaltsverzichten und die Rückgriffsmöglichkeiten inanspruchgenommener Dritter, jur. Diss., Münster 1986.

Koch, Petra / Knöbel, Hans Günther, Familienpolitik der DDR im Spannungsfeld zwischen Familie und Berufstätigkeit von Frauen, Pfaffenweiler 1986 (Reihe Sozialwissenschaften Band 7).

Komarovsky, Mirra, Blue-Collar Marriage, New York 1962, 1964.

Kommentar zum FGB, Das Familienrecht der DDR, Kommentar zum Familiengesetzbuch der Deutschen Demokratischen Republik vom 20. Dezember 1965 und zum Einführungsgesetz zum Familiengesetzbuch der Deutschen Demokratischen Republik vom 20. Dezember 1965, hrsg. v. Ministerium der Justiz, 4. Aufl., Berlin 1973.

König, René, Die Familie der Gegenwart: ein interkultureller Vergleich, München 1974.

König, René, Soziologie der Familie, in: Handbuch der Empirischen Sozialforschung, hrsg. v. René König, II. Bd. Stuttgart 1969, S. 172-305.

Korenke, Thomas, Nachehelicher Unterhalt: vom Verschuldensprinzip zum Vertrauensprinzip, Neuwied 1998 (Schriftenreihe Familie und Recht, Bd. 24).

Koumantos, Georgios, Das neue Familienrecht in Griechenland, Das Standesamt 1984, S. 271-277.

Kramer, Ernst A. , Nichtausgehandelter Individualvertrag, notariell beurkundeter Vertrag und AGBG, ZHR 146 (1982), 105-117.

Kramer, Helmut, Richterrecht und Veröffentlichung von Gerichtsentscheidungen, in: Studien zu einer Theorie der Gesetzgebung, hrsg. v. Jürgen Rödig, Berlin u.a. 1976, S. 722-741.

Krause, Alexander, Die Zeitliche Begrenzung des Unterhalts nach der Scheidung - Dänische Erfahrungen und deutsche Reform, Diss. jur, Univ. Heidelberg 1990.

Krause, Dietrich, Die zeitliche Begrenzung des Unterhalts nach der Scheidung: dänische Erfahrungen und deutsche Reform, Diss. jur., Univ. Heidelberg 1990.

Krüger, Uwe, Der Adressat des Rechtsgesetzes: ein Beitrag zur Gesetzgebungslehre, Berlin 1969.

Kubes, Vladimir, Theorie der Gesetzgebung: materiale und formale Bestimmungsgründe der Gesetzgebung in Geschichte und Gegenwart, Wien und New York 1987.

Kuhlen, Lothar, Die Denkform des Typus und die juristische Methodenlehre, in: Juristische Methodenlehre und analytische Philosophie, hrsg. v. Hans-Joachim Koch, Kronberg 1976, S. 53-69.

Kulawik, Theresa, Gleichstellungspolitik in Schweden-Kritische Betrachtung eines „Modells"-, WSI-Mitteilungen 1992, S. 226-234.

Kurpjoweit, Karin, Gleichstellung in Schweden: zur Frauen- und Bildungsforschung in der EU, Oldenburg 1997.

Landes, Elisabeth M., Economics of alimony, Journal of Legal Studies 1978 (Bd. 7), S. 35-63.

Langan, Mary / Ostner, Ilona, Geschlechterpolitik im Wohlfahrtsstaat: Aspekte im internationalen Vergleich, Kritische Justiz 1991, S. 302-317.

Langenfeld, Gerrit, Ehevertragsgestaltung nach Ehetypen - Zur Fallgruppenbildung in der Kautelarjurisprudenz -, FamRZ 1987, 9-14.

ders., Möglichkeiten und Grenzen notarieller Vertragsgestaltung bei Eheverträgen und Scheidungsvereinbarungen, DNotZ-Sonderheft 1985, 167-184.

ders., Handbuch der Eheverträge und Scheidungsfolgenvereinbarungen, 3. Aufl., München 1996.

Larenz, Karl, Richtiges Recht: Grundzüge einer Rechtsethik, München 1979.

Larenz, Karl / Canaris, Claus-Wilhelm,Methodenlehre der Rechtswissenschaft, 3. Aufl., Berlin u.a. 1995.

Lautmann, Rüdiger, Soziologie vor den Toren der Jurisprudenz: zur Kooperation der beiden Disziplinen, Stuttgart 1971.

Leenen, Detlef, Typus und Rechtsbegriff: die Bedeutung der typologischen Methode für die Rechtsfindung dargestellt am Vertragsrecht des BGB, Berlin 1971, zugl. Diss. jur. München 1970/1971.

Lieb, Manfred, Die Ehegattenmitarbeit im Spannungsfeld zwischen Rechtsgeschäft, Bereicherungsausgleich und gesetzlichem Güterstand, Tübingen 1970.

Lieb, Manfred, Sonderprivatrecht für Ungleichgewichtslagen? Überlegungen zum Anwendungsbereich der sogenannten Inhaltskontrolle privatrechtlicher Verträge, AcP 178 (1978), 196-226.

Limbach, Jutta, Die Rechtsprechung des Bundesgerichtshofs in Unterhaltssachen - eine kritische Bestandsaufnahme -, in: Brühler Schriften zum Familienrecht, Bd. 2, hrsg. v. Deutschen Familiengerichtstag e.V. Brühl, Bielefeld 1982.

dies., Über den Stil der Rechtspolitik - oder die Mär von dem einträglichen Geschäft mit der Scheidung, ZRP 1984, 199-201.

Lüderitz, Alexander, Familienrecht: ein Studienbuch, 27. Aufl., München 1999.

Lupri, Eugen, Gesellschaftliche Differenzierung und familiale Autorität: ein interkultureller Vergleich, in Soziologie der Familie, hrsg. v. Günther Lüschen und Eugen Lupri, Kölner Zeitschrift für Soziologie, Sonderheft 14, Opladen 1970 (?), S. 323-352.

Martiny, Dieter, Der Unterhalt in Ein-Elternteil-Familien aus rechtsvergleichender Sicht, in: Unterhaltsrecht in Europa: eine Zwölf-Länder-Studie, im Max-Planck-Institut für Ausländisches und Internationales Privatrecht herausgegeben von Peter Dopffel und Bernd Buchhofer, Tübingen 1983, S. 603-661.

Massip, Jacques, La Réform du Divorce, Band 1, Paris 1976.

Maunz/Dürig, Theodor Maunz und Günter Dürig, GG-Kommentar, München, 36. Erg. Lfg. Oktober 1999.

Maurer, Hans-Ulrich, Zum Unterhaltsrecht im Beitrittsgebiet, DtZ 1993, 130-135.

Meder, Stephan, Der Unterhaltsverzicht im Spannungsfeld von Privatautonomie und öffentlichen Interesse, FuR 1993, 12-22.

Medicus, Dieter, Abschied von der Privatautonomie im Schuldrecht?: Erscheinungsformen, Gefahren, Abhilfen, Köln 1994.

ders., Zur gerichtlichen Inhaltskontrolle notarieller Verträge, München 1989.

Mikat, Paul, Scheidungsreform in einer pluralistischen Gesellschaft, FamRZ 1970, 333-348.

Morand, Charles-Albert, Die Erfordernis der Gesetzgebungsmethodik und des Verfassungsrechts im Hinblick auf die Gestaltung der Rechtsvorschriften, in: Gesetzgebungstheorie und Rechtspolitik, hrsg. v. Dieter Grimm und Werner Maihofer, (Jahrbuch für Rechtssoziologie und Rechtstheorie, Bd. XIII), Opladen 1988, S. 11-29.

Mühlfeld, Claus, Ehe und Familie, (Studienreihe Gesellschaft, hrsg. v. Horst Reimann), Opladen 1982.

Mühlfeld, Claus, Familiensoziologie: Eine systematische Einführung, Hamburg 1976.

Müller, Georg, Adressatengerechtigkeit und Allgemeinverständlichkeit - der Verständnishorizont des Adressaten als Kriterium der Gesetzessprache, als Referat in: Rationalisierung der Gesetzgebung, Jürgen Rödig Gedächtnissymposium, hrsg. v. Heinz Schäffer und Otto Triffterer, Wien 1984, S. 35-44.

Müller-Alten, Lutz, Ehescheidung und Scheidungsverträge: eine juristische und empirische Untersuchung über die einverständliche Scheidung und über die Scheidungsfolgenvereinbarungen, Frankfurt am Main 1984.

Müller-Freienfels, Wolfram, The new family and the new property, American Journal of Comparative Law 1985 (Bd. 33), S. 733-752.

Münch, Ingo von (Hrsg.), Grundgesetz-Kommentar, Bd. 1 (Präambel bis Art. 20 GG), 4. Aufl., München 1992.

Münchener Kommentar zum Bürgerlichen Gesetzbuch, Band 2, Schuldrecht Allgemeiner Teil (§§ 241-432), 3. Aufl., München 1994, und Band 7, Familienrecht I (§§ 1297 - 1588), 3. Aufl. München 1993, (jeweils zitiert: MünchKomm/Bearbeiter, BGB), sowie Ergänzungsband zur 3. Auflage, 3. Lieferung, München 1997, (zitiert: MünchKomm/ Bearbeiter, BGB, Erg.-Bd.), sämtliche Bände herausgegeben von Kurt Rebmann und Franz Jürgen Säcker.

Naegele, Wolfgang,Eheverträge: individuelle Gestaltungsmöglichkeiten vor und nach der Eheschließung, 2. Aufl., München 1985.

Nauck, Bernhard,Individualistische Erklärungsansätze in der Familienforschung: die rational-choice-Basis von Familienökonomie, Ressourcen- und Austauschtheorien, in: Handbuch der Familien- und Jugendforschung, Bd. 1 Familienforschung, hrsg. v. Rosemarie Nave-Herz und Manfred Markefka, Neuwied und Frankfurt am Main 1989, S. 45 -61.

Nickel, Hildegard Maria, Zur sozialen Lage von Frauen in der DDR, in: Soziale Lage und Arbeit von Frauen in der DDR, hrsg. v. Sabine Gensior, Friederike Maier und Gabriele Winter, (Arbeitspapier 1990 - 6 aus dem Arbeitskreis Sozialwissenschaftliche Arbeitsmarktforschung), Paderborn 1990 (?), S. 3-15.

Noll, Peter, Gesetzgebungslehre, Hamburg 1973.

Nye, F. Ivan, Family mini theories as special instances of choice and exchange theory, Journal of Marriage and the Family 1980 (Bd. 42), S. 479-489.

*ders.,*The basic theory, in: Family Relationships: Rewards and Costs, hrsg. v. F. Ivan Nye, Beverly Hills u.a. 1982, S. 13-32.

Oldham, Thomas J., Putting assunder in the 1990s, Buchbesprechung zu Divorce Reform at the Crossroads, hrsg. v. Stephan D. Sugarman und Herma Hill Kay, New Haven und Connecticut 1990, California Law Review 1992 (Bd. 80), S. 1091-1132.

Oster, Sharon M., A note on the determinants of alimony, Journal of Marriage and the Family 1987 (Bd. 49), S. 81-86.

Ostermeyer, Helmut, Die Wissenschaftlichkeit der Jurisprudenz und die Herausforderung der Soziologie, DRiZ 1969, 9-13.

Palandt/Bearbeiter, Bürgerliches Gesetzbuch, bearbeitet von Peter Bassenge u.a., 59. Aufl., München 2000.

Pawlowski, Hans-Martin, Zur Anwendung vertragsrechtlicher Kriterien auf den ehelichen Unterhaltsanspruch, ZRP 1985, 62-64.

ders., Methodenlehre für Juristen: Theorie der Norm und des Gesetzes, 2. Aufl., Heidelberg 1991.

Peschel-Gutzeit, Lore Maria, Das Unterhaltsänderungsgesetz, MDR 1986, 455-457.

dies., Das Familienrecht im Spannungsfeld zwischen Rechtssicherheit und Einzelfallgerechtigkeit, FamRZ 1996, 1446-1453.

Petterson, Gisela, Totgesagte leben länger - Familienpolitik in Schweden - ein Modell? -, WSI-Mitteilungen 1991, S. 115-119.

Pfau-Effinger, Birgit, Geschlechterkontrakt, Familienmodell und Erwerbsbeteiligung von Frauen in europäischen Ländern, in: Uta Gerhardt/Stefan Hradil/Doris Lucke (Hrsg.), Familie der Zukunft: Lebensbedingungen und Lebensformen, Opladen 1995, S. 171-187.

Preis, Ulrich, Grundfragen der Vertragsgestaltung im Arbeitsrecht, Neuwied u.a. 1993.

Preis, Ulrich/Rolfs, Christian, Gestörte Vertragsparität und richterliche Inhaltskontrolle - Anmerkungen zum Beschluß des BVerfG vom 19.10.1993 -, DB 1994, 261-268.

Raiser, Ludwig, Vertragsfunktion und Vertragsfreiheit, in: Hundert Jahre Deutsches Rechtsleben: Festschrift zum Hundertjährigen Bestehen des Deutschen Juristentages 1860-1960, Bd. 1, Karlsruhe 1960, S. 101-134.

Ramm, Thilo, Familienrecht, Band I: Recht der Ehe, München 1985 (?).

ders., Zur Neuregelung des Rechts der Ehescheidung und der Scheidungsfolgen, JZ 1970, 753-758.

ders., Der Funktionswandel der Ehe und das Recht, JZ 1975, 505-513.

ders., Grundgesetz und Eherecht, Tübingen 1972.

Ramm, Thilo / Grandke, Anita / Berié, Hermann, Familie und Recht: zum Familienrecht im vereinten Deutschland und zur Bedeutung der Rechtsprechung des Europäischen Gerichtshofs für Wanderungsbewegungen, Materialien zum 5. Familienbericht, Band 2, München 1994.

Rank, Mark R., Determinants of conjugal influence in wives' employment decision making, Journal of Marriage and the Family, 1982 (Bd. 44), S. 591-604.

Rau, Rhaban, Unterhaltsvereinbarungen für die Zeit nach Beendigung der Ehe, MittRhNotK 1988, 187-203.

Reimann, Mathias, Einführung in das US-amerikanische Privatrecht, München 1997.

Reinhardt, Dietrich, Die Zulässigkeit des Verzichts auf den nach Scheidung der Ehe gegebenen Unterhaltsanspruch unter Berücksichtigung des französischen und des belgischen Rechts, Bielefeld 1965.

Reithmann, Christoph / Röll, Ludwig / Geßele, Bruno, Handbuch der notariellen Vertragsgestaltung, 6. Aufl., Köln u.a. 1991.

Richter, Gerhard, Die materiell-rechlichen Vorschriften des Unterhaltsänderungsgesetzes, JR 1986, 319-322.

Rieg, Alfred, Die Reform des französischen Scheidungsrechts, ZfRV 1981, S. 100-109.

Rodmann, Hyman, Eheliche Macht und der Austausch von Ressoucen im kulturellen Kontext, in Soziologie der Familie, hrsg. v. Günther Lüschen und Eugen Lupri, Kölner Zeitschrift für Soziologie, Sonderheft 14, Opladen 1970 (?), S. 121-143.

ders., Marital power and the theory of ressources in cultural context, Journal of Comparative Family Studies, 1972, S. 50-69.

Rolland, Familienrecht, Kommentar, hrsg. v. Walter Rolland, Neuwied u.a., 2 Lfg. 1999 (zitiert: Rolland/Bearbeiter, Familienrecht).

Roscher, Falk, Vertragstheorie mit Herrschaftsfunktion: Zur Lehre von der Richtigkeit des Vertrages, ZRP 1972, 111-114.

Rubellin-Devichi, Jacqueline, Personnes et droits de famille, Revue trimestrille de droit civil, 1985, S. 135-148.

Safilios-Rothschild, Constantina, A macro- and micro- examination of familiy power and love: An exchange modell, in: Journal of Marriage and the Family, 1976 (Bd. 38), S. 355-362.

dies., A comparison of power structure and marital satisfaction in urban Greek and French families, Journal of Marriage and the Family 1967 (Bd. 29), S. 345-352.

dies., The study of family power structure: a review 1960-1969, Journal of Marriage and the Family 1970, S. 539-552.

Saldeen, Ake, Schwedisches Unterhaltsrecht, in: Unterhaltsrecht in Europa: eine Zwölf-Länder-Studie, im Max-Planck-Institut für Ausländisches und Internationales Privatrecht herausgegeben von Peter Dopffel und Bernd Buchhofer, Tübingen 1983, S. 91-133.

Scanzoni, John, Social process and power in families, in: Contemporary theories about the family: researched-based theories, Bd. 1, hrsg. v. Wesley R. Burr u.a., New York, London 1979, S. 295-316.

ders., Sex Roles, Women's Work, and Marital Conflict: a study of family change, Lexington, Massachusetts und Toronto 1978.

Schmidt-Rimpler, Walter, Grundlagen der Erneuerung des Vertragsrechts, AcP 147 (1941), 130-197.

Schnapp, Jan, Die Leistung der Frau in der Ehe und ihre Bedeutung für den Unterhaltsanspruch der Frau nach Scheidung, FamRZ 1980, 215-221.

Schneider, Hans, Gesetzgebung: ein Lehrbuch, 2. Aufl., Heidelberg 1991.

Schneider, Norbert F., Familie und private Lebensführung in West- und Ostdeutschland: eine vergleichende Analyse des Familienlebens 1970-1992, Soziologische Gegenwartsfragen, Neue Folge, Band 55, Stuttgart 1994.

Schreiber, Monika, Gestaltungsfreiheit in Eheverträgen in rechtsdogmatischer und rechtstatsächlicher Hinsicht, Diss. jur, Konstanz 1983.

Schuchmann, Renate, Das nacheheliche Unterhaltsrecht in einem Scheidungsrecht ohne Verschulden, Frankfurt am Main u.a. 1986.

Schuhmacher, Klaus, Zerrüttungsprinzip und Geschiedenenunterhalt, Diss. jur., Univ. Augsburg 1975.

Schunter-Kleemann, Susanne, Wohlfahrtsstaat und Patriarchat - ein Vergleich europäischer Länder, in dieselbe (Hrsg.), Herrenhaus Europa - Geschlechterverhältnisse im Wohlfahrtsstaat, Berlin 1992, S. 141-327.

Schwab, Dieter, Zur Reform des Ehescheidungsrechts, in: Beiträge zur Familienrechtsreform, hrsg. V. Alexander Hollerbach, Hans Maier und Paul Mikat, Paderborn 1974.

ders., Handbuch des Scheidungsrechts, hrsg. v. Dieter Schwab, bearbeitet von Helmut Borth u.a., 4. Aufl., München 2000 (zitiert: Schwab/Bearbeiter, Handbuch des Scheidungsrechts).

ders., Familiäre Solidarität, FamRZ 1997, 521-528.

ders., Gestaltungsfreiheit und Formbindung im Ehevermögensrecht und die Eherechtsreform, DNotZ-Sonderheft 1977, 51-68.

Schwenzer, Ingeborg, Vertragsfreiheit im Ehevermögens- und Scheidungs-folgenrecht, AcP 196 (1996), 88-113.

Scott, Elisabeth S., Rational decisionmaking about marriage and divorce, Virginia Law Review 1990, S. 9-94.

Siehr, Kurt, Nachehelicher Unterhalt im innerdeutschen Kollisionsrecht, IPRax 1994, 360-362.

Soergel/Bearbeiter, Bürgerliches Gesetzbuch: mit Einführungsgesetz und Nebengesetzen, begr. v. Hs. Th. Soergel, neu hrsg. v. W. Siebert, Jürgen F. Baur u.a., Bd. 2, Schuldrecht I (§§ 241-432), 12. Aufl., Stuttgart Juli 1990; Bd. 7, Familienrecht I (§§ 1297-1588), VAHRG, nichteheliche Gemeinschaft, 12. Aufl., Stuttgart 1989.

Sprey, Jetse, Family power structure: a critical comment, in: Journal of Marriage and the Family, 1972 (Bd. 34), S. 235-238.

ders., On the management of conflict in families, in: Journal of Marriage and the Family 1971 (Bd. 33), S. 722-731.

ders., Family power in process: toward a conceptual integration, in: Power in Families, hrsg. v. Ronald E. Cromwell und David H. Olson, New York u.a. 1975, S. 61-79.

Stach, Simone, Eheverträge - Gesetz und Rechtstatsachen -, jur. Diss., Freie Universität Berlin 1988.

Stamatiadis, Dimitrios, Die Ehescheidung im deutsch-griechischen Rechtsverkehr, Frankfurt am Main u.a., 1994; zugleich Diss. jur, Univ. Osnabrück 1994.

Statistisches Bundesamt (Hrsg.), Bevölkerung und Erwerbstätigkeit, Fachserie 1, Reihe 3: Haushalte und Familien, Stuttgart 1999 (soweit nichts anderes angeben ist, beziehen sich die Zitate auf den Mikrozensus 1998).

Statistisches Bundesamt (Hrsg.), Bevölkerung und Erwerbstätigkeit, Fachserie 1, Reihe 4.1.1: Stand und Entwicklung der Erwerbstätigkeit, Stuttgart 1999 (soweit nichts anderes angeben ist, beziehen sich die Zitate auf den Mikrozensus April 1999).

Staudinger, Julius von (Begr.), Kommentar zum Bürgerlichen Gesetzbuch mit Einführungsgesetz und Nebengesetzen, hrsg. v. Günther Beitzke, 1. Buch, Allgemeiner Teil, §§ 133-163, von Reinhard Bork..., Red. Nobert Habermann, 13. Bearb., Berlin 1996; 5. Buch, Familienrecht, §§ 1569-1586b, erl. v. Wolfgang Baumann und Bea Verschraegen, Red. Christian v. Bar, 12. Aufl. 1999.

Steil, Janica M. /. Turetsky, Beth A., Is equal better? The relationship between marital equality and psychological symptomatology, in: Family Process and Problems: Social Psychological Aspects, Applied Social Psychology Annual 7, hrsg. v. Stuart Oskamp, Newbury Park u.a. 1987, S. 73-77.

Steiner, Sybille, Die Legitimation des nachehelichen Erwerbslosenunterhalts und seiner gesetzlichen Ausgestaltung, Frankfurt am Main u.a. 1990, zugleich jur. Diss. Bielefeld 1989.

Szinovacz, Maximiliane E., Family power, in: Handbook of Marriage and the Family, hrsg. v. Marvin B. Sussman und Suzanne K. Steinmetz, New York und London 1987, S. 651-693.

Theren, Gabriele, Der Unterhaltsanspruch der geschiedenen Ehefrau, Frankfurt am Main u.a. 1989, zugleich Diss. jur., Göttingen 1988.

Thomas, Heinz / Putzo, Hans, Zivilprozeßordnung, 21. Aufl., München 1998.

Todtenhaupt Puttfarken, Marina, Unterhalt unvollständiger Familien in Frankreich, in: Unterhaltsrecht in Europa: eine Zwölf-Länder-Studie, im Max-Planck-Institut für Ausländisches und Internationales Privatrecht herausgegeben von Peter Dopffel und Bernd Buchhofer, Tübingen 1983, S. 375-460.

Trappe, Paul, Die legitimen Forschungsbereiche der Rechtssoziologie, in: Theodor Geiger, Vorstudien zu einer Soziologie des Rechts, Neuwied am Rhein und Berlin 1964, S. 13-36.

Trost, Jan, The changing role of Swedish women in family and society, in: Eugen Lupri (Hrsg.), The Changing Positions of Women in Family and Society: a Cross-National Comparison, Leiden 1983; S. 225-242.

Turner, Ralph H., Family Interaction, New York u. a. 1970.

Udsching, Peter, Versorgung und Unterhalt nach Scheidung - eine Analyse der Interdepenzen von Versorgungsausgleich und Geschiedenenunterhalt nach dem 1. EheRG, Diss. jur. Göttingen 1979.

Ulmer, Peter / Brandner, Hans-Erich / Hensen, Horst-Diether / Schmidt,

Harry, AGB-Gesetz: Kommentar zum Gesetz zur Regelung des Rechts der Allgemeinen Geschäftsbedingungen, 8. Aufl., Köln 1998.

Unterhaltsrecht: Ein Handbuch für die Praxis, Gesamtredaktion Beate Heiß und Winfried Born, bearbeitet von Ulrich Deisenhofer u.a., 2. Aufl., Stand Dezember 1999, München.

van Els, Hans, Nacheheliche Solidarität, FamRZ 1992, 625-629.

Vollmer, Christine, Konflikt Beruf und Familie: eine gesellschaftliche Schlüsselfrage, Hamburg 1989.

Walker, Thimothy B. / Elrod, Linda D., Family Law in the Fifty States: an overview, Family Law Quarterly 1993 (Bd. 26), S. 319-421.

Waller, Willard / Hill, Reuben, The Family: A Dynamic Interpretation, New York u.a. 1951.

Walter, Gerhard, Schuldprinzip kraft Ehevertrages, NJW 1981, 1409-1414.

Walter, Robert, Die Lehre von der Gesetzgebungstechnik, ÖJZ 1963, 85-90.

Weitzmann, Leonore, The Marriage Contract: Spouses, Lovers, and the Law, New York 1981.

dies., The Divorce Revolution: The Unexpected Social und Economic Consequences for Women and Children in America, New York 1985.

Werthauer, Kurt, Kann der Unterhaltsverzicht schuldlos geschiedener Ehegatten als Schenkung angesehen werden, JR 1950, 113-114.

Weyers, Hans-Leo (Hrsg.), Unterhalt nach Ehescheidung: Betrag, Dauer, Billigkeit, Frankfurt am Main 1986.

Wiedemann, Herbert, Inhaltskontrolle vorformulierter Verträge, in: Festgabe für Max Kummer, hrsg. v. Hans Merz und Walter R. Schluep, Bern 1980, S. 175-188.

Wiedemann, Herbert, Anmerkung zum Beschluß des BVerfG vom 7.2.1990, JZ 1990, 695-697.

Wiethaup (ohne Angabe des Vornamens), Sittenwidrigkeit von Unterhaltsverzichten, MDR 1954, 9-10.

Willutzki, Siegfried, Lebenslange Unterhaltslast - ein unabwendbares Schicksal? - Kritische Anmerkungen zur Entwicklung des Unterhaltsrechts -, in: Brühler Schriften zum Familienrecht, Bd. 3, hrsg. v. Deutschen Familiengerichtstag e.V. Brühl, Bielefeld 1984, S. 15-32.

Willutzki, Siegfried, Das Gesetz zur Änderung unterhaltsrechtlicher und anderer Vorschriften - Randkorrekturen oder Gegenreformation?, ZfJ 1985, 7-13.

Wolf, Ernst, Dogmatische Grundlagen einer Reform des Ehescheidungsrechts, JZ 1970, 441-448.

Wolfe, Donald M. , Power and authority in the family, in: Studies in social power, hrsg. v. Darwin Cartwright, Michigan 1959, S. 99-117.

Wörterbuch der Soziologie, hrsg. v. Günther Endruweit und Gisela Trommsdorff, Bd. 1 (Abhängigkeit - Hypothese), Stuttgart 1989 (zitiert: Wörterbuch der Soziologie/Bearbeiter).

Zimmermann, Stefan, Eheverträge, Scheidungs- und Unterhaltsvereinbarungen, 2. Aufl., Bonn 1996.

Zippelius, Reinhold, Juristische Methodenlehre: eine Einführung, 6. Aufl., München 1994.

Zöllner, Wolfgang, Privatautonomie und Arbeitsverhältnis. Bemerkungen zu Parität und Richtigkeitsgewähr beim Arbeitsvertrag, AcP 176 (1976), 221-246.

GPSR Compliance
The European Union's (EU) General Product Safety Regulation (GPSR) is a set of rules that requires consumer products to be safe and our obligations to ensure this.

If you have any concerns about our products, you can contact us on

ProductSafety@springernature.com

In case Publisher is established outside the EU, the EU authorized representative is:

Springer Nature Customer Service Center GmbH
Europaplatz 3
69115 Heidelberg, Germany

www.ingramcontent.com/pod-product-compliance
Lightning Source LLC
LaVergne TN
LVHW010928051026
849532LV00003B/884
* 9 7 8 3 5 4 0 4 1 8 7 2 6 *